21世纪保安职业技术培训系列教材

保安勤务

（修订本）

主　编　陈建武　徐秀林
副主编　沈惠章　张　强
　　　　陈　芳　林　咏
　　　　张阿虎

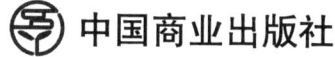
中国商业出版社

图书在版编目（CIP）数据

保安勤务/陈建武，徐秀林主编．—2版（修订本）
--北京：中国商业出版社，2007.5（2021.2重印）
（保安职业技术培训系列教材）
ISBN 978-7-5044-3946-8

Ⅰ．保　Ⅱ．①陈…②徐…　Ⅲ．保安-工作-中国-技术培训-教材　Ⅳ．D631.3

中国版本图书馆 CIP 数据核字（2007）第 072681 号

责任编辑：刘洪涛

中国商业出版社出版发行
010-63180647　www.c-cbook.com
（100053　北京广安门内报国寺1号）
新 华 书 店 经 销
三河市天润建兴印务有限公司印刷
* * *
710 毫米×1000 毫米　16 开　14 印张　275 千字
2007 年 7 月第 2 版　2021 年 2 月第 3 次印刷
定价：32.00 元
* * * *
（如有印装质量问题可更换）

修订说明

当 2000 年保安职业技术培训系列教材集成出版的时候，我和我的同事们就希望对这套系列丛书进行修订，以弥补我们对保安理论与实践不能同步的遗憾，或许每一次都会留下遗憾。

2000 年的这套书，顺应了那样的一个年代，顺应了那一阶段保安业发展的现状，可以说填补了当时保安职业技术培训系列教材的空白。从今天的保安业发展来看，我们强烈地意识到我国保安业的发展势头。2006 年 9 月 20 日，公安部副部长刘金国在"2006 北京国际保安研讨会"上提出"除部分涉及枪支管理和重点要害的安全守卫以外，允许国有、控股、民营等资本开办保安服务公司。""中国保安业正处于快速发展的时期，中国愿意在平等互利，互惠双赢的基础上，依法有步骤地对外开放保安服务市场。2006 年 12 月 11H，随着中国加入 WTO 五年过渡期的结束，保安业作为一个潜力巨大巨大的朝阳产业，即将迎来社会化、市场化的发展方向，中国保安业发展的战略方针为："立足中国，面向世界，提高素质，争创一流，严格管理，注重效益"。据公安部三局 2006 年 9 月的统计数据，我国目前有从事安保、人保的服务企业 2300 多家，从业人数 110 多万人，从事技术防范的保安服务企业 1 万多家，从业人员 20 多万。保安产业年产值达到 400 亿人民币。我国保安业无论从人力上、技术上、资金上及综合实力上，已经具备了快速发展的基础。

回头审视 2000 年版的保安职业技术培训系列教材，其中的不足显而易见，特别是对保安业发展的新理论、新思维和新政策，是个空缺。

因此，在这样的背景下，为适应我国保安业快速发展的需求，为完成保安职业技术培训的知识更新，我们对系列教材作了调整。保留了原 12 本教材中的八本，即：《保安学原理》《保安勤务》《国外保安业》《保安防卫技能》《保安防范技术》《保安业法律教程》《治安管理基础教程》《保安业经营管理》。从内容上看，对保安业发展中必须面对的新的理论加以补充。如补充了保安业监管、保安押运行业的发展趋势、保安业市场化、保安业并购等方面的内容。根据 2000 年以后我国法律制度的变化，对涉及保安业的法律、法规体系及内容作了最新的调整。同时也根据保安科技的发展，增补了保安防范技术的新内容，使这套丛书更加科学、完整和规范，更加适应现阶段保安职业培训的需求和能力的要求。

为反映此套丛书的历史原貌和演变过程，本套修订版丛书保留了原书的编写说明和序。其目的就是让作者在比较这新、旧两套丛书中，从中可以获取保安业理论和实践的发展变化，从比较中获取有益的思考。

再编说明

为适应我国保安服务业全面开放的发展需求，应对 WTO 的挑战，规范我国保安服务业，中国人民公安大学及其他公安院校的骨干教师在 2000 年版《保安职业技术培训教材》（系列）12 本的基础上，紧密联系保安服务业的实践，把握保安理论发展的脉博，对 12 本教材进行重新修订。保留 12 本中的八本，作为新版的《保安职业技术培训教材》（系列）。

修订后的《保安勤务》共十四章，由陈建武、徐秀林任主编，张阿虎、沈惠章、张强、陈芳、林咏任副主编。各章撰写的分工是：缪金祥、徐秀林（第一、二章），陈建武第三章，沈惠章第四章、第六章，张阿虎第五章、第七章、第八章、第九章、第十章、第十一章、第十二章、第十三章、第十四章。

最后由张弘审阅定稿。

2007 年 7 月

序

由中国人民公安大学、各地公安院校和实践部门的同志共同参与编写的《保安职业技术培训教材》系列丛书，即将由中国商业出版社出版发行。这是我国保安服务业发展中的一件大事。

我国保安服务业自20世纪80年代中期创立以来，至今已有十余年的历史。据统计，全国有公安机关批准的保安服务公司1500余家，从业人员25万余人，保安服务业正在迅猛地发展。实践证明，保安服务业作为一个特殊的行业，不仅在一定程度上满足了社会各界不同层次的安全需求，有效地保证了客户的财产和人身的安全，增强了客户单位的安全防范能力，缓解了我国警力不足的矛盾；而且在强化社会治安管理，维护社会秩序，优化社会安全环境等方面，发挥了重要作用，成为协助公安机关维护社会治安的一支重要力量。由于我国的保安服务业尚处于初级发展阶段，保安服务业无论是在理论上，还是实践上与国外的保安业都存在较大的差距，因此加强保安人员培训，发展保安教育事业势在必行。目前我国的保安服务业教育培训明显滞后，尽管国内出版了许多保安服务业专著，但缺乏一套完善、规范、系统、科学、具有针对性的教材。

为了适应我国保安服务业的发展，满足保安服务任务和保安队伍建设的需要，构建具有中国特色的、与国际保安业接轨的保安教育体系，促进保安职业教育逐步走向正规化、制度化和现代化，我国各地的保安理论研究者和公安院校的专业教师，历时二年的时间，借鉴古今中外的保安理论的优秀成果，终于完成了这项具有开拓性的工作，可喜可贺。

该系列丛书以建设有中国特色的社会主义市场经济理论为依据，以国家法律法规和公安部的文件为基本出发点，从保安服务业发展的趋势和保安服务员的实际工作出发，总结历史和现实的经验，在吸收和借鉴国内外研究成果和资料的基础上编写完成。

本套教材，突出了职业教育的特点，力求理论性、系统性和科学性的统一，在内容上，强调实用性、普及性和专业性结合。在如何构建保安专业的学科体系结构上作了开创性的探索，在学科内容上也有所拓展，如《保安心理学》等。当然，这套教材也存在着不足。尽管如此，作为我国第一套保安职业技术培训的系统教材，它的出版，将会起到抛砖引玉的作用，存在的不足和问题希望广大理论和实践部门的同志批评指正，以便进一步修改和完善。

中国保安协会副会长　韩庆章
2000 年 5 月

目 录

第一章 保安勤务概述 ·· 1
 第一节 保安勤务的概念、特点和分类 ························· 1
 第二节 保安勤务的原则 ·· 5

第二章 保安勤务管理 ·· 11
 第一节 保安勤务的组织和管理体制 ····························· 11
 第二节 保安勤务制度 ··· 13
 第三节 保安勤务方案的制定 ······································ 15
 第四节 保安勤务的现场指挥 ······································ 17

第三章 保安门卫勤务 ·· 20
 第一节 保安门卫的概念、特征和任务 ························· 20
 第二节 保安门卫勤务的基本要求 ······························· 27
 第三节 保安门卫勤务责任区划及紧急情况处置 ············· 31

第四章 保安守护勤务 ·· 40
 第一节 保安守护勤务的概念、特点和任务 ··················· 40
 第二节 保安守护勤务的种类、设置和职责 ··················· 43
 第三节 保安守护勤务的主要措施 ······························· 48

第五章 保安押运勤务 ·· 55
 第一节 保安押运勤务概述 ·· 55
 第二节 保安押运勤务的职责、制度和执勤要求 ············· 63

第三节　保安押运勤务的实施 …………………………………… 67

第六章　保安巡逻勤务 …………………………………………… 76
第一节　保安巡逻勤务的概念、特点和任务 …………………… 76
第二节　保安巡逻勤务的巡逻队形和方法 ……………………… 78
第三节　保安巡逻勤务的主要措施 ……………………………… 80

第七章　保安勤务中常见治安问题处置 ………………………… 86
第一节　保安勤务中疑难问题的处置原则 ……………………… 86
第二节　各类勤务中的具体处置策略 …………………………… 87

第八章　单位的保安勤务 ………………………………………… 97
第一节　金融（机构）保安勤务 ………………………………… 97
第二节　机关单位的保安勤务 …………………………………… 102
第三节　校园的保安勤务 ………………………………………… 106
第四节　科研院、所的保安勤务 ………………………………… 110
第五节　医院、疗养院的保安勤务 ……………………………… 113
第六节　博物馆、文物保护单位的保安勤务 …………………… 116
第七节　工厂保安勤务 …………………………………………… 120
第八节　外资企业的保安勤务 …………………………………… 123

第九章　场所的保安勤务 ………………………………………… 129
第一节　游览场所保安勤务 ……………………………………… 129
第二节　体育场（馆）的保安勤务 ……………………………… 134
第三节　大型商场的保安勤务 …………………………………… 141
第四节　公共娱乐场所保安勤务 ………………………………… 145
第五节　集贸市场的保安勤务 …………………………………… 151
第六节　展销、展览场所的保安勤务 …………………………… 158

第十章　交通点、站、场的保安勤务 …………………………… 160
第一节　火车站、汽车站的保安勤务 …………………………… 160
第二节　渡口、码头的保安勤务 ………………………………… 166
第三节　机场的保安勤务 ………………………………………… 167

- **第十一章 宾馆、饭店和物业的保安勤务** ………………………………… 171
  - 第一节 宾馆、饭店的保安勤务 ………………………………………… 171
  - 第二节 物业保安勤务 …………………………………………………… 179
- **第十二章 电子保安勤务** …………………………………………………… 187
  - 第一节 电子保安的作用及基本构成 …………………………………… 187
  - 第二节 电子保安中的主要设备 ………………………………………… 191
  - 第三节 电子保安在保安工作中的应用 ………………………………… 194
- **第十三章 大型活动保安勤务** ……………………………………………… 198
  - 第一节 大型活动的含义及特点 ………………………………………… 198
  - 第二节 大型活动保安勤务方法 ………………………………………… 199
- **第十四章 危险物品保安** …………………………………………………… 202
  - 第一节 危险物品概述 …………………………………………………… 202
  - 第二节 危险物品的处置 ………………………………………………… 203
  - 第三节 危险物品运输的保安勤务方法 ………………………………… 208

第一章 保安勤务概述

第一节 保安勤务的概念、特点和分类

一、保安勤务的概念

保安勤务,是指保安服务公司为完成安全服务任务,对保安机构与保安人员,以最有效的编组,使其按分配的时间,遵循不同的方式,执行各种保安服务工作的一切有计划、有规律的活动。保安勤务为"勤务机构与人员编组"、"勤务方式与互换"、"勤务时间与分配"三者综合而执行各种保安服务活动的一切有计划、有规律的活动。保安勤务的含义可以从以下几个方面理解:第一,保安勤务的执行主体是保安服务公司的全体工作人员。一是保安服务公司的内部管理人员,二是直接对外进行各种保安服务工作的保安人员。第二,保安勤务的内容是根据保安业务的需要进行组织和具体开展各种安全保护的手段、方法、措施等一切行为。第三,保安勤务的目的是通过保安人员的实际活动,从事各项保安业务,最终完成保安服务的任务,实现企业的社会效益和经济效益。

保安勤务是指保安服务公司所从事的各种措施与实际活动的行为。各种措施,即是开展保安业务的方法。所谓实际活动,就是保安人员为完成保安任务,执行保安业务时所表现出来的实际行动。由此可见,保安勤务是根据保安业务而来的,而保安业务是根据保安任务产生的。三者之间的关系,为渊源互动的关系。换言之,完成保安服务的任务是保安勤务的目的,而执行保安勤务是完成保

安业务的方法；保安勤务的形态是保安人员的实际活动。

内勤，即保安人员在保安服务公司内部处理的事务。它是指保安服务业的管理者与领导者依据国家法律、政策的规定和单位的特点，制定的本单位的内部规章制度，对企业内部的人事、财务、经营状况、队伍管理等进行指导和协调的一系列工作过程。要充分调动和发挥保安各个层次、各级人员的积极性、主动性。对管理对象、管理核心、管理过程和管理目标作统一的理解、概括和把握，认真研究人、财、物、时间、空间、信息、环境等各个环节和要素，摆正整体与局部、局部与局部之间的关系，以保证保安服务业"确保安全"的总体目标的实现，以达到目标最优，最大限度地发挥保安企业的经济效益和整体社会效益。

外勤，是指保安服务公司满足社会各个方面不同层次的安全需要，按照自愿的原则与集体、个人、企业、事业：国家机关、社会团体、社区等各个方面签订安全保卫合同，根据合同为他们提供各种有偿的安全服务的行为，即保安行为。它属于保安公司外部的实务活动，是保安勤务的重心。

保安内、外勤务有关联性，难以严格划分，且外勤多由内勤所筹划，内勤多靠外勤来实施。故内、外勤是保安勤务的一体两面，通常所谓的保安勤务，均指保安外勤而言，即基础业务。

二、保安勤务的特点

保安服务公司是社会公共安全保障体系中的一支民间力量，是协助政府维护社会治安的生力军。它既不同于其他机关、团体、企事业单位及群众组织，又不同于国家司法机关。保安勤务实质上是一种特殊民事商业行为，是企业依据事先与客户签订的合同契约和国家有关法律规定，对客户所要求的具体特定目的实施安全保护的一种活动。因此，保安勤务有自身的独特性。

1. 专项性强

保安服务公司不同于其他从事经济活动的企业。它所开展的各项业务、履行的职责，均是围绕着"安全防范"而进行的。如为保护客户的财产或人身安全服务，或为维护客户单位的内部安全服务，或者为客户提供安全技术防范服务，等等。这种独具特色的勤务，是社会上其他企业所没有的，体现出明显的专业性和专项性特点。

2. 契约性强

保安勤务本身是建立在合同契约基础之上的，从保安勤务的产生到保安勤务的完成，可以说自始至终都是在履行和执行契约合同。因此，保安勤务与契约合同是密不可分的，这充分体现了保安勤务的契约性特点。

3. 特定性强

保安勤务不同于公安勤务。公安勤务是为整个社会提供服务的，从服务的对象、目标到内容，以及服务的时间长短到空间，都是不特定的，可以说是全天候、全方位的立体服务；而保安勤务则不同，它从服务对象到内容，以及服务的时间、地点到要求，都是特定的，是事先由合同约定好的。也就是说，保安勤务的特定性具体体现在：一是指为特定的雇请方提供安全服务；二是指依据合同规定，为雇请方指定的目标提供服务；三是指依据雇请方的要求提供具有特定内容的安全服务，包括人身安全、财产安全和场所安全等。

4. 商品性

保安服务公司开展的各项服务活动，均把责、权、利结合起来，实行的是有偿服务的原则。保安服务公司为社会提供安全服务并不是无偿的，这一点与公安机关代表国家维护社会治安的无偿行为不同，它是严格按照双方事先所达成的协议条件提供的有偿的安全服务，充分体现了保安勤务的有偿性特点。

5. 服务性

保安行业是一种为社会提供各种安全服务的企业部门，这就决定了保安勤务本身具有服务性特点，不过保安勤务的服务不同于社会其他行业的服务，它是向社会提供安全保障的一项特殊服务，既不完全等同于公安机关向整个社会提供的安全保卫和治安管理的服务，又在一定程度上协助了公安机关治安部门的工作。因此，我们说它是一种特殊的社会服务。

三、保安勤务的分类

保安勤务可根据保安服务公司经营的业务范围，分为以下几个主要方面。

1. 门卫、守护和内部巡逻

依据合同的规定，为客户提供门卫、守护和巡逻等安全服务，是我国目前保安服务公司的主要勤务。这些勤务的特点是：服务内容简单，客户范围较广，业务量较大。门卫，即为国家机关、"三资企业"、宾馆、饭店和其他企事业单位、机关、团体等提供守门警卫服务。门卫的具体任务和职责是：依据国家法律和政策规定，以及雇请单位自己制定的内部规章制度，对出入人员、车辆及其携带、装载的物品进行登记、验证和检查，以防止内部秩序混乱，杜绝财产流失和其他影响安全、失密、泄密和窃密现象的发生。守护巡逻是指对雇请单位要求的特定目标和范围进行守卫看护和巡查警戒，以防水、防火、防毒、防盗、防破坏和防止其他自然灾害事故和人为事故的发生，保护特定目标和范围的安全。如依据合同规定，对某些企业的仓库物资提供守护型业务服务；对某厂区或国家机关内部提供昼夜巡逻、警戒、守护、看守任务等。

2. 押送现金、贵重物品、危险品和护送人员

指依据合同规定，根据客户的具体要求，保安公司派保安为客户押运现金、有价证券、重要文件、贵重物品、危险品等物，以保证这些财物在运输中不丢失、不损坏或不发生其他意外事故，安全运送至目的地；或专门护送某一客人到达某目的地。押运或护送型勤务的特点是：具有随行性、流动性、护卫性和安全性特点。有时执行此种任务要使用专门的运输工具、通讯器材和押运武器，以防止中途遇险发生意外，如在押运货币和贵重物品时使用铁皮押运装甲车等。必要时对特别重大或贵重物品的押运还要预先制定计划，确定运行路线和押运方案。有时还要制定预案，从中优选或临时改变，以作备用。在运营中由保安服务公司业务方面的领导在指挥中心统一指挥，以防意外，做好应急出动与救助。

3. 维护展览、展销、营业性文体活动秩序和警戒警卫

指依据合同规定，根据客户的具体要求，保安服务公司派保安维护这些大型文体活动或商业性活动的正常秩序，防止各类案件的发生。这种勤务的特点是场所大、范围广、人员多、情况复杂，加之这些场所和服务对象的不确定因素多，随意性大，一旦发生混乱，秩序或局面就难以维持。故承担这类项目的安全服务，要事先具备一定的预见性，对可能出现的情况和问题要多准备几套应急方案，以确保该项勤务的绝对安全和顺利进行。

4. 其他合法勤务

保安服务公司根据社会的需要和自己的能力，可以承担其他安全服务，如提供紧急救护、安全紧急出动、自然灾害救助、通讯安全服务等勤务。以此方便客户，扩大经营范围、规模和利润。

保安服务公司在开展业务的时候，必须注意以下问题：

（1）保安勤务必须是与客户在双方自愿的基础上，通过签订合同的形式确定下来的。必须按照与客户签订的合同提供保安服务，不得通过其他渠道或方法强行要客户雇请保安人员。

（2）随着形势的发展，保安勤务也将不断的拓宽，但无论何时，都必须在国家法律和政策允许的范围内从事经营活动。所开展的各项服务项目，都不得超出保安服务公司的职能范围，即它只能提供或承担有关安全方面的服务，而不能开展或经营与安全无关的其他业务或项目，否则，就与保安服务公司的名称和性质有悖。

（3）不提倡为个人人身提供保安服务，仅限于保护企业家、合法经营者的合法权益。对那些搞违法活动或牟取暴利者，不能提供保安服务。国家公职人员，不要雇请保安人员担任护卫。

第二节　保安勤务的原则

一、保安勤务组织实施的基本原则

1. 依法办事

依法办事，是我国保安勤务组织实施中应遵循的基础原则之一，依法办事，是指保安勤务必须在国家宪法、法律及其他行政法规许可的范围内进行，以国家法律作为行为准则，作为衡量是非曲直、合法与非法的惟一标准，在任何情况下都要严格按照法律规定办事，保证国家法律的正确贯彻，维护国家法律的统一性和严肃性。决不能置国家法律于不顾，屈服于人情，依人、依权、依言，不依法。执行保安勤务时要依法办事，首先保安人员要学法、懂法、守法；其次，在保安勤务中要坚决保护合法行为，制止违法行为。对合法行为，坚决予以支持和保护，对违法行为坚决予以纠正和制止，以维护法律的威严。绝不能以个人好恶或某个人的意志为标准，纵容或庇护违法者，刁难或打击合法者。实践证明，图治必重法，轻法必生乱，这是在总结了建国几十年经验的基础上得出的科学结论。

2. 遵守合同

遵守合同，作为保安勤务的又一基本原则，是指保安服务公司和保安人员必须以重合同、守信用、严格全面地履行保安服务合同作为行为准则。保安服务合同是保安服务公司与客户在双方自愿的基础上，通过充分的协商、讨论，而最终签订的协议和合同。依法签订的保安服务合同，受到国家法律的保护，对双方都具有约束力。合同是保安勤务开展的前提和条件，保安勤务的开展，自始至终都受到合同的制约。在保安勤务中，合同的作用是巨大的，尤其是合同和协议中的具体的、特定的、实质性的条文，则是双方必须履行的权利和义务。双方也只有按照这些具体的条款和要求实施履行，才能获得利益和效益。遵守合同，是保安勤务的法定要求，只有遵守合同，才能赢得客户，才能在社会上树立良好的企业形象。遵守合同是保安勤务得以开展的"生命"，是保安服务业自身生存、发展的有效保证之一。

3. 依靠群众，积极防范

所谓依靠群众，是指保安勤务一定要与广大群众相结合，相信群众，依靠群众，密切联系群众，求得各行各业、各个部门的广大群众的理解和支持，充分调动和发挥广大群众的积极性、主动性，确保各项保安服务任务的完成。密切联系群众，善于依靠群众，自觉执行从群众中来到群众中去的工作方法，是保安人员必备的一项基本功，也是保安服务业得以开展的一条基本途径。所谓积极防范，是指保安勤务活动过程中，保安服务公司和保安人员在自己的职责范围内要预先采取各种有效的措施和方法，提高安全防范能力，掌握安全保卫工作的主动权，预防各种违法犯罪和治安灾害事故的发生，防患于未然，以确保客户的财产和人身安全，维护良好的生产、工作和生活秩序。依靠群众，积极防范，是做好保安服务工作的基本途径和准则。从根本上说，保安服务质量的高低，效果之好坏，取决于保安勤务过程中保安服务公司和保安人员能否自觉地贯彻这一原则。

4. 创造效益，确保安全

创造效益，确保安全，是对保安勤务质量和效果的基本要求，也是保安勤务的直接目的。所谓创造效益，就是指保安勤务活动中要尽可能地获得更多的经济效益和更好的社会效益。获得更多的经济效益虽然不是保安勤务的惟一目的，但保安服务公司是一种服务型企业，企业的性质决定了其必须以一定的经济效益为经营目的，否则企业就无法生存，也无法发展。当然经济效益并不排斥或否定社会效益，因为保安勤务本身在客观上就起着稳定社会，保障安全，完备社会治安体系的巨大作用。因此，作为社会主义条件下的一种特殊企业，保安服务公司应为社会主义经济建设作出应有的贡献，力争经济效益和社会效益双丰收。所谓确保安全是对保安勤务质量的要求，也是保安服务业理应履行的重要职责和对社会提供安全服务的直接目的。保安人员在保安勤务活动中要精心组织，尽职尽责，有效地防止各种违法犯罪案件和治安灾害事故的发生，保证客户的人、财、物的安全，维护和创造良好的生产、工作和生活秩序，服务于社会主义现代化建设。

二、保安勤务的力量分配原则

保安勤务中，保安人员结构合理是完成保安任务、合理使用保安力量的重要保证。我们要根据保安任务的大小、勤务性质的不同，确定保安力量的分配。分配时，要考虑保安人员的业务水平、身体情况、技术专长等因素进行合理搭配。主要要把握以下几个原则：

1. 统一指挥的原则

保安勤务，担负特殊的安全服务任务，具有高效能、反应快等特点。保安勤务中必须实行统一指挥的原则，建立起良好的指挥系链。所谓指挥系链，也就是一系列垂直的上下级关系，从组织最高层领导者开始往下直到基层负责人，形成一个"金字塔"式的指挥系统。任何一个下属只能接受直属上级的直接指挥，执行来自一个上级的指示和决策，并且只能和这个上级联系。这就是统一指挥的原则。从管理学角度讲，任何组织机构的设置必须符合"金字塔"式的高度统一原则，否则就会出现指挥不灵、运转不动的情况，更不用谈什么工作效率了。保安勤务是发挥整体功能，勤务活动中要确保安全，更需要有效的组织、密切的配合，才能防止各种案件和事故的发生，提高在突发情况下整体的应变能力，因此，统一指挥显得尤为重要。

2. 以事设职、才职相称的原则

这一原则就是根据保安工作的实际需要，设置工作职位，再把胜任这个职位工作才能的人放到这个职位上去。要防止因人设事、人浮于事，以及轻率用人、滥竽充数的现象发生。保安服务公司是企业，故一定要体现效益原则，从实际情况出发，根据工作的需要和公司自身的条件，进行人员调整，充分发挥个人和企业整体的效能，才能有效地防止各种内耗现象的产生和有损企业形象的事故的发生。

3. 人员结构多职能的原则

任何一个组织都应该是一个整体，在进行保安勤务的力量分配时，要着眼于具体的作用，要根据任务的不同性质，组织有各种专业知识和才能的人员，以便相互取长补短，配合协作，充分发挥组织作用。

4. 动力原则

要使每一次保安勤务都达到高效率，确保安全，就要有动力激励每一名保安人员的工作热情，使他们都能主动、自觉地投身到工作中去。常见的动力主要有精神动力、经济动力和信息动力等。例如把勤务的安全与否与保安人员的经济利益挂钩，利用经济上的奖惩，激励保安人员尽心尽职做好岗位工作的积极性，限制不利于保护对象安全和保安任务完成的行为。在保安勤务的组织实施中，要善于运用这些动力不断提高保安人员的积极性和创造性。

三、保安勤务中紧急情况的处置原则

紧急情况，是指紧张急迫，不容拖延，必须立即采取应变措施，平息事态，恢复正常的情况。事物的发展，不可能是一帆风顺的，保安勤务中难免会出现这样或那样不可预见的突发情况。对这些情况处置不当，不仅直接影响到保安任务的完成，影响社会的治安秩序，甚至影响到社会的安定团结以及党和国家的声誉。因此，在实施保安勤务中，每个保安人员在遇到紧急情况时，应遵循一定的基本准则和行为标准，针对不同的情况，采取不同的方式、方法妥善处理。紧急情况的处理原则就是保安人员在预防和制止紧急情况的实践中所依据的基本法则，是言论与行为的标准。综合起来，处置不同性质、不同种类的紧急情况所适用的基本原则，主要有以下几个方面：

1. 坚持公安机关领导、争取客户单位配合的原则

保安服务公司提供的是安全服务，而社会安全是一个复杂的社会系统工程，公安机关作为主管机关应对保安勤务进行领导、指导和监督。而紧急情况处置得是否得当，将直接影响到社会治安。因此，紧急情况的处置一定要在公安机关的统一领导和指挥下进行。另一方面，保安勤务是为客户提供的安全服务，涉及到客户单位的人、事、物等方方面面，其中有有利于安全方面的特点，也有不利于安全方面的特点，保安勤务活动过程中，特别是紧急情况下一定要争取客户单位的配合，努力发挥客户单位有利的方面，限制和克服不利的方面，以保障保安任

务的完成。

2. 预防为主、疏导教育的原则

预防为主、疏导教育的原则，反映了处置紧急情况的基本立场和主要着眼点。预防为主，就是立足于防范，努力减少引发紧急情况的各种因素，缓解社会矛盾，使之不发生或少发生紧急情况。疏导教育即疏通引导，启发说服，使之开通思想。预防为主、疏导教育的原则就是要求我们对发生的紧急情况，首先要科学预见，把工作做在前头，尽可能把问题解决在萌芽状态，把紧急事件制止于初动、平息于无形；其次要因势利导，措施要有针对性，也就是，在紧急情况的孕育之时或发生之初，就及时感知它，认真分析研究，因势利导，促使矛盾向有利的方面转化，使紧急情况不能发生，或发生了但可减轻危害后果。

3. 迅速及时、果断处置的原则

迅速就是快，及时就是不失时机。在处置紧急情况的过程中，迅速及时的原则要求获取信息快，组织力量快，赶赴现场快，抓住有利时机制止、平息事件快。"兵贵神速"，以快制快，选择紧急情况发展的有利时机及时果断地予以处置，可以以较少的代价取得较大的效果。处置紧急情况，坚持迅速及时、果断处置的原则，有其重大作用。这是由紧急情况的突发性以及迅速扩大、蔓延的特点决定的。迅速及时能以较少的力量将事件控制在一定的范围内，有利于实施调查了解工作，及时分清是非曲直，找到问题的症结所在，采取针对性的措施平息事态。

4. 统一指挥、整体作战的原则

处置紧急情况必须建立处置工作的总指挥，负责整个事件的集中统一指挥。所谓的统一指挥，是指在处置各种紧急情况中，应有一个总指挥员对整个处置工作行使集中统一指挥权，所有的保安人员都必须按照高度集中统一的指挥原则，在总指挥员的统一组织指挥下行动。只有实行集中统一的指挥，才能保证指挥员在短时间内，定下决心，周密计划，精心部署，使所有保安人员都服从于统一的意图和计划，统一思想行动一致，集中全力达到预期目的。整体作战是指在统一的处置意图和计划下，保安人员之间密切配合、互相支援，以促进和确保有关人员思想统一，步调一致地去采取行动。统一指挥、整体作战的目的就在于使所有的人员集体去完成任务，即发挥整体效应。在一定的人力、物力条件下，合理地组织、协调和指挥，就能发挥最大的效应。总之，统一指挥、整体作战原则就是指在处置紧急情况时，必须实行自上而下、高度集中、适时、不间断、有序的指挥，集中每一名保安人员的作用，使之成为一个有机的整体。

5. 因事施策、区别对待的原则

因事施策、区别对待，就是要区别不同的情况，实施相应的对策。紧急情况的处置之所以要遵循因事施策、区别对待的原则，是因为引发紧急情况的原因是多方面的，其社会危害性也是多层次的，而且其形成和发展、变化十分复杂，往往与其他社会问题交织在一起。如果对待所有的紧急情况一律实行一种处置方法，对同一紧急情况中不同层次、不同角色的人也用同一种处置模式，是不可能正确地妥善处置的，而应该区分不同情况，区别对待。因此，在处置紧急情况时，首先要弄清紧急情况的性质，摸准引发紧急情况的症结，探明引发或卷入紧急事件的成员结构，再因事施策，区别对待，从而达到迅速、及时、妥善处置所发生的紧急情况的目的。

6. 确保重点、兼顾一般的原则

所谓的重点亦可称为要害，是指重要的部位和问题的关键。要害的特点就是作用大、影响大，发生问题后损失大。要害部分一旦发生问题，就会造成严重的损失，甚至影响整个保安勤务。因此，紧急情况处置过程中，要将有限的力量进行合理的配置，防止平均使用力量或产生不分主次、轻重倒置的现象，把主要力量用于保护重点部位的绝对安全上。做好重点部位的保护，就是抓住了重点和关键，有利于克服保安勤务中的被动、应付局面，使保安工作处于主动地位。当然，"重点"和"要害"不是孤立的，它们是全局和整体的组成部分，重点和一般、要害和非要害是相比较而存在的，是相互依存、相互影响的。就整个保安勤务来说，各个部分、各个环节都有一定的联系，哪个部分和环节发生问题对整体都有一定的影响。因此，我们既要充分认识重点和要害的重要性，又不能忽视一般部分的安全，防止把重点与一般对立起来，而出现不顾重点和只顾重点的两种倾向。我们应确保重点，兼顾一般，在确保重点和要害的同时，还必须统筹兼顾，全面做好保安勤务的安全工作。

第二章 保安勤务管理

第一节 保安勤务的组织和管理体制

一、保安勤务组织

保安勤务是警卫部门为保证保安工作的完成而采取的一系列措施的实施过程，保安勤务由保安服务公司组织保安人员具体实施，需要运用一定的组织形式来实现。

确定保安勤务活动的组织形式，主要应考虑以下因素：

1. 依据保安勤务活动的内容来确定。
2. 依据保安队伍的性质来确定。
3. 依据科学、合理的原则来确定。

保安勤务组织一般按两个层次设置。

一是保安部。保安部的职责是在经理领导下主管保安勤务工作。它的主要职责是协助保安部经理制定和设计保安勤务的方案，拟定和审批保安方案。制定保安勤务管理的各项制度，管理培训保安勤务人员，协调保安勤务中与各有关部门的关系。

二是保安队。根据保安公司的人员和业务能力，设保安大队、中队、小队。其人数可定为100人、30人、10人左右，保安队的设立要根据勤务的内容和业务量大小，因地制宜地设立。一般来说，在客户单位设中队、小队即可。

二、保安勤务管理

保安勤务管理是指保安服务公司依据有关规定，运用管理科学的理论和方法，采取组织、指挥、监督、控制等管理职能，合理有效地使用勤务力量、时间和信息，为保障勤务工作的完成而进行的一条列的组织活动。

三、保安勤务管理的原则

保安勤务的组织实施是指从勤务准备到撤收的全过程，在这项工作中，有大量的工作要做，必须把握以下原则：

1. 统一指挥

统一指挥是保安勤务实施过程中，一切参与执行勤务的单位和人员都要服从同一个指挥中心的指挥。统一指挥是保证行动一致的必然要求。统一指挥的基础是目标、意志的统一，在总的目标的前提下，各部门协调一致，明确职责，统一思想，统一执勤方式。

2. 分工负责

分工负责是在统一指挥的基础上，各执勤单位、小组和个人按照任务分工和工作范围，各负其责地完成任务。要明确责任，逐级制定包干负责制，定人、定位、定任务、定标准，要科学运筹，合理安排执勤力量。

3. 密切协作

密切协作，即执勤任务的单位和人员要加强相互之间的联系，主动配合，通力合作，形成协调一致的整体。首先，分工负责是密切协作的前提，没有分工即不可能圆满、准确地完成任务。密切协作是为了保证勤务效能的整体性，没有协作，就不能确保执勤单位和人员的思想统一、步调一致地采取行动。其次是思想统一，要树立整体观念。再次是加强信息的沟通。最后是主动配合。要主动与目标内部有关部门和附近的公安机关、居（村）民委员会、邻近的保安勤务单位密切联系，共同协作完成任务。

四、保安勤务管理的程序

保安勤务管理一般包括以下程序：

1. 受领勤务

受领任务必须准确理解保安勤务的含义，了解上级及客户的意图。

2. 准备工作

充分准备,从思想上、组织上、物质上和具体措施的落实上,切实做好准备。

(1) 加强联系,了解执勤单位的基本情况。

(2) 制定计划,交上级审批。

(3) 做好人员和物质的准备。

(4) 与有关部门联系,了解勤务要求。

(5) 检查、落实准备情况。

3. 制订勤务方案

4. 传达任务,进行动员

向执勤人员传达勤务方案的内容、要求和分工,统一思想。

5. 勤务部署

本着全面部署、确保重点的原则,具体确定勤务部署的方式,保安力量的使用,安全防范设置的配制,严密、严格执行勤务方案。

6. 落实各项制度和检查

落实各项安全规章制度,出入口控制、门卫制度、值班制度、巡逻制度等,并检查落实情况。

7. 紧急情况处置

由于执勤中出现或遇到的各种紧急情况,严格依照有关规章制度和方案的要求,进行处置。

8. 撤收勤务

根据要求,在完成勤务任务后,做好善后工作,及时撤收,并进行总结。

第二节 保安勤务制度

保安勤务管理制度是勤务管理的重要内容和手段,对勤务工作具有控制、调整作用,对执勤人员具有监督、约束和鼓励作用。根据保安勤务的实践,主要应坚持以下几方面的制度:

一、勤务值班制度

各级勤务管理蠹门和勤务分队,必须建立昼夜值班制度。勤务值班队长、值班人员必须坚守岗位，履行职责，交接班时，要将当班情况和需要继续处理的问题，认真交接清楚。交接中遇有情况，应由交班人员处理，接班人员协助。

二、请示报告制度

勤务分队要经常向上级报告执勤情况。不能解决的问题，要及时请示。一般情况，按规定时间逐级请示报告；重要情况和涉外问题，随时请示报告；紧急情况，可越级报告。对一时弄不清的问题，先简报，后详报。报告情况要准确，请示问题应有处理建议。将事情处理后，应及时向上级续报处置情况。

三、勤务检查制度

保安服务公司经理、保安部，以及各保安队长，要经常检查部属的执勤情况。各级勤务管理人员可采用定期与不定期相结合、日检与夜查相结合、普检与抽查相结合的方式，每天检查勤务人员履行职责的情况。重要节日或遇特殊情况，要加强检查，目的在于及时了解勤务人员的岗位执勤状况，处理勤务中的问题，保证各勤务岗位不漏岗和认真履行岗位职责。

四、岗位轮换制度

岗位轮换是指定期调换保安人员的勤务岗位，变换其勤务工作。这种轮换可以在一个客户单位轮换值勤岗位，也可以在几个客户单位之间轮换。必要时，可以整建制轮换。尤其在要害部位执勤，更应严格执行岗位轮换制度。

五、岗位责任制度

保安人员岗位责任制度，是指规定不同岗位的保安人员对保安服务工作应承担的责任和获得的利益的一种制度。它是将保安人员工作任务目标具体化、制度化的措施，其内容因保安人员的具体工作岗位、任务不同而有所区别。制定从业人员岗位责任制，实行目标化管理，是我国深化企业改革，加强职工队伍管理的一项行之有效的重要措施，已经为我国各行各业所接受。保安人员的岗位责任制要充分反映出保安服务工作的特点，符合保安人员工作任务和岗位的实际情况。岗位责任制制定得科学、合理，有利于考核、评价保安人员的工作成绩，有利于鼓励保安人员自我约束和奋发努力。

六、勤务登记制度

保安勤务要建立勤务值班日记、查勤登记、领班人员登记簿；单独执勤的班建立执勤日记和领班员登记簿。值班日记、执勤日记主要记载：上级的命令、指示、通知和执行情况；临时勤务派遣；部署调整；执勤中发生的问题和处理情况。查勤登记、领班员登记簿和重要哨所登记簿分别记载：干部查勤情况；领班员、哨兵在执勤中遇到的问题及处理结果。大队、中队、分队用过的各类登记簿和执勤方案等文书资料，要指定专人收集整理，妥善保管。勤务移交时，随之移交或按上级指示处理。

七、勤务研究制度

勤务研究要坚持班每周、队半月、公司每月召开一次勤务研究会，分析执勤情况，总结经验教训，研究改进措施，解决执勤中的问题。必要时，应及时召开勤务研究会。

八、勤务联系制度

勤务分队要与执勤目标及有关部门密切联系，互通情况，与驻地公安机关、治保组织等友邻单位保持联系，了解周边社会治安情况的变化，商定协同措施，搞好联防。

第三节 保安勤务方案的制定

一、保安勤务方案的制订

勤务方案，是执勤的计划和依据，各级指挥员都要会制定执勤方案。执勤方案分固定目标和临时勤务两类。各级指挥员在接受执勤任务后，应及时制定勤务方案。

第一，制定勤务方案的依据。

上级的命令、指示和要求；本分队的任务、兵力、装备及执勤人员的素质；本分队所担负的执勤目标；目标周围的地形、地物，周边地区的社会治安状况；有关政策、法律、条令条例及有关规定；友邻单位和可能得到的支援。

第二，制定勤务方案的方法。

正确理解上级的意图，准备有关资料。现场勘察、了解情况，以便正确选定哨位，明确任务职责；并与有关单位协商任务和协同方法；召开会议，统一思想，确定执勤编组，明确具体规定和要求；制定紧急情况处置方案，规定联络信（记）号和联络方法；指挥员亲自动手，写成文字材料，绘制要图。

第三，制定勤务方案的要求。

必须完整准确，切实具体；层次清楚，逻辑性强；简明扼要，详略得当；易记实用，便于执行；要文图清晰、字迹工整；要采用专用术语和规定称号；要使用规定记述方法表达。拟定的执勤方案必须报上级审批后才能实施；情况发生变化时，要及时修订，并报上级批准。

二、固定目标勤务方案的制定

固定目标勤务方案，通常以分队（班）为单位拟定。基本内容如下：第一，基本情况。目标的名称、位置、规模、性质，内部组织机构、要害部位、警戒设施、周围地形、治安状况、友邻等情况，及其与任务完成的利弊关系；本分队（班）人员编制、装备等。第二，任务。本分队（班）的具体任务。第三，兵力部署。设哨位置、种类、任务区分，勤务分组，机动兵力的数量、位置和使用时机。第四，领班员、哨兵特别职责。领班区域和任务；哨兵的位置、编号、任务、控制范围和监视区域。第五，组织指挥。干部分工，指挥位置，正常和特殊情况下的组织指挥方法。第六，通信联络。勤务值班员、领班员、哨兵之间的联络方法和信（记）号规定。第七，协同配合。哨与哨之间的协同方法，分队（班）与有关单位的联防措施。第八，情况处置。对预想情况的处置方法。第九，特别规定。对执勤人员的特别要求和规定。第十，图表。兵力部署图，重大情况处置图和有关表格等。

三、临时勤务方案的制定

临时勤务方案由担负临时勤务的中队、大队根据上级指示拟定。基本内容如下：第一，基本情况。任务性质、目标所处的地区地形、治安情况、友邻情况，及与完成任务的利弊关系；本单位使用的兵力、装备等。第二，任务。本单位的具体任务。第三，兵力部署。下属分队（班）的任务区分，设哨位置、种类、勤务编组，机动兵力的数量、位置、使用时机和机动方向。第四，组织指挥。本级和下一级指挥机构编成指挥位置和指挥方法。第五，通信联络。通信联络方法，无线通信网络的组成，担负通信保障的单位。第六，协同配合。协同单位，配合方法，识别记号。第七，情况处置。对预想情况的处置原则和方法。第八，特别规定。对下属分队和执勤人员的特别要求和规定。第九，附件。兵力的部署图、通信网络图和代号表。

第四节 保安勤务的现场指挥

一、保安勤务现场指挥的原则

在保安勤务现场,随时都会遇到各种违法犯罪活动,各种灾害事故,有时还会因保安人员执行勤务不当引发一些影响大、涉及面广的事件。在这种情况下,统一协调现场保安人员的活动,及时组织战斗力应付紧急情况,以完成保安勤务,至关重要。因此,保安勤务现场的指挥问题是保安勤务管理的一个关键问题。实施保安勤务现场指挥主要应遵循以下几个原则:

1. 统一指挥原则

保安服务公司应建立统一的保安勤务指挥系统,保安人员在勤务现场要接受统一指挥系统的指挥,防止多头指挥、交叉指挥、指挥冲突。这一统一的指挥系统主要是由以经理为牵头,保安部为纽带,各级保安队按层级组成的指挥链构成。保安人员如参与公安机关统一指挥、协调的各种勤务,应接受公安机关和现场人民警察的统一指挥;如参与当地党政领导出面指挥协调的重大灾害事故、事件处置勤务,应接受现场指挥部和指挥人员的统一指挥。

2. 及时指挥原则

勤务现场情况复杂,变化快,需要随时采取措施应付各种紧急情况。如采取措施不及时,贻误战机,将会导致严重后果。因而,及时作出指挥决策,在现场采取应急措施,是保证保安勤务实施的关键性环节。及时指挥要求指挥行为快速高效,现场指挥员要在现场当机立断,必要时,也可以先处置后报告,不受正常指挥程序约束。

3. 科学指挥原则

在勤务现场复杂多变的情况下,指挥决策的科学性、正确性尤其重要。科学指挥即指挥决策要符合现场实际情况及变化规律,要有科学理论和依据。要求指挥员要深入调查、研究各种相关因素,正确判断现场情势,要掌握一定的决策理论和相关的业务知识,保证决策内容的科学性。

二、保安勤务现场指挥权限

保安勤务现场指挥权限是指在现场谁有指挥权和勤务现场保安人员接受谁指

挥两个方面的问题。明确指挥权限，有利于明确勤务现场管理人员和各级指挥员的责任和权力，有利于勤务现场人员请示、报告和接受上级指令。

1. 勤务指挥。现场指挥权按现场勤务人员职务衔级确定。

勤务现场最高职务者对所属保安人员具有指挥权，保安人员应接受其指挥。在实行职衔制的地方，具有勤务现场本地区最高职衔者具有指挥权，勤务现场人员应听从其指挥。

2. 勤务组织。保安人员参与公安机关统一组织的各种勤务，或勤务现场有公安机关人民警察的，应接受现场公安机关人民警察的统一指挥。

3. 现场指挥。保安人员参与处置治安紧急事件、治安灾害事故或参与当地政府统一组织的大型活动安全保卫工作，应当接受现场指挥部、现场指挥人员的指挥。

4. 指挥情况报告。保安人员接受非自己直接上级指挥人员的指挥，应尽快将接受指挥情况报告给自己的直接上级指挥人员。非勤务现场保安指挥人员直接指挥现场保安人员，也应尽快将指挥情况通报保安人员的直接上级指挥人员。

三、保安勤务现场指挥与有关部门和单位的关系

这里所说的与有关部门和单位的关系，是指勤务现场保安人员在实施现场指挥时，与有关部门和单位的关系。主要是与客户的关系和与公安机关以外的其他行政管理部门的关系。

1. 与客户的关系

勤务现场指挥人员实施勤务指挥时，应当充分尊重客户单位的利益。做出指挥决策前，要尽可能征得客户单位领导的同意；情况紧急时，事后要主动向客户单位说明、解释，求得谅解。处置影响较大的事件，特别是涉及到客户单位重大利益时，应与客户单位领导一起组成现场指挥部，共同实施指挥，并及时向上级报告。

2. 与相关行政管理部门的关系

保安人员执行保安勤务，经常与有关的国家行政管理部门发生关系。在保安勤务现场，如遇有关行政部门依法执行公务，保安人员应予配合，不得妨碍、阻拦；如有关行政管理部门执法人员受到非法侵害，应予以救助，并及时报警；如有关行政管理部门执法人员与客户单位发生矛盾，应保持冷静，不可充当客户单位的"打手"。

3. 犯罪嫌疑人处置

保安人员在现场捉获的现行犯罪嫌疑人，应及时送交公安机关处置。

第三章 保安门卫勤务

第一节 保安门卫的概念、特征和任务

一、保安门卫的概念和特征

保安门卫是指保安服务公司根据保安服务合同派出保安员，依据国家法律和客户单位规章制度，对进出指定大门的人员、车辆和物资进行安全管理，以维护客户单位的治安秩序，保障人身和财产安全的一种保安业务活动。

保安门卫的特征是由保安门卫特定的领域、特殊的情况及其特殊的工作内容等特殊矛盾所构成的，是与保安工作的其他业务工作如：保安守护、保安巡逻、保安押运、保安咨询、保安培训、保安技术防范以及人身保安等工作相比较、相对照而呈现出来的不同之处。明确保安门卫的特征，对于把握保安门卫工作的方法，完成保安门卫职责任务有着重要的意义。保安门卫有下列特征：

1. 保安门卫是一种派驻式的劳务保安服务形式

保安门卫是由保安服务公司根据保安合同派出常驻保安员担任客户单位的大门守卫工作，派驻式保安服务是保安门卫区别于保安押运、保安咨询、保安技术防范服务的一个显著特征。派驻式保安服务形式历史最为悠久，是目前我国保安服务业最常见的最大量的服务形式。保安门卫主体的特定性和派驻式特征，使保安员可以摆脱客户单位的人情网而有利于工作，保安人员是受保安服务公司的派遣而到客户单位执行保安门卫任务的，他们来自单位外部，有的可能刚从部队复

员回来，有的可能来自农村，有的可能刚从保安职业中专毕业，他们同客户单位初次接触，同单位内部职工毫无接触，没有老熟人、亲朋好友的利害关系，无需考虑日后同事问题，完全可以超脱客户单位的各种复杂关系，在履行职责时，有话敢说，遇事敢管，秉公执法，不留情面。他们严格依照国家法律、法规和单位有关规章制度对进出大门的人员、车辆及其所携带、运载的物品进行验证、检查、登记和管理，禁止无关人员入内，拦截无出门条的物资出门，有效地防止了物资丢失，有效地维护了客户的内部治安秩序。特别是由于保安员置身于单位的关系网之外，不受人情网的干扰，敢于揭露和制止职工内盗行为，使职工内盗物品难以混出大门，所以雇请保安人员较之使用本单位职工最为显著的作用就是能有效地遏制单位职工内盗现象。相反，使用本单位职工担任门卫则不一样，即使是各企事业公安机构、经济民警组织或是保卫机构的人员，由于编制、关系都在本单位，显然无法置身于本单位和社会上的纵横交错、盘根错节的关系网、人情网之外，摆脱不了市场经济中各种"无形的手"的干扰和影响，它对本单位存在的许多安全问题，也是束手无策，无能为力，特别是对职工的内盗现象，前怕狼后怕虎，不敢讲，不敢管，他们同内盗职工总有些割不断的关系，所以在门卫检查时，明知职工藏有偷盗物品，也只好睁一只眼闭一只眼，这样你好我也好，反正不是我家的东西，我何必得罪人？久而久之，你偷我也拿，内盗风越演越烈，内盗问题就成为单位的"老大难"问题，严重时甚至把单位弄垮。目前，由于雇请保安员可以有效地治理内盗便成为许多单位聘请保安门卫的首要原因。但是刚开展工作时，由于保安员刚派驻到客户单位，人生地不熟，这就要求保安服务公司和客户要协调好关系，共同领导，共同管理，共同关心，特别是客户单位要及时提供单位人员情况和犯罪规律，帮助保安员度过"开头难关"，这样才能使保安员更好地发挥自己的优势。

2. 保安门卫是一种定点守卫式的保安活动

保安门卫是依据保安合同对指定的大门进行守卫，意即保安门卫以特定目标为对象，门卫责任区的划分固定，时间确定，区域具体。保安门卫的定点式特点使它区别于保安巡逻、保安守护、保安押运等其他保安业务。保安门卫的定点式特征使其活动阵地相对比较稳定，有利于保安员熟悉阵地，预先布阵，给保安工作带来一定的有利条件；但同时也由于阵地固定，门卫岗位暴露，不利于保安员隐蔽，所以保安门卫实质上是公开的保安守卫力量同隐蔽的敌人作斗争,"明枪易躲,暗箭难防",这就要求保安员要时时刻刻保持清醒的头脑,随时准备迎战。

3. 保安门卫是一种出入口控制式的保安活动

保安门卫所守卫和控制的对象是针对客户单位的大门,是单位职工和外来人员以及车辆和物资出入的必经之处,是客户单位的咽喉要塞,是阻止犯罪分子入侵和拦截犯罪分子外逃的首要关卡。正因为门卫在单位治安管理中的重要作用显而易见,因而历来受到各单位的重视。实践证明,搞好门卫工作,对出入人员、车辆和物品进行严格的检验、检查、登记和管理,那么单位治安状况好转就有了基本保证;反之,如果对进出人员、物资、车辆不检查、不控制,那么该单位将变成"没有卖票的公园"和"嘈杂的自由市场",治安秩序必然很混乱,单位正常的生产和生活秩序必然会惨遭破坏。保安门卫出入口控制式特征,一方面使领导不得不重视保安门卫工作,这为保安工作提供了有力的支持和便利的条件,同时也应看到,因为大门也是犯罪分子入侵和外逃的首要关卡,这就要求保安员要保持高度警惕性,谨防违法犯罪人员混在职工中入侵和外逃。

4. 保安门卫是一种周界防护式的保安活动

保安门卫对单位的安全防范作用功不可没,它把单位的围墙连结成一条抵御外侵的周界防护的防线。在这条周界防线中,门卫始终起着桥梁和纽带作用,并处于周界防线的中心。换句话说,门卫决定着围墙能否起到协助守卫人员守卫、增加外界入侵难度、限制盗窃分子偷袭、护卫普通物品和维护单位秩序的积极作用。如果单位大门敞开,不实行必要控制,那么这个单位的围墙再高再牢固也形同虚设,周界防线也等于零。通常人们对物品的保护采用人防、物防和技防相结合的方法,其中物防又依据辅助安全设备对物品防护程序的不同划分为内、中、外三层防线,门卫所在的围墙属于外层防线。鉴于外层防线与物品存放的部位遥远,处于单位范围四边的最外方位,犯罪分子即使不能混进大门却可以利用守卫人员视线和听觉的间歇空隙从围墙的偏僻部位越入院内,这样外层防线即被突破,门卫限制出入的作用即被抵消。保安门卫周界的防护式特征告诫人们,保安门卫尽管重要,但仅依靠着门卫来保障客户单位整体安全是不可能的,它必须与保安巡逻、保安守护等手段紧密配合,将其作为护卫财产和人身安全的惟一辅助安全防线是不足取的。

5. 保安门卫是一种服务窗口式的保安活动

保安门卫所管理的大门是客户单位人员、物资、车辆出入的必经之处，是反映一个单位精神文明程度和治安状况好坏的窗口。作为外来办事人员，他进入客户单位必须经过保安门卫守卫的大门，要向保安员出示证件，询问单位有关部门的办公地点和有关路线，要办理必要的登记手续，所以，首先感受到的是门卫保安员的服务质量。也就是说，保安门卫的好坏决定着外来人员对该客户单位第一印象的好坏，有时也可能对该单位的工作产生重要影响。试想一下，如果一个单位治安状况不好，职工精神面貌不好，有谁愿意与之合作？如果一个机关保安门卫态度蛮横恶劣，脸难看，话难听，有谁会相信该机关能全心全意为人民服务？所以，尽管保安员不是客户单位的职工，却是反映该单位精神文明程度的窗口。同时还应看到，保安门卫也是保安服务公司服务质量和服务水平的窗口和门面，它影响到保安服务公司的信誉，是关系公司生存的大问题。保安门卫的窗口式特征要求保安服务公司选定保安门卫人选时，要特别注重其政治思想素质和业务素质，要求保安门卫在执勤中要做到服装整洁，仪表端庄，站立端正，精神抖擞，特别要注意使用文明用语。

二、保安门卫的任务

1. 对出入人员进行严格的验证，并依据客户单位有关会客登记制度严格履行登记手续，严禁无关人员入内。

查验出入人员的身份和证件，严格履行登记手续，是保安门卫的重要职责和任务。雇用保安门卫的客户大都是规模较大、进出人员较多、情况较为复杂的单位，倘若不对出入人员进行查验，把好人员进出关，那么大量的无关人员涌进该单位内部，必然使其工作、生产的秩序受到干扰和影响，必然给单位的安全保卫工作带来更大的难度，同时还有一些不法分子乘机混入内部，必然给客户的人、财、物的安全造成侵害。这样必然造成内部治安秩序混乱，各类案件不断发生，客户的人身和财产安全得不到保障。另一方面，由于无关人员可以随便进入工作区、生产区而没有履行必要的登记手续，一旦发生刑事案件和治安案件，那么，寻找犯罪分子和询问证人难度很大，侦破案件犹如大海捞针。所以，保安门卫必须严格地对出入人员进行验证、检查和登记。这样，一方面有利于保证客户单位正常的工作秩序和生产秩序，保障其人身和财产的安全；另一方面又有利于配合公安机关和内保部门及时侦破内部发生的各类刑事、治安案件。

对进出人员把好"进门关",其核心是凭有效证件出入,不准无关人员随便进入。职工出入凭工作证(或证章、厂徽、校徽)等统一制发的出入证,住在单位内部的家属出入凭家属证,外包工、基建工、临时工凭临时出入证。外来人员凭介绍信证明其确有必要进入时,要依照规定办理登记手续,认真登记时间、姓名、单位、事由以及携带的物品,方可入内。工作时间私事不会客,特殊情况,需经批准后,在接待室会客。禁止职工随意带子女、亲朋好友等无关人员进出。无有效证件,不履行登记手续或经确认其无进入必要的,保安门卫应禁止其入内。保安门卫要有高度的责任感,严防坏人利用过期的、伪造的或者窃取的出入证混入内部作案。

2. 对出入人员和车辆所携带、装运的物品、物资进行严格的检验、核查,禁止私自将危险物品和违禁物品带入,严防客户物资流失。

对进入人员和车辆所携带、装运的物品、物资进行严格的检验、核查,主要有三个目的:一是防止私自将危险物品带入。危险物品具有射穿性、爆炸性、燃烧性、腐蚀性和窒息性等特殊性能,威力大,作用快,破坏能力强,往往被犯罪分子利用作为私仇报复、杀人劫货、制造事端等罪恶活动的工具;同时,危险物品又有一个显著的特点即容易受外力作用的影响,许多危险物品尤其是易燃、易爆的化学物品,极容易接受外力的影响,具有明显的不稳定性,遇有适当的温度可使之挥发,遇有潮湿可使之分解,遇到火、电、碰击、摩擦可使之燃烧、爆炸,故极容易造成事故。血的教训证明,不管私自带入危险物品有否破坏动机,都将给客户单位的人身和财产安全构成威胁,甚至是毁灭性的灾难!因而,保安门卫要严禁其私自携带危险品入内。二是防止将违禁品夹带入内。违禁物品同样也会给内部治安构成危害,因此,门卫应将违禁物品拒之门外。三是防止将客户财物夹带出门。如果不对进入人员和车辆所携带、装运的物品、物资进行检查,那么其出门时若将客户单位的物品夹带在内也难以被发现。相反,如果我们将其进入时的物品进行登记,其出门时的物品自然应与进入时相符,若出门时物品比原来增多了,那就有待于调查了。因而,保安门卫对入内人员、车辆所带物品进行登记,也是防止不法分子盗窃的一种有效的措施。

对进出人员和车辆所携带、装运的物品、物资进行检查、核对,这是保安门卫最重要的职责和任务之一，是发现问题、杜绝各种拿摸、盗窃以及其他物资流失现象的最为有效的办法。国内社会治安工作实践证明，客户单位物资流失的一个重要原因是内部职工贪占甚至盗窃内部资产并想方设法混出门外；另外一个重要原因是外单位前来提货的人员，有时乘客户单位工作制度不严，有关人员责任心不强，各种漏洞较多之机而拿摸、盗窃各种物资，并将其混在出库物品中蒙混过关；有的外来提货人员与内部职工相勾结共同盗窃，利用提货汽车身份合法又可以一次装运大批偷盗物品这两大优势，肆无忌惮地侵犯客户财产。中外盗窃犯罪研究结果表明，凡是大批量的物资流失，大都是由经许可去单位提货或交货的汽车把赃物运出，在有些情况下，由于大门管理不当，窃贼会偷走整卡车或整拖车的货物，提货司机有时会串通内部职工多装多载物品。综上所述，对进出的人员和车辆所携带、装运的物品、物资实施严格的检查、核对，是完全必要的，它是防止客户单位物资流失的最为有效的措施和手段，既有利于防止泄密案件的发生，又有利于及时发现、揭露和打击偷、摸、拿的不法分子，有效地遏制内部职工的内盗现象。

对出入物品把好"进门关"和"出门关"，其核心是物资、器材出门一律凭出门证，危险物品进门要有许可证，职工借用公物出门要凭所在科室开具的证明信。保安门卫严格执行物资出入检验制度，机动车辆经过门卫，应主动停车接受检查，外来机动车辆要登记车号、事由、装运物品等情况后入内，自行车经过门卫要下车推行。携带物品出门必须凭证，职工携带包裹、提包出单位大门，应主动接受门卫检查，职工借用公物出门要有有关部门的证明信。外来人员携带物品入内要填写清单，出门时应主动接受检查，经查对无讹时方可放行。凡汽车来提货或送货的，应上车检查，并在提货单或送货单上写明提、送货单位和车辆牌号，根据出入物资清单上注明的品名、规格，进行认真的检验、核查。发现证物不符的应予拦阻，直到弄清情况，手续齐备后方可放行，对于无许可证的危险物品应拒之门外，对于无出门证的物资要坚决堵截，并将车辆牌号登记在册，报保卫部门查处。

3. 疏导出入车辆和行人，清理门卫责任区内无关人员，保证进出车辆畅通，人员出入有序无阻。

大门是进出客户单位的必经之处，是其最重要的交通要塞。门口交通的安全与畅通，直接关系到客户单位人身和财产安全，直接影响其工作、生产和生活秩序，体现了该单位精神文明程度和行政管理水平，也反映了该单位的治安状况，所以，做好进出车辆和行人的疏导工作是保安门卫的重要职责和任务之一。门卫交通疏导工作要处理好，疏导车辆和行人与检查出入人员，又要防止无关人员随意出入，防止客户单位物资流失和泄密案件的发生，确保客户人、财、物的安全。所以，保安门卫应当正确处理好二者的关系，既不能为了门口畅通，让无关车辆和人员随意出入，也不能只顾安全，对所有的行人和车辆都进行细致甚至是繁琐的检查，特别是上下班高峰时间，如果检查过于繁琐，很可能导致门口秩序混乱，交通堵塞，给客户生产、工作造成许多不便和麻烦。这样就要求保安门卫要有敏锐的目光和灵通的信息，对重点的人员和车辆进行重点检查，这样既可保证门口车辆和行人通行方便，又可保证客户安全。

保安门卫疏通交通的一个重要工作即进行交通指挥，防止车辆和行人抢进抢出，保证通行有序。另一项重要工作是清理门卫责任区内的障碍和无关人员。单位大门一般比较宽阔，有的人占用道路摆摊设点、停放车辆、堆物作业、搭棚盖房，有的进行集市贸易，举行临时聚会和其他妨碍交通的活动，有的临时在门口施工或维护公用设施，也有的由于客户单位禁止外单位车辆入内就把机动车、自行车停放在门口，这些行为对大门的畅通构成威胁，有时可能造成门口交通阻塞，酿成交通事故，所以保安门卫要及时清理门口障碍，劝阻无关人员离开，以免妨碍大门进出。

4. 协助客户单位管理好职工考勤工作，配合有关部门做好来访接待工作，遇有来访人员确有要事急需办理时，要及时做好传达工作。

大门是职工上下班必经之处，客户往往把职工考勤管理的任务交给门卫，这样既便利于职工打卡签到，又便于客户对职工考勤进行统一管理。搞好职工考勤工作，对于维护客户单位工作制度，保证其生产、工作的顺利进行有着重要的作用。这就要求保安门卫要不徇私情，严格执行考勤制度，详细登记职工旷工、迟到、早退等情况。职工因公外出要凭有关部门开具的出门条，否则不许私自外出；客户单位车辆凭有关部门开具的派车单放行，否则不予放行。

保安门卫对外来人员来访，一方面要履行严格的验证、登记手续，另一方面要协助客户单位搞好接待工作。当客户单位接待来访的工作人员离开时或者已经下班，遇有来访者或外来办事人员，对并非要事、无需急办的，要好言劝其回去，告知其应在上班时间前来办理；对确系要事并急需办理的，要在检验来访者证件、履行来客登记手续之后，迅速告知有关部门或人员前来接待，以免贻误急事，给客户单位带来不必要的损失。

5. 协助客户单位发现治安隐患，堵塞漏洞，健全防范制度，提高安全防范能力，主动配合公安保卫部门的工作。，

客户单位雇请保安门卫的目的是为了保证其人、财、物的安全，因而协助客户单位提高整体防范能力是保安门卫义不容辞的责任。保安门卫处于预防和打击犯罪的第一道防线，把守着客户单位防止物资流失和泄密案件的最重要的关卡。在保安执勤过程中，可以发现客户单位在安全防范方面的隐患漏洞，实践中还可以探索出许多切实可行的安全防范措施。作为门卫保安员，一方面要及时向客户单位反馈，协助其采取有效的措施，尽快消除隐患、堵塞漏洞；另一方面要主动帮助客户单位健全安全防范制度，完善防范机制，提高安全防范能力。

保安门卫还应起到辅助公安机关维护社会治安的积极作用，发现可疑人、可疑事，尤其是犯罪线索，要及时报告公安保卫部门，并主动配合他们的工作，以便采取相应措施妥善处理。

第二节 保安门卫勤务的基本要求

保安门卫是客户单位门卫规章制度的具体执行者，是其安全保卫最基本的力量之一，肩负着重大责任。每一个成员都要有认真的工作态度和良好的思想作风，遵守护卫人员工作守则，认真钻研业务，坚决服从指挥，坚守岗位，恪尽职守，做到"二查"、"五好"、"四勤"、"二快"。"二查"是严格查验进出人员的出入证、工作证或证章，认真检查出入物资的许可证并核对实物；"五好"是执行制度好，交通指挥好，事情处理好，情况记录好，团结互助好；"四勤"是眼勤、脑勤、腿勤、手勤；"二快"是反映情况快，解决问题快。对保安门卫人员的要求涉及到政治素质、专业素质、身体素质、心理素质、文化程度、知识结构和职业道德等方方面面。但究其基本要求可以概括为"四要"，即执行制度要严格，查验人、物要细致，处理问题要灵活，上岗执勤要文明。

一、执行制度要严格

门卫制度是客户单位为了维护内部治安秩序，防止职工人身和财产遭受损失，保障生产和工作顺利进行而制定并实施的要求人们共同遵守的关于人员和物资进出大门的规程和准则。制定出符合单位特点的切实可行的制度，使制度具有群众性、合理性、科学性和权威性，这是制度得以严格执行的前提，也是单位安全管理的基础和起点，可以说，没有明确的安全制度就无安全可言。然而，制度若无人认真组织贯彻实施，仅满足于讲在口里，写在纸上，内容再好也起不到抑制、制止犯罪的作用，只能是流于形式，成为一纸空文。同时，由于门卫制度是管人、车、物进出的，它对一些人难免会有一定的限制和约束，会造成某些不便，有些人随便惯了，不甘心受管束，不情愿照章办事，他们对门卫制度有抵触，这也是必然的。这样，就要求保安门卫充分认识到严格执行门卫制度的必要性，同时也应清醒地认识到严格执行制度的难度。因此，要及时做好制度的宣传解释工作，争取绝大多数职工的理解和支持，始终坚持领导和群众、干部和职工一律平等，违反了门卫制度，都一视同仁，按章办事，公之于众，该批评的批评，该处罚的处罚，触犯刑律的要扭送到公安司法机关追究其刑事责任。保安门卫在严格执行门卫制度的同时，自己更要带头遵守制度，不准将亲朋好友带入，更不得带领他人进入机要部位，不得徇私情使物资无证出入，不得向他人泄露客户单位性质、房屋建筑、重要设备、安全设施、保安方案等内部事项，更不得包庇放纵违法犯罪人员，绝不允许同犯罪分子互相勾结，共同犯罪。保安人员自己严格遵守制度是客户单位门卫规章制度得以严格执行的必不可少的条件。

二、查验人、物要细致

查验人、物要细致，是指在查验出入证件与核对进出车辆、物资和人员所携带的物品时要认真负责，仔细观察。观察是细致的基础，是发现问题的起点，是认识问题和处理问题的第一道工序，它是通过仔细的察颜观色来分析客观事物、辨别事物的现象与本质。保安门卫在执勤中不容忽视任何一点可疑的蛛丝马迹，要善于对人和物进行观察。对人的观察，要注意从衣着打扮、动作表情上发现疑点，如衣着打扮是否正常，衣服大小是否合身，有无冷天穿衣少，热天穿衣多，有无脏衣不脱，有无下雨天戴大墨镜、大热天戴大口罩等现象；动作上是否行动诡秘，左顾右盼，围着某个重点目标转，神色慌张等表现；尤其要注意人的头部、面部、手部及其他裸露部分是否有刚被抓伤、咬伤、锐器刺、割伤或钝器击伤等伤痕。对物的观察，要注意从携带物品的名称、型号、形状、色彩、气味、体积、包装等情况中发现异常。对车辆的检查，要特别注意观察驾驶员和货主的神色，有否一反常态，过于热情地递烟，大方地赠送小纪念品，有否企图乘保安员不备突然闯进闯出、逃避检查等。保安门卫在对出入人、物、车辆的观察中，还应有重点地尽可能地记住其特征，如人的身高、体型、相貌（像三角眼、长脸、浓眉、麻子等）、衣着、行走坐立的习惯姿式（像跛子、罗圈腿等），携带的物品、车辆的颜色、车型、牌号等，以便为以后需要调查或围追堵截时提供方便。

认真查验人、物的第一道工序是通过观察发现可疑的人和物，第二道工序是对可疑的人和物追查到底，弄个水落石出。保安执勤中，要对可疑人员的姓名、年龄、籍贯、身份证件、来去方向、活动时间、携带物品等情况全面地反复地盘问，并在盘问中捕捉其疑点。例如说话的方言口音与其自报的籍贯、住地不符；身份证件有涂改、伪造痕迹；衣着打扮与其自述身份不相符；携带钱物票证的数量与其表述相矛盾等等。对于一些回答问题支支吾吾、前后矛盾、漏洞百出或行为反常、举止可疑者更要反复盘问，一查到底。查验人、物的第三道工序即对较为可疑的人和物品进行必要的人身检查和物品检查，注意发现管制刀具，发现单、物不符，要扣留必要物品作为证据，必要时可暂扣车辆，若有确凿证据表明有犯罪嫌疑的，应当将犯罪嫌疑人扭送到公安机关接受审查。

在保安门卫实践中，人们不断地探索保安执勤的技巧和方法，其中把发现和盘查可疑人员的基本方法与技巧归纳总结为"八看、八对"，即看证件对姓名；看相貌对年龄；看举止对职业；看原籍对口音；看言行对学历；看衣着对身份；看物品对来由；看同伴对关系。从"八看、八对"中观察行为和时间的差异、行为和环境的差异、行为和场合的差异，以便发现疑点，打击犯罪。

三、处理问题要灵活

保安门卫所处的位置特殊，是出入客户单位必经之处，人员流动量庞大。车辆进出频繁，物资进出量也很大，保安员所接触的人员各种各样，碰到的问题形形色色，需要解决的问题纷繁复杂，这样处理不同问题的方法就不能千篇一律，否则寸步难行。因此，保安门卫执勤工作中对具体问题的处理要灵活。

任何事物都不是一成不变的，解决问题的方法没有固定的模式来应付，处理问题的方法要及时变通。所谓处理问题要灵活，是指处理问题要随机应变，具体的讲就是要把原则性问题和非原则性问题区分开来，然后针对不同性质的问题采取不同的处理方法。一方面，对于原则性问题，必须严格把关，一丝一毫也不能让步，绝不能睁一只眼闭一只眼，如物资出门无出门条，职工携带公物出门无有关部门开具的借用凭证，提货的汽车证、物不符，无关人员无出入证随意出入，外来办事人员不履行来客登记手续等等，这些问题与门卫制度格格不入，如果不制止而任其蔓延，那么制度就变成一纸空文，势必给客户的人身和财产安全构成危害，所以在原则性的问题上不允许灵活。另一方面，对于非原则性问题有时则不能太认真、太计较，不宜过多地纠缠，否则越理越不顺，越论越不清，以至于浪费时间，牵扯许多不必要的精力，影响了对原则性问题的处理。比如在现实中，总有一些人自由散漫，随便惯了，不甘心受制度的约束，当被要求出示出入证时勉强从口袋里掏出工作证晃一下，当被要求履行登记手续时勉强登记一下，态度傲慢，有时话难听些，脸难看些，甚至说一两句轻视保安员的话。保安员若颇感委屈，太认真地与之"据理力争"，势必引起一场争吵，大批无关人员会涌到门口看热闹，一则影响门口交通秩序，可能使门口交通堵塞；二则分散保安员注意力，可能会有一些不法分子乘机混进大门，也可能使一些物品无出门条却混出大门，使客户遭到无可挽回的损失。因此，还要提倡保安员顾全大局，忍辱负重，对非原则性问题能忍则忍，有时装聋作哑也未尝不可。处理问题要灵活，另外一个重要方面即要求保安员要提高紧急事件处置能力，在执勤中碰到各种突发事件，要冷静沉着，灵活处理。

四、上岗执勤要文明

保安门卫既是反映客户单位精神文明程度的窗口，也是反映保安服务公司质量和服务水平的窗口，因而要特别强调文明执勤。执勤时必须按规定着装，注意风纪，做到服装整洁，仪表端庄，精神饱满，态度和蔼，礼貌待人，办事公道，坚持原则，以理服人，尽职尽责，热忱服务；不准擅离职守，不准闲聊打闹，不准干私活，不准酗酒吸烟，不准会私客；严禁刁难人、打骂人、欺压人、粗暴无礼、侮辱人格的行为。

文明执勤的一个重要要求是清理服务忌语，推广文明用语。语言是人际交往的重要工具，也是道德文化素质的体现。保安门卫执勤用语，反映了保安形象和保安职业道德。如果保安员脸难看，话难听，甚至满嘴污言秽语，不仅严重影响保安员形象，影响保安服务公司声誉，也影响了保安员与客户单位的职工群众的关系，而且还可能使客户的声誉受到损害。俗话说："恶语一句六月寒，好言一声三冬暖"，执勤时出言不逊，会惹出许多不必要的争执和纠纷，而礼貌用语却能缩短保安员与职工群众的距离，争取群众的理解和支持，使保安工作扎根于群众之中，而且有助于树立客户单位和保安服务公司双方的良好形象，所以使用文明用语是势在必行的。保安门卫推广文明用语的第一道工序是划定"执勤忌语"的范围，如"听没听见，拿证件出来"、"给老子把车子开到后面掉头"、"老头儿，眼瞎了，耳聋了"、"不准进就是不准进"等，制定"执勤忌语"有助于督促、检查、批评、处罚，否则想动真格却又无处罚依据和标准；第二道工序是规范保安门卫执勤工作文明用语，如当来访人员携带提包出入单位需检查时应说"同志，履行规定，麻烦您打开提包检查"，检查完毕应说"谢谢合作"，保安用语规范化可以使保安员有章可循，这是推广文明用语的前提条件和主要工序；第三道工序是保安执勤用语督促检查，把文明执勤与奖惩紧密挂钩，防止流于形式，这是推广的关键。

第三节　保安门卫勤务责任区划及紧急情况处置

一、保安门卫责任区的划分和门卫岗位的选定

1. 保安门卫责任区的划定

保安门卫责任区是指保安员在担任客户单位大门守卫任务时应进行安全管理的地区范围。保安门卫责任区的划分是保安门卫工作的起点，也是保安门卫工作的一道基础工序。保安门卫责任区的划分与否以及责任区划分的科学与否都对保安门卫工作的成败有着十分重要的影响。不划分保安门卫责任区，则保安员责任不明，管辖范围不清，不利于提高保安员工作积极性和责任感；责任区划分不科学，则不利于对责任区实行有效的安全管理，也不利于提高保安员的工作效能。

保安门卫责任区的划分没有统一的依据，也不可能有统一的标准，应从单位实际情况出发，实事求是地划分。尽管各客户单位情况各异，责任区大小相差很大，但划分保安门卫责任区均应坚持以下原则：

（1）大小适度原则。要求保安门卫责任区的大小要适当，要有利于对责任区实行有效的安全管理。责任区划分过大，保安员管不过来，勉强管理管不好，容易出现防范空隙，也不利于门卫保安人员集中精力搞好出入口控制；划分过小，把本来可以由门卫保安员兼顾管理，也应该由门卫保安员集中管理的区域划出去，则浪费人力，不利于保安员潜力和作用的发挥。

（2）有利于提高工作效能原则。保安门卫责任区划分的科学与否直接影响到保安员工作效能的发挥，责任区的划定应采取以大门为中心、向大门四周辐射的方法。如果保安门卫责任区不是以大门为中心向四周辐射，而是把大门作为起点向前后任何一个方向延伸，那么有可能造成远离保安门卫岗位的部分责任区正好是保安员听力和视力的死角，从而形成一片安全管理的盲区。然而与此同时，保安门卫岗位另外三个方向的靠近执勤岗位的本来可以由门卫保安人员实行有效的安全管理的区域却划归其他保安力量管理，说不定因为这片地区远离其他保安力量执勤哨位而又成为另一部分保安力量安全管理的盲区，这样，保安门卫责任区划分不科学，就可能造成不必要的盲区群，不利于提高工作效能，也不利于整体安全防范工作。

（3）与门卫保安力量相适应原则。保安门卫责任区划分的大小应与保安力量部署的强弱相适应。如果门卫保安力量比较雄厚，则保安门卫责任区就可以多划些；如果门卫保安力量明显薄弱，那么门卫责任区则应少划些，以防力量不足而防线过长，从而影响到大门的守卫工作。

（4）与其他保安责任区相一致原则。保安门卫责任区是客户整体防范区域中的一块。它的划分要列入全盘考虑，要与其他保安责任区划相一致。如果保安门卫责任区与相邻的责任区存在着交叉地带或者空档地带，那这块"双管"或"双不管"地带则可能成为安全管理的误区。因此，划分保安门卫责任区一定要有全局观念，同其他保安责任区相协调、相一致，不致于造成双方都推卸责任。

（5）稳定性与灵活性相结合原则。稳定性是指保安门卫责任区划定之后，要注意保持其相对稳定性，不能朝令夕改，轻率调整区划；灵活性是指划分责任区要坚持灵活原则，不能一成不变，如果门卫保安力量变化太大或其他情况发生了质的变化，则应以有效管理作为衡量标准对责任区划作必要的调整。

2. 保安门卫岗位的确定

保安门卫岗位是指保安员执行大门守卫任务和对门卫责任区进行安全管理时的执勤处所。保安门卫岗位的选定对于执勤保安员的人身安全、保安门卫任务的完成以及对于整个保安门卫责任区的安全管理都有着十分重要的影响。因此，在选定保安门卫岗位时，一定要了解大门周围的治安情况、地形地物和该地区犯罪特点规律，发挥有利因素，克服不利因素，从时间、地点和条件出发，从有利于安全管理和有利于完成保安门卫任务的角度出发，科学选定保安门卫岗位。一般说来，保安门卫岗位选定应遵循以下原则：

（1）有利于观察原则。保安卫门岗位也置应当设在视野开阔的地方，不得有碍于执勤保安员的视力，这样才能有利于保安员对进出人员进行细心的观察，才能对进出车辆进行有效的指挥和检查，才能及时发现可疑的蛛丝马迹。因而，保安门卫岗位可以适当地选择那些便于观察的制高点。

（2）有利于隐蔽原则。要求保安门卫岗位不宜过于暴露。否则，不法分子可以从远处观察执勤保安员的一举一动，寻求保安视觉和听觉的空隙而出其不意地突破关卡。

（3）有利于进攻原则。要求保安门卫岗位有利于门卫保安员对进出大门的不法分子进行有效的攻击，以加强对出入口控制的能力。

（4）有利于防守原则。要求一旦遇有不法分子向执勤保安员发动攻击，选定的岗位应当有利于保安员退而防守，从而对保安员人身安全起到辅助保障作用。

（5）有利于抓获犯罪嫌疑人原则。一般说来，根据客户单位的犯罪规律可以预测犯罪的多发地带和犯罪嫌疑人的逃跑路线，因而保安门卫岗位应选定在犯罪多发地带附近，以便及时抓获歹徒。

（6）有利于客户精神文明建设原则。门卫保安员站立端正，精神抖擞，可以反映出客户单位良好的精神风貌，因而应把门岗的选定与客户单位精神文明建设结合起来，统一布局。

二、拦车验证的要求和方法

1. 拦车方法

拦车是守卫出入口的保安员查验车辆证件的必要手段。要准确掌握拦车的时机,动作要求果断利落,熟练无误。当来车驶到与哨位相距10米至15米时,门卫保安员应目视机动车,立正站于机动车的侧前方,面向机动车,臂向前伸平,五指并拢,拇指朝上,掌心朝车,另一只手随后向前抬起,置于伸开的手下方,五指并拢微微弯曲,掌心向让其停车方向连续摆数次,示意停车。待车停下后,再示意停车位置。

2. 查验车辆遇到问题的处置方法

(1) 对出入哨位的车辆,除有本单位标志的以外,保安员要首先示意让其停车,然后有礼貌地问清情况,确系来单位办事的可示意放行;特别是载运物品的汽车及人、畜力车,出门时要认真检查货单与实物是否相符。必要时,可登车检查。

(2) 遇到外来车辆不按示意停车、飞驰而入者,要求牢记车型、牌号,及时报告带班员或队部值班员,迅速查找,尽快弄清情况,以防发生意外。

(3) 单位内部发生火灾、爆炸或人身伤亡事故,外部消防车、救护车进入时,可以免验放行。

(4) 要查验车上的人员,如发现与单位业务无关者,应动员其下车在外等候。

3. 验证方法

验证就是守卫出入口和重要目标的保安员查验进出人员、车辆的证件,这是守卫勤务的一项主要而又经常的职责。验证一般采用认证与认人相结合的办法。对进门者以查身份证件为主,对出门者以查携带物品的证件为主。验证要求:一要快,二要细,三要讲究礼貌。根据守卫目标的规模、哨位的地形和人员、车辆的出入情况,区别不同的时机和对象,运用逐个查验、重点查验和免验三种不同方法:

(1) 逐个查验。在一般情况下,当来人距门卫一至二米时保安员应请其止步出示证件,接过证件后先看证件的封面,再翻看内页的姓名、单位。要着重查验照片与其面貌是否相符,钢印的单位与签发证件单位是否相符,有效日期是否已过期。查看证件的同时,要注意对方的神态、举止。夜间验证时,与对方的距离应该拉大,保持有撤步的余地,以防犯罪分子乘机行凶、抢夺武器或猛然闯入守卫单位和重要目标。

(2) 重点查验。在人员、车辆出入比较集中时，特别是上、下班流量高峰期，保安员应站在大门一侧较高的位置上，边招呼大家出示证件，边仔细观察人员、车辆的动态，注意发现异常情况。对熟悉而出示证件的人员、车辆，目示放行；对陌生人又未出示证件者，交领班员查处或请其先站在一边，待高峰期过后再行查验。

(3) 免验。对单位和目标的主要负责人和上级事先通知的免验对象，根据其面貌、车号和特殊的免验标志，免验放行。.

4，验证时遇到问题的处置方法

(1) 遇有本单位和守卫目标的人员忘带工作证或其他证件要求进入时，应先问明情况，对熟悉的可以放行；对不认识的、住宿近的请其回去取证，住家远不便回去取的，可通知其所在部门、车间领导前来领人。

(2) 在上、下班人员、车辆进出拥挤之际，秩序比较混乱，执勤保安员应要求大家提前主动出示证件，运用验证与认人相结合的办法，着重查验那些面貌生疏和持临时证件的人。带班员应加强门卫，协助查证和处置问题。

(3) 验证时发现外来人员无证、持假证和过期证件时，由带班员处置；对持介绍信联系工作的人员，应指引其到传达室或有关部门办好手续方可放人。

(4) 遇有个别人不遵守出入规定或故意挑逗、刁难时，不要与其争执、纠缠，交由带班员或有关部门处置。

三、紧急情况处置

保安门卫守卫的是出入客户单位的重要关卡，地位特殊，位置重要，人流量大，车辆和物资进出不断，面临的情况复杂，也难免要遇到各种各样的紧急情况，需要采取果断措施实施紧急处置。保安门卫所要处置的紧急情况是指在门卫责任区内突然发生的，可能危及客户生命和财产安全的，必须迅速采取行动或措施予以处置的不平常的事情。对各种紧急情况处置的最基本的一条要求即尽早发现，及早控制，果断处置，尽快平息，力争不造成损失，一旦损失无可避免也应尽量减少其影响和损失。

紧急情况处置妥当与否，直接关系到客户生命和财产的安全问题，甚至对社会稳定造成深远的影响，例如群体性紧急治安事件可能演变成社会局部动乱，影响到政局稳定。为了提高妥善处置各种紧急情况的能力，在实践中能够以最小的代价换取最大的胜利,人们对过去发生的紧急情况处置进行系统的概括和总结,从中寻找到具有普遍意义的带有规律性的方法来指导实践,如对群体性紧急治安事件应采取"三可三不可"的原则,即"可散不可聚,可顺不可激,可解不可结",还应采取"三宜、三忌、三防"的斗争艺术,即"宜说服,忌训斥,防粗暴;宜耐心,忌滥罚,防简单;宜亲近,忌疏远,防对立"。保安门卫所面临的紧急情况各种各样,学习和借鉴他人处置紧急情况的经验是必要的,只有提高紧急处置能力,不断探索总结新规律,才能使我们不至于在突如其来的紧急情况面前束手无策,才能使我们掌握斗争的主动权,做到成竹在胸,稳操胜券。尽管针对不同性质的紧急情况应当采取不同的原则和方法处置,但万变不离其宗,保安员处置不同性质、不同类型的紧急情况所适用的基本原则综合起来主要有:①坚持依靠公安机关、争取客户配合的原则;②预防为主,疏导教育原则;③迅速及时、果断处置原则;④统一指挥、整体作战原则;⑤因事施策、区别对待原则;⑥确保重点、要害保卫原则;⑦保护公民合法权益原则。下面就保安门卫可能遇到的几种紧急情况简要列举其处置方法。

1. 当客户单位发生火灾时

(1) 迅速报警。拨通119电话后,要冷静沉着,听到对方报消防队时,即可讲清着火地点(街、段、路、里、门牌号)和单位,旁边有什么特征,如建筑物或其他标志;讲清着火部位,可燃物名称,火势大小和范围;之后要注意对方的提问,并把自己所用的电话号码告诉对方,以便及时联系。在挂断电话后,要派人在交叉路口引导消防车辆进入现场,并明确介绍火场情况和水源情况。

(2) 迅速报告。电话报警后,要随即把火灾情况报告客户单位有关领导和保安服务公司领导。

(3) 拉响警报。要立即拉响警报,按动紧急电铃,一则通知险区人员撤离危险区域,二则发动职工群众共同救火。

(4) 积极扑救。要迅速切断与灭火无关的电源,关掉煤气总开关,将易燃易爆物品撤离起火现场,并积极有效地启用灭火器材,努力扑灭初起之火。

(5) 把好大门。防止无关人员涌入阻碍火场灭火,防止不法人员混入趁火打劫,防止不法人员调虎离山、利用混乱之机混入进行其他破坏,禁止与起火有牵连的纵火或失火嫌疑人员逃离现场。

2. 当发生群体性冲击客户单位的事件时

（1）当即报告。立即把有关情况报告客户单位有关领导，并同时把情况报告公安机关和保安服务公司领导。

（2）把好大门。迅速将通道之门关上，留下侧门出口作通过之用，严格按照门卫制度验证出入，防止不明身份的人混入。对前来串连闹事的人，要尽力将他们挡于大门之外，一方面要注意礼貌，注重疏导，劝说他们离去，尽力避免正面冲突，必要时封闭所有出入口。

（3）密切注意群体性闹事者的动向。例如张贴标语，投掷石块、纵火、砸门牌、破坏建筑设施或其他暴力行为，并时刻注视为首分子和犯罪分子，尽力记住他们的面貌特征及其主要罪行，并采取防范措施尽力使客户减少损失。

（4）保持缄默。紧急治安事件大多属于人民内部矛盾引起，大多数群众性冲击机关、企事业单位往往是因为我们某些管理工作未跟上，人民群众的某些应该满足的需要未能得到满足，或者我们管理人员在进行社会管理活动中方法不当，引起了群众的不满而又没有及时处理矛盾，以致于事态扩大而形成的，因此可谓群情激愤。保安门卫不能与闹事者争论，更不能以武力对待，这种行为不但不能解决问题，而且可能激怒对方，引起非常严重的后果，所以保安员只能保持缄默，不能发表任何意见，不能擅自撕下闹事者张贴在门口的标语，以免引起麻烦。

（5）打开灯光。如果群体性冲击发生在夜间，则应将外围之灯光全部打开，以利于观察。

3. 当对职工携带的物品有怀疑时

（1）当发现嫌疑目标，对职工携带的提包、包裹等有所怀疑时，可先礼貌地要求其说出包裹或提包内之物品的名称、数量，并请他自己打开包，自己拿出物品，再一一核查。

（2）若查无公物、赃物，应礼貌地说声"谢谢您的合作"，并予以放行；若有不明物品疑为公物或赃物，则请其出示有关部门开具的出门条或借条，无正当手续先扣下物品，并开具清单，登记下职工姓名和具体工作部门，以便待以后清查。

（3）如果职工拒绝自己打开提包让保安员检查，可礼貌地请其稍候，并立即报告客户单位，请客户单位有关负责同志亲自按内部规定妥善处理。其间保安员应监视其行踪，以防其扔掉或转移赃物。

（4）一般情况下避免搜身，对因确有搜身必要而必须执行时，可请对方自行将身上物品取出检查，如职工反对则应交由客户单位的负责人处理。

4. 当职工拒不出示出门条或出入证时

（1）纠正违章一定要讲究文明礼貌，态度和蔼，说话和气，以理服人。

（2）对拒不出示出门条或出入证的，要严格按照门卫制度，无出入证的不予入内，无出门条的物资不予放行。

（3）发生纠纷时，要沉着冷静，一面按门卫制度执行，一面及时向客户单位报告，请有关领导前来查办。

（4）原则问题不能退让，非原则问题不予计较，做到骂不还口、打不还手，待事后将事情详细报告客户，交由客户单位的领导主持公道。

5. 当遇有神色慌张、行动诡秘、情形可疑分子时

（1）要严密观察，注意真相，分清性质。

（2）觉得可能属于人民内部矛盾时，要问清原因，好言相劝，以理疏导，化凶为吉。

（3）判明可能属于犯罪嫌疑人时，要抓紧进行询问，如有实据，将其抓获。若条件不具备，应向客户单位保卫部门或保安公司报告，请求处理。

（4）若发现系公安机关通缉的逃犯，应立即报告公安机关，并设法采取必要措施将其扭送至公安机关。

6. 当遇有人当面或用电话报告紧急情况时

（1）问明情况。应详细询问紧急情况的内容，并问清其姓名、住址、工作单位、家庭电话等，并记清其相貌、衣着特征等情况，同时要做好登记。

（2）判明真伪。对报告的情况要作认真的分析，确认会对客户单位有影响的要迅速向客户单位领导汇报，并采取必要的预防和控制措施。

（3）处理好见义勇为与坚守岗位的关系。保安员是公安机关维护社会治安的重要辅助力量，当群众有困难时要拔刀相助，见义勇为。但是，如果一有人求援，尚不明真伪之时便擅离门卫岗位去见义勇为，那是舍本逐末。一则违反保安员职业道德，二则可能中了"调虎离山"、"声东击西"之计而使客户受到无可

挽回的损失。

7. 当遇有疯、傻、醉汉闯进大门时

（1）要进行劝阻，无出入证禁止入内，让其离开门卫责任区。

（2）劝阻无效时，应采取监护措施，并及时设法通知其家属、工作单位或派出所，尽快将其领回。

（3）防止群众围观造成门口堵塞，同时也要警惕别有用心之人装疯卖傻、假装喝醉，趁引起门口混乱之机趁火打劫。

8. 当遇有外国人强行闯进大门时

（1）要问明情况，若无出入许可证件，则劝其离去，但要注意方式礼节。

（2）要提高警惕，发现其有违反规定的行为，要立即报告公安机关外事部门。

9. 当遇有客户单位刚发生盗窃或抢劫等案件时

（1）立即封闭大门。防止犯罪嫌疑人利用机动车快速闯出大门。

（2）实行门禁制度。严格履行验证手续，对身份不明的暂不准予入内，对携带物品可疑的要留下来待查，严防可疑的人和物混出大门。

（3）提高警惕。严防犯罪嫌疑人狗急跳墙，持械拔刀行凶，强行夺路而逃。

10. 当遇有夜间停电或灯光突然熄灭时

（1）暂停出入。在照明恢复前严禁一切人员、车辆进出。

（2）查明原因。立即报告客户单位有关负责人员，迅速查明停电或灯光熄灭的原因。

（3）细心观察。注视门卫责任区内的可疑迹象，防止不法分子趁机行凶、破坏。

总之，保安门卫所面临的情况是非常复杂的，一旦处理不好或处理不及时，就会影响到客户单位的安全和利益。因此，执行保安门卫任务的保安人员一定要提高警惕，努力提高应急能力，沉着冷静，机智勇敢，及时稳妥地处理好各种问题。

第四章 保安守护勤务

守护是保安人员的经常性勤务，能否顺利完成任务，除了执勤人员应当具备良好的思想品质和职业道德外，还必须掌握守护的方法和要求。保安人员自身的业务水平和观察识别能力，在日常工作中起着决定性的作用。

第一节 保安守护勤务的概念、特点和任务

一、保安守护勤务的概念

守护，是指借助一定的力量，依法对特定目标实行的看护和守卫活动。作为保安服务中的守护，是指保安人员按服务合同的规定，采取各种有效措施，对指定的人、财、物、场所以及基地对象所进行的看护和守卫活动。这是保安服务的一种主要形式。其主要任务是防止无关人员进入，防止不法人员混入，防止私自将危险物品带入，防止财物流失、被盗，防止泄密、失密事件的发生，防范和制止违法犯罪分子的各种破坏活动，预防治安灾害事故的发生，确保守护对象的安全。

二、保安守护勤务的特点

1. 目标重要，责任重大

保安守护的范围主要是大型仓库、货场、油库、金库，单位的要害部位，社会性或营业性的展销、展览，大型文体活动及宾馆、车站、码头、基建工地等。

这些场所或物品，或性质特殊，或地位重要，或作用重大，严重影响和牵动着全局。一旦出现问题，就会严重影响单位的正常业务活动，就有可能给国家政治、经济、军事、文化等利益带来严重危害，给人民的生命财产造成重大的损失。

2. 哨位固定，机械性大

与保安巡逻相比较，保安守护是一种哨位相对稳定的提供安全服务的措施。这种措施，要求保安人员在相对固定的哨位上，起到很强的警示、警戒作用，一定要把守护对象置于守护人员连续性的视线和听觉之内。

3. 情况复杂，难度较大

在一般情况下，要求提供保安守护的通常是大型的厂矿企业、仓库、科研单位等。这些单位，要求守护人员具备一定的分析问题和解决问题的能力，注意在复杂的情况面前，守护好党政要员、国防尖端和重点项目、重要的科研和重要的仓库等，守护好掌握重要秘密和生产指挥决策的职能部位，守护好对产品质量有重大影响的生产、装配、检验等关键环节，守护好珍贵的机器、仪器、珍贵文物、资料等。这些单位，业务环节多，与外界联系广，进出的车辆和人员多，情况十分复杂。要做好守护工作，就要不断提高观察和识别违法犯罪嫌疑人和违法犯罪嫌疑行为的能力。

4. 哨位分散，独立性强

保安守护一般是以班为单位，分散于几个哨点，单人在哨位执勤。守护的地点通常在那些既隐蔽又视野开阔，既便于进，又便于退的地方，有的哨位远离队部，有的哨位位置偏僻，遇到情况时，请示不便。这就是说，保安人员需要独当一面，独立思考，独立作战。

三、保安守护勤务的任务

保安守护的任务，主要就是通过看守保护这样一种安全防范的形式，预防、制止无关人员的进入，防止违法犯罪分子的破坏活动，发现和消除各种不安定因素，维护守护目标的安全。当然，各地保安服务中，提供守护的范围和守护目标不尽相同，保安守护的具体任务也有一定的区别。一般来说，保安守护的任务主要有以下几个方面。

1. 保护人身安全

随着改革开放和社会主义市场经济的发展，在我国的社会主义现代化建设中，外资企业有了迅速发展，一批企业家、个体专业户通过自己的诚实劳动和合法经营，先富了起来。但同时，他们也往往成了违法犯罪分子注意的目标和侵害的对象，他们的人身和财产安全随时都有受到不法侵害的危险，如爆炸、绑架、暗杀等。目前，我国公安机关警力不足，任务繁重，除列为警卫对象的人员之外，尚不能对其他的个人提供专门的人身安全保护，难以适应社会上不同层次的安全需要。而保安业的兴起，则弥补了这一空白。保安服务中提供的人身安全保护有两种形式：一是守护，即通过对守护对象的住宅、办公场所的守护而保护人身安全；二是随身护卫，即负责护卫外出活动对象的人身安全。保安服务公司在提供保护人身安全服务时，应注意以下两个问题：

（1）我国不提倡私人雇用"保镖"。

我国不是绝对不提倡保护人身安全的服务，只是服务的对象是有条件的，即仅限于真正的企业家、合法经营的个体工商户、外商开设的独资企业、中外合资或合作企业的负责人和经营者等。因为这些单位的主要负责人，一是拥有大量的财产，是各种违法犯罪嫌疑人进行抢劫、绑票的主要目标；二是这些人在经营或改革中，可能触犯一部分人的利益，有随时遭受各种形式报复的可能性；三是在改革正在深入进行的情况下，对改革者、企业家给予相应的保护，在一定意义上就是保护改革开放和社会主义现代化建设的顺利进行。

（2）对那些搞违法活动牟取暴利的人不能提供保安服务。

保安服务必须坚持"社会效益第一，经济效益第二"的原则，即要保护好人、保护合法，绝不能为那些搞非法活动的人提供保安服务，更不得为其个人当"保镖"。否则，保安人员就成为违法犯罪人员的保护力量。

2. 保护财产安全

其工作重点是做好防火、防盗、防破坏等安全防范工作。

火灾有很大的破坏性，它可以在顷刻之间夺走人的生命，也可以使辛勤劳动的成果毁于一旦。因此，火灾被世界公认为一大公害。但随着社会的发展，火、电的用量越来越大，这就必然带来更多的火险因素。在这种情况下，一旦疏于管理，发生火灾，就会带来不可估量的损失。由此可见，要有效地保护客户的财产安全，必须采取相应措施，做好火灾的预防工作。

盗窃，是以非法占有为目的，秘密窃取公共财物的行为。盗窃案件在整个刑事、治安案件中占的比重很大。从近几年的情况看，一些盗窃分子之所以屡屡得手，主要是钻了一些单位安全防范制度不健全，各项安全措施不落实，领导和职工思想麻痹，工作责任心不强，疏于管理，各方面漏洞较多的空子。因此，提供保安守护，必须采取各种有效防盗措施，健全制度，堵塞漏洞，做好防盗工作，确保客户的财产安全。

防破坏，重点是防各种敌对势力和敌对分子的故意破坏。保安服务公司提供保安服务的客户单位中，有些是国家或地区重点单位或要害部位。从国内外敌人进行破坏活动的规律来看，他们总是选择那些物资集中、影响大、地位重要的单位或部分进行破坏，妄图给我们的经济建设、文化建设和国防建设造成重大的打击。因此，为了有效地预防敌人的破坏活动，执行守护任务的保安人员，必须时刻保持高度的警惕。一方面，采取各种有效的安全防范措施，使敌人没有可乘之机；另一方面，还要积极主动地与公安机关配合，及时发现，制止敌对分子的各种破坏活动。同时，还要做好对自然、治安事故的预防工作，要调查研究，收集信息，制定有效的防范措施，一旦发生事故，要能积极组织抢救，努力减少损失。

3. 维护客户单位的正常秩序

执行守护任务的保安人员通过守护保安服务，为守护范围内的生产、工作、教学科研等活动的开展创造一个良好的环境和条件，对发生在守护范围内的各种有碍生产、教学科研活动顺利进行的情况，如在守护范围内发生的吵架、斗殴等，均应尽快采取措施予以劝阻、制止，防止事态扩大、蔓延。

第二节　保安守护勤务的种类、设置和职责

一、保安守护勤务的种类

保安守护勤务的种类即守护范围主要有以下几个方面：

1. 承担各种库房、货场的守护工作

近几年来，违法犯罪人员已把侵害对象由生活用品转向巨额现款、金银首饰、文物、价值较高的工业产品等。因此，银行金库、博物馆、高档物品仓库、

露天临时货场、枪支弹药库、易燃易爆物品仓库等，已变成了目前违法犯罪分子窃夺的主要目标。在这种情况下，库房、货场等部位雇请保安人员进行守护已经是客观形势发展的需要。所以，承担各种库房、货场的守护已成为保安服务业的一个重要守护内容。

2. 为展览、展销等活动提供守护保安服务

展览、展销是指在一定的场所和时间，把物品陈列起来让人参观或选购的活动。无论是展览各种优秀作品、研究成果、新工艺、新产品，还是展销名优商品，都会吸引有关人士和大量的观众、顾客。这类场所，人员来往频繁、流动性大，容易发生聚众闹事、打架斗殴、挤死、挤伤群众等事件、事故，有时，违法犯罪分子也混进其中，乘机进行扒窃、盗窃、抢夺等活动，甚至制造爆作、凶杀等恶性案件，扰乱公共秩序。而雇请保安人员担负守护工作，不仅可以及时疏散聚集的人群，制止斗殴、闹事，还可以及时发现和制止各种犯罪活动，维护好展览、展销场所的秩序，保证展览、展销活动的顺利进行。

3. 为客户的房屋、建筑施工现场等提供守护保安服务

目前，有些单位为了解决职工住房困难或旧房改建而新建的住房，在待分配期间，往往有被抢占、门窗物品被盗或被损坏的现象。为了适应社会以及生产发展的需要，各城市、单位扩建、新建工程以及各种建设施工不断增多，而一些施工现场的物资、器材往往成了盗窃分子窃取的目标。为了有效地防止以上现象的发生，保证新建住房如期、顺利地交付使用，保证施工生产的正常进行，许多部门和单位都雇请保安人员守护新建住房和施工现场，其效果较之派本单位职工去看守管理更好，作用更大。

4. 为专业户提供专项守护服务

随着改革开放的进行，种植、运输、服装、养殖等各种专业户得到了迅速的发展，取得了可观的经济效益。与此同时，他们也成了不法分子侵害的对象。如偷摸、敲诈、哄抢等，致使一些专业户损失严重，甚至倾家荡产。然而，公安机关无力为各种专业户提供专门的安全防护，各专业户依靠自身力量不能有效地防止不法侵害。因此，许多专业户雇请保安人员守护其经营的场所和成果，有效地保护了他们的合法权益。

二、保安守护勤务的设置原则

原则是观察问题和处理问题的准绳。在保安守护的勤务活动中,应当掌握以下几项原则:

1. 确定哨位数量的合理性

在守护工作中,我们应当根据守护目标的范围、特点及周围环境,确定适当数量的哨位,不宜过稀或过密。哨位过稀则容易出现空隙,不利于安全;过密则浪费人力,事倍功半。

2. 选择哨位地点的战略性

选择哨位时,应当尽可能选择那些既隐蔽又视野开阔,即便于进又便于退的具有战略意义的地点。在这里,隐蔽则不容易暴露自己,视野开阔便于看清周围的情况,进则可以迅速接近、攻击危害因素,退则可以相互联系和及时报告。守护实践中,还可以考虑把哨位建立在犯罪分子可能作案或经过的地点的附近,以便及时抓获之。如果守护区域的范围比较大,也可以选择便于观察的制高点设置了望哨,以便及时发现可疑情况,迅速采取措施。

3. 配备足够力量的必要性

每个哨位都应当配备足够的力量。在守护工作中,根据日夜轮流值班和守护人员平日及节假日休息的需要,每个哨位以配备 6 名守护保安为宜,不得少于 4 名。这里所说的足够力量,除了数量外,还有一个质量问题。必须选择年轻力壮的男性,既要考虑完成好安全服务的任务,又要考虑到保安人员自身的安全。实践证明,守卫力量薄弱,人少势单,单人守卫,年老体弱者或女性充当保安人员,容易遭到袭击而伤亡。

4. 熟悉与守护有关情况的广泛性

保安守护人员必须做好调查研究,熟悉下列情况:

(1) 守护目标的情形、性质特点、周围的治安情况和守护方面的有利、不利条件;

(2) 有关的制度、规定及准许出入的手续和证件;

(3) 哨位周围地形、地物及设施情况;

(4) 电闸、消火栓、灭火器等安全设施的位置、性能和使用方法;

(5) 电铃、电话等报警、通讯设备情况及使用方法、信号。

5. 注意夜间执勤的特殊性

夜间执勤应当站在暗处，注意隐蔽，控制好声、光，不要大声说话，不要随便亮手电和点火吸烟。遇有夜间停电或守护灯光突然熄灭等情况，要特别加强门卫和要害部位的守护，在照明恢复前，要严格控制人员进出。

6. 重视重要对象守护的连续性

在守护重要对象时，守护对象和守护人员不能分离，一定要把守护对象置于守护人员连续性的视线和听觉之内，适当拉开一定距离。这种守护应当是专人守护，无关人员一律不准接近。如因工作需要必须接近的，一定要按规定、制度办事。

7. 必须加强执勤人员的纪律性

保安守护人员执勤时，应当遵纪守法，准时上岗，不准迟到早退，不准串岗脱岗，不准睡觉打盹，不准看书报、聊天，不得旷工，不得讲脏话，不准粗暴无礼，不准仗势欺人，严禁打骂、侮辱他人。上岗前和执勤中不准饮酒，不准在岗位上和禁止吸烟的地方抽烟，严禁赌博，严禁营私舞弊，严禁向外人泄漏内部秘密。

8. 设置保安守护哨位的多样性

保安守护的多数是财物集中、危险物品多、情况比较复杂的部位，守护的任务艰巨、责任重大。因此，应本着"确保重点，保障安全"的原则。根据守护目标的范围、规模、特点、周围环境的守护力量等情况，设置不同的保安守护哨位。(1) 固定哨是指为完成保安守护任务而设置的固定的看守保护岗位。对规模小、防范设施比较完备和易于控制的目标，在其主要出入口、重要地段以及便于控制的位置上可以设置固定哨，用以控制人员、车辆的出入，防止发生各种问题。(2) 游动哨是指在保安守护范围内对某些薄弱环节和易出问题的部位、区域，派出一定数量的保安人员采取游动巡逻式监视看护的保安守护方法。对规模较大、出入口较多、保安力量有限，设固定哨不足以控制全面情况的，可视情划区分片，设置一定范围和一定路线的游动哨，以弥补固定哨的不足。(3) 了望哨是指为完成保安守护任务而选择一个或几个便于监视观察的制高点作为看守保护的岗位。对区域较大、分布面过宽、地形复杂、观察障碍多、视线能见度低、设游动哨难以全面控制的守卫目标，应选择制高点，设置了望哨。

三、保安守护的职责

为了更好地完成保安守护工作,保安守护人员应当熟记守护目标范围内的基本情况,如工作人员、使用的证件、车辆样式和牌号,物资进出手续以及规章制度等;了解、掌握守护目标的安全防范情况,如水源、消防器材、报警设施等;熟悉守护区域内的地形、地貌、建筑物等的特点;熟练使用保安器材;了解保安守护的重点目标,等等。这些都是保安守护最基本的要求。保安守护人员应按照规定,着好执勤服装,携带好照明、通讯、保安器材等执勤物品,并检查使其保持良好状态;同时,还要力求备足食品、饮用水等生活用品;此外,还应携带登记簿和书写工具,记录守护中发生、发现的情况和处理的结果;最后,还要规定好发生情况的联络暗号和使用方法。保安守护人员到达守护岗位后,应首先观察哨位有无异常情况,并根据不同季节气候的变化和守护范围的地理情况,在规定的区域范围内,选择既便于观察和发现情况,又能主动出击并能保护自己的部位,作为保安守护的岗位。保安守护人员在观察警戒时,要保持高度的警惕性,充分发挥眼、耳、鼻等的作用。观察时视线可采取由左至右、由右至左、由近到远、由远到近的方法,反复观察,不留死角,对地形、地物复杂的区域和重点目标要特别注意仔细观察。在夜间,或遇有浓雾、大风、暴雨等恶劣天气时,要耳、眼、鼻并用,通过看、听、嗅准确辨别各种声响、光亮、气味和物体形态等,作出正确分析判断和处理,并如实做好当班记录。保安人员在执勤时,要忠于职守,保持高度警惕,严禁嬉笑打闹,严格执行请示报告制度,遇到问题要请示,事后要汇报,处置问题要有结果,结果要有登记。游动哨在游动时,应根据具体情况,目、耳、鼻并用,采取时走时停、时快时慢或突然改变方向等灵活多样的方法,路线可采取往返式、循环式、交叉式或几种方法交替使用的方法,防止不法分子摸清规律。但无论采取哪种方法、何种路线,都要以防止不法分子突然袭击为原则。游动的具体要求是,白天仪态要庄重大方,威武雄壮有震慑力;夜间要保持肃静,眼明、耳灵、脚轻,仔细判明各种情况。游动时要机智灵敏,提高警惕,如夜间要沿墙边或树木阴影处行进,行至墙拐角处,应提前放慢脚步,稍作停顿,先利用墙角的暗处观察前方的动静,待没有发现可疑征候时再拐弯通过,以防不测。

保安人员发现一般可疑人员时,应严密监视,认真观察,加强控制,防止犯罪；发现行为鬼鬼祟祟、穿着反常、图谋不轨或携带可疑物品、神态慌张的人，要特别观察其动向，可进行询问、盘查，弄清情况，但要注意方式方法，避免引起其反感，要提高警惕，防其行凶。

保安守护人员一项主要而经常的职责，就是对进出守护目标的人员、车辆、物资进行查验。因此，保安守护人员不仅要懂得如何查验，而且要掌握其中的技巧。

保安守护人员要根据守护目标的规模、地形、人员、车辆出入等具体情况，区别不同的时机和对象，采用逐个验证、重点验证和免验三种不同的方法，对进出的人员、车辆进行查验。查验证件要快、细，并讲究礼貌。对进入人员要采用认证与认人相结合的办法，对进门者以查身份证件为主，以查验携带物品的手续为主。

在查验人员、车辆、物资的过程中，会遇到各种各样的情况和问题，既有一般情况，又有重大突发情况；既有人民内部矛盾问题，又有敌我性质的问题，但绝大多数是人民内部矛盾问题。因此，保安守护人员要严格遵守党的政策和国家法律，坚持原则，讲究方法，区别不同情况，及时妥善处理。

为了便于在发生情况时及时与外界取得联系，保安守护人员应熟悉下列内容：守护区域内可供使用的电话位置和使用方法；值班室、友邻单位，当地公安机关、联防治保组织的位置、电话号码；火警、盗警等报警电话号码。

第三节　保安守护勤务的主要措施

守护人员必须事先调查了解守护目标是什么，性质、特点是什么，周围的敌情、社情怎么样，安全防范的薄弱环节有哪些，责任区域内各部门、车间的分布及人员、车辆、物资的进出规律如何，守卫目标内的要害目标及控制重点和有关规章制度、证件种类及使用范围，守护中特别要注意的问题等。只有这样，才能提高保安守护人员的自觉性和主动性。在充分调查了解保安守护目标及周围治安情况的基础上，根据保安守护力量的情况，本着全面部署、突出重点、灵活掌握的原则，制定切实可行的保安守护方案。实施方案应包括的主要内容有：保安守护的责任范围，保安人员的组成与分工，守护的形式、采取的主要方法以及注意事项，遇有情况处置的原则、方法和特别要求。保安守护人员应对守护目标进行实地察看，掌握责任区的出入口、道路，要害目标的分布位置、地形等情况，选择便于观察情况、控制重点、利于相互配合及保障安全的部位设置保安守护岗位。各岗位的职责任务要有所侧重，固定哨重点是把好人员、车辆、物资进出关，维护守护范围内的秩序；游动哨重点是通过巡回游动，发现并排除各种不安全因素，保障要害目标的安全；了望哨重点是观察警戒守护区域及周围环境，发现可疑情况及时报警。保安守护人员应自觉地学习政策、法律，加强敌情、社情观念，提高警惕，增强责任心和自豪感；要进行守护学习训练，提高处置各种问题的能力和水平。在守护工作中，经常会遇到各种复杂的问题。对此，只有及时地予以妥善处置，才能有效地保护目标的安全。根据各地的实践经验，守护中应特别注意处理好以下几个方面的问题：

一是遇到违法犯罪分子进行纵火、行凶、抢劫等现行违法犯罪活动，要及时予以制止，将其抓获，并迅速报告保卫部门或公安机关，同时应积极采取抢救、扑救、排除险情等措施，尽量避免或减少损失，并做好现场保护工作。

二是遇有群众聚众闹事时，应主动向有关部门报告，并协助客户单位或保卫组织、公安机关迅速平息事件，妥善处理有关问题，防止事态扩大。

三是遇有疯、傻、醉汉等闯入守护目标时，要进行劝阻，让其离开守护目标；或者通知其家属或工作单位或当地派出所，尽快将其领回或采取控制、监护等措施，防止意外事件的发生。

四是守护目标发生火警时，要注意做好以下几个方面的工作：①迅速报警，即向消防部门迅速讲明发生火警的单位、地点、着火的是何物品，有条件的要派出保安人员在路口引导消防车辆进入现场，并明确介绍火场情况和水源情况；②积极扑救，迅速切断与灭火无关的电源，关掉煤气总开关，将易燃易爆物品撤离起火现场，并积极有效地使用灭火器材，努力扑灭初起之火；③注意保护好现场，维护好火场秩序，防止坏人趁火打劫，并积极参加抢救工作；④积极地向消防和保卫部门提供情况，协助有关部门查找火灾的原因，研究和改进防火安全措施。

五是守护范围内发生盗窃案件时，应注意做好这样几项工作：①迅速向保卫部门或公安机关报案，并向保安公司报告；主动维护好现场，不准无关人员进入现场；积极向公安机关、保卫部门提供情况，协助破案；②注意从检查出入人员证件、携带物品中发现嫌疑目标；③将抓获的现行犯罪嫌疑人，及时向保卫部门或当地公安机关汇报，请求派员处理，或将犯罪嫌疑人直接扭送到当地公安机关。在押送途中，要防止犯罪嫌疑人逃跑或行凶。

六是在守护范围内发现行动诡秘、神色慌张、行迹可疑的人员时，要留心观察，注意其行为的发展，并及时向有关部门和保安服务公司报告，请示如何处理，做好控制工作。

七是遇有夜间停电或守卫灯光突然熄灭等情况时，要特别加强门卫和要害部位的守护，在照明恢复之前，要严格控制人员进出。

八是遇有车辆飞驰而入时，要记住其车型、牌号，立即报告有关人员迅速查找，尽快弄清情况，以防止发生意外。

九是外国人欲进入守护区域时，必须得到有关部门的允许，否则不得放行；同时要注意方式和礼貌。

十是若有人当面或用电话向守护人员反映情况时，要问清其姓名、工作单位或住址，并详细记录有关内容；对当面反映情况的要记清其相貌、衣着特征等情况；对反映的情况要作认真的分析，需要报告给带班队长或保卫部门的，要及时报告，不得自作主张。

总之，保安人员要努力提高应急施策能力，在执行守护任务时，一定要提高警惕，沉着冷静，机智勇敢，及时稳妥地处理好各种问题。

一、重点要害部门的守护

重点要害部门，是指对国家安全和国计民生起重大作用影响的单位以及对一个单位的生产、经营、科研等业务活动具有命脉作用的部门。

对重点要害部门的保安守护，对于防止单位内部的破坏活动，防止治安灾害事故和重大泄密、窃密事件的发生，对于维护单位的正常秩序，具有重要意义。

对重点要害部门的保安守护，通常采取以下措施：

1. 切实了解掌握保安人员的基本情况

保安人员的素质如何，直接关系到能否保障要害部门的安全。各单位必须十分重视要害部门的人员选配，并做好日常思想教育和考察了解工作。

2. 严格管理制度

要害部门应当根据安全要求,制定安全岗位责任制、出入制度、保密制度、安全生产制度等,保安守护人员要坚决贯彻执行这些制度。

3. 安装必要的技术防范设备

对那些存放大量珍贵财物、枪支弹药、易燃易爆物品、剧毒物品、放射性物品和重要文件资料以及文物的要害部位,应当安装技术防范设备,如报警器、信号器、监控器、自动降温泄压灭火装置等。

二、重点要害部位的守护

1. 重点要害部位的范围

重点要害部位,是掌握国家重要秘密的部位,主要是指各单位的机要部门、机密资料室、档案室、文件库、资料库;掌管国家尚未公布的国民经济中期、长期计划和年度计划,掌管战略物资、军用物资的生产、储备、调运,掌管自然资源储量等数字的计划、统计部门,掌管重大决策,掌管需要保密的重要技术、工艺的业务部门等。

重点要害部位,是生产、科研过程中以及其他业务活动中的关键部位。以工业品的生产过程为例,主要是指负责生产计划、调度和产品的总装、检验等部门和部位;以商业活动为例,主要是指负责调拨、分配、检验关系国计民生和国防急需的重要商品的部门和部位。

重点要害部位,是危险品的生产、使用和保管部位。主要是指制造火药、炸药及其他弹药的部位;石油、化工企业中生产和使用易燃、易爆、剧毒等物质的部位;核工业企业中生产核材料、核武器以及其他放射性元素的部位;医学部门中培养、使用菌种病毒的部位;矿山、基建、交通等工程部门中的爆破作业部位。

重点要害部位是生产科研等单位的重要供电、供气、供水部位。主要是指工厂、科研单位负责输送、分配电能的变电站、变电所,负责供应生产用水的水源泵房等的部门和部位。

重点要害部位,是贵重、稀有、关键设备所在的部位。这些设备,一般都是价值昂贵、国内稀少,在生产和科研中起关键作用的机器、仪器等设备。

重点要害部位,是集中储存钱财物资的部位。主要是指各单位内部掌管钱款票证的财务部门;工厂的重要原材料库和成品、半成品库;商业部门的物资仓库；银行、储蓄所存放现款、金银、外汇的部位。

重点要害部位，是存放珍贵文物资料的部位。主要是指珍贵文物的陈列室、展览室、保管室、文献资料室等。

2. 重点要害部位的守护

保安守护应当在明确职责要求，做好各项准备工作、掌握程序要求和动作规范的基础上，掌握工作的方法和技巧。

（1）要学会监视可疑人的方法。

保安人员发现一般可疑人员时，应严密监视，认真观察，加强控制，防止犯罪行为的发生。发现行为鬼祟、穿着反常、图谋不轨或携带物品可疑而神色慌张的人，要特别注意观察其动向，可以视情节采取守候、跟踪的方法，将其控制在视线之内，仔细观察其行动。其中，对疑点较大的人，可进行询问、盘查，弄清情况。

（2）熟练掌握查验人员、车辆、物资进出的技巧。

保安人员要根据守护目标的规模、地形、人员、车辆出入等具体情况，区别不同的时间和对象，对进出守护目标的人员、车辆、物资进行查验放行。查验工作，不但方法很重要，而且技巧也很重要。实践中，一般采用逐个验证、重点验证和免验三种不同的方法。查验证件要快、要细，要讲究文明礼貌。对人员的查验要采用认证与认人相结合的办法，对进门者以查身份证为主，对出站者以查验携带物品的手续为主。在查验人员、车辆、物资的过程中，时常会遇到各种各样的情况，既有一般的情况，又有重大突发的情况，既有人民内部矛盾，又有敌我矛盾。保安守护人员应当严格遵循党的政策和国家的法律，坚持原则、讲究方法，区别不同情况，及时妥善处理。

三、要害目标的守护

要害的本义，是指人身体上易于致命的部位。在日常生活工作中，将其涵义引申，多用来称谓重要的部门、部位，后来，要害发展为保卫工作中的一个专门的业务用语，要害目标和保卫工作中的要害基本上是一致的，也是指对国家安危、国计民生以及对全局的生产业务活动起重大作用和关键影响的单位、部门和部位。

要害目标有两个最显著的特征：一是地位重要。它在国家或整个地区、单位的工作、生产活动中起着中枢和命脉的作用，一旦发生问题，可使整个地区或单位的工作、生产陷于瘫痪，甚至使相当范围的人民生活陷于混乱。二是性质特殊。它具有不同于一般物品和部位的特殊性质，有的是不法分子视为侵害的主要目标，有的自身极易发生问题，而且一旦发生问题，或损失惨重，或政治影响不好等。

要害目标主要有两大类：一类是党政首脑机关广播电视系统、邮电通信枢纽、重要科研单位、国防军工基地、重要物资仓库、油库、重点建设工程等单位和部门；一类是生产业务中的关键环节、重要工艺流程、实验室以及存放贵重仪器设备、珍贵文物、机要档案材料、武器弹药和危险物品的库、室等环节、物品及部位。

1. 要害目标的守护意义

要害目标是一个单位及至全国政治、经济、文化、生活的关键所在。所以，它一旦发生问题，不仅仅是本身的问题，而且还会影响到大局甚至全局。正因为如此，一些不法分子也往往把要害目标作为侵害的主要目标，他们或进行破坏，或制造混乱等，以达到其罪恶目的。因此，要害目标守护，不仅是保障要害目标本身安全的问题，而且是维护国家安定，保证社会主义市场经济建设顺利进行的需要；加强要害目标守护，不仅是预防犯罪分子破坏的有力措施，而且是协助公安机关有力打击犯罪分子的重要手段。这就要求保安守护人员要提高对要害目标守护的重要性的认识，牢固树立预防为主的指导思想，加强责任心。既要有扎扎实实的工作作风，又要有默默奉献、甘于吃苦的精神，以确保要害目标的绝对安全。

2. 要害目标的守护措施

要害目标的类型、性质、特点、作用不同，其守护的具体措施也不尽一致，但其基本的、主要的措施是大致相同的。

（1）选派政治素质高、责任心强、业务熟练的保安人员负责。

由于守护的要害目标地位重要，性质特别，一旦发生问题，具有损失惨重、影响重大的特点，因此，选择好保安守护人员至关重要。守护要害目标的保安人员，必须政治可靠，责任心强，纪律严明，业务熟练。如果守护的是一些易燃易爆易腐蚀的化学物品，保安守护人员还应具备专门知识，以便能及时发现并排除险情，应付不测。

（2）调查了解要害目标的基本情况，制定守护计划。

保安守护人员应详细调查了解要害目标的性质、性能、特点、作用、生产业务及周围环境等情况，清楚要害目标内的人员情况，影响要害目标安全的因素，防止和处置事故的基本方法等。在此基础上，制定有针对性的要害目标守护计划。

（3）协同有关部门建立健全保障要害目标安全的各项制度。

制度是保障要害目标安全的必要保证，因此，保安守护人员应向有关部门提出建议，根据不同要害目标的特点，制定各种不同的规章制度，作为职工共同遵守的规则。特定的制度既要能堵塞漏洞，预防犯罪事故的发生，又要有利于工作。保障要害目标安全的制度主要有出入要害目标制度、要害目标保密制度、要害目标岗位安全责任制度、安全操作制度等。制度一旦制定，要督促落实执行。

（4）发动职工做好保障要害目标安全的工作。

保障要害目标的安全，除了保安守护人员尽职尽责外，主要是发动职工在各自的工作岗位上身体力行。因为各种盗窃破坏活动及火灾和其他治安灾害事故的发生，多与职工的思想麻痹、粗心大意、不负责任有关。因此，保安守护人员要协同有关部门做好职工的宣传教育工作，动员职工同各种违法犯罪行为作斗争，消除各种不安全因素，确保要害目标的安全。

（5）检查消除影响要害目标安全的因素。

保安守护人员一方面要加强对要害目标的监视工作，切实搞好安全防范；另一方面还要针对安全防范方面存在的某些漏洞隐患，如职工思想麻痹、防范制度不落实、物防技防有空当等，认真检查，及时发现，采取补救措施，或积极与客户联系，提出改进建议，协助客户予以解决，并记录备查。

（6）妥善地处理守护时发生的各种问题和紧急情况。

在守护要害目标工作中，经常会遇到各种各样的情况，甚至还有一些紧急情况，而对这些问题和紧急情况一旦处理不好，或者不及时，就会危及要害目标的安全和秩序，影响守护任务的完成。因此，保安守护人员一定要有高度的政治觉悟，提高警惕，按照政策、法律，沉着冷静，机智灵活，及时妥善地处理好各种问题。

第五章 保安押运勤务

第一节 保安押运勤务概述

一、保安押运勤务的概念

押运,是指把人或货物运送到某处时随时看守照料。保安押运勤务,是指保安服务公司应客户的要求,为保证客户的贵重、危险物品等在运输中的安全,选派一定数量的保安人员,采取一系列的防护措施,确保运输物品安全抵达目的地的一项服务方式。也可以说,保安押运勤务是客户通过保安服务合同授权于保安服务公司,对所运输的物品行使保护权的一种保安服务业务。

随着社会经济的不断发展,以及社会需求的不断增加,各种商品、物资、物品、现金的运输运送量大大增长,运输中出现的安全问题也相对增多。因此,目前大多数生产者、经营者从保证货物运输安全的目的出发,已经改变了由本单位派人或雇请个人押运货物的传统习惯,而转向委托保安服务公司承担押运业务,通过签订保安押运合同,授权保安服务公司对所运输的物品进行押运护送。因此,为客户提供押运服务的保安服务公司便应运而生。1996年7月,全国首家专门为国内银行提供武装押运服务的保安押运有限公司在上海成立。该公司投资上千万元,拥有一批防弹、防盗、防劫的运钞车,配备了现代化的卫星定位系统和通讯系统,并挑选了一批政治、业务素质较强的保安人员担任专职押运员。自该公司成立以来,承接多家客户单位的钱款、证券等取送押运监护任务,均顺利完成，有力地保障了安全。

保安押运勤务是一种财产型保安业务，或者说，是一种以保护财产安全为目的的业务。它是对客户正在运输运送中的商品、物资、物品、现金等财产实施押运和护送，提供安全保护服务。需要指出的是，保安押运勤务对财产安全的保护与保安守护勤务对有关财产安全的保护，尽管都是对客户有关财产的保护，但是二者在形式上是完全不同的。押运勤务所保护的财产是处于运输过程中由不同运输工具装载的财产，是动态的；而守护勤务所保护的财产是处于某一处所的财产，一般来说是相对固定的，是静态的。也正是由于存在这样的区别，从而决定了这两种保安勤务在具体实施措施、方法、手段上有明显的不同。

保安押运勤务是对合法财产进行保护的业务，是对合法的生产者、经营者的合法财产提供的运输押运服务，对于走私、投机倒把、贩运毒品等各种犯罪活动，决不能提供押运保安服务，而且要向公安机关提供线索，协助破获和打击。可以说，保安押运勤务不仅适应了国家经济发展的需要，为国家、集体、个人财产提供了安全服务，而且也有利于社会治安的综合治理。

二、保安押运勤务的特点

（一）保安押运勤务具有运动性

保安押运勤务的运动性是保安押运勤务最显著的特点，也是保安押运勤务与其他类型保安勤务的重要区别之一。这种运动性特点主要表现在以下几个方面：

1. 押运目标的运动性。保安押运勤务的保护目标不是静态的，而是始终处于运送的动态之中，无论是装车搬运，还是运输途中，都不可能静止不动，而是处于运动之中，尽管保护目标在途中可能会有短暂的停留，但也是运动中的停留。只有安全抵达目的地后，这种特殊的运动才可以结束。

2. 押运人员的运动性。押运目标的动态特点，决定了执行押运勤务的保安人员要随着押运目标运动，无论是利用何种运输工具，不管运输距离有多远，押运人员都必须时刻跟随护送。可以说，押运勤务是在运动中保护运输物品安全的业务。

（二）保安押运勤务具有危险性

一般来说，保安勤务是以提供安全服务为目的的业务，具体实施中，必然要经常遇到破坏安全、危及安全、影响安全的行为及现象。保安人员在与破坏安全、危及安全的人的斗争中，必然存在着一定的危险性。但是押运勤务所具有的危险性更为突出，主要是因为：

1. 犯罪人员的不法侵害。押运勤务的保护目标一般都是总价值较高的商品、物资、货物甚至是现金，在运输途中往往成为犯罪行为人盗窃、抢劫、哄抢的对象，尤其是近年来，随着市场流通量的增加，运输物品失窃、被劫等犯罪案件不断增多。许多犯罪团伙、犯罪集团专门以运输物品为犯罪目标，抢劫财物，伤害护送人员，犯罪活动十分猖獗。执行押运勤务的保安人员要经常面对危急的情况，与犯罪行为人进行面对面的斗争，具有较大的危险性。

2. 运输物品的灾害事故。在承担易燃、易爆等危险物品的护送时，需要特殊的工具、特殊的措施和特殊的保护手段，同时，也要求运输人员、押运护送人员具有相关的知识，严格地按照规章制度的要求安全运输。但是，由于客观原因或押运人员的主观原因，可能会引发灾害事故。灾害事故一旦发生，不仅使客户的财产受到损失，而且会对社会及其他人的利益造成侵害。因此，押运易燃、易爆等危险物品风险性较大，稍有疏忽就会造成灾害，危及生命和财产的安全。

3. 运输途中的意外事故。押运过程中常常会遇到许多意想不到的情况，使运输物品遭受意外事故的损害。如采用汽车运输时意外的交通事故，可能给运输物品造成损失；物品运输途中意外脱落，可能造成物品丢失。尤其是运输途中休息就餐时，也极易发生意外事故。这些情况关系到运输物品自身的安危，都存在着一定的危险性。

（三）保安押运勤务具有多样性

由于押运护送的物品不同，运输距离远近有别，因此，押运勤务具有多样性的特点，具体表现在以下几个方面：

1. 保护目标多种多样。随着市场经济的繁荣发展，客户委托押运护送的物品种类也在增多，包括日用商品、工业品、生产资料、易燃、易爆、剧毒危险品、珠宝玉器、现金及有价证券、机密资料，等等。可以说，凡是客户需要成批押运护送的具有一定价值的物品都属于保安押运勤务的范围，成为押运护送保护的对象。

2. 押运方式多种多样。对于不同的物品、不同的押运距离将采取不同的押运方式。如大宗物品长距离运输，可采用火车、汽车等方式进行；对于时间要求较紧的物品，可采用航空运输的方式；对于沿海城市之间的物品押运，可采用海运的方式。对于小宗物品近距离的押运，则可采用更为灵活方便的方式。

（四）保安押运勤务具有时间性

保安押运业务具有较强的时间性。一般来说，从物品起运到抵达目的地，标志着一次业务活动的结束，在时间上往往有一定的限度。尽管客户可以根据物品运输量的实际情况，与保安服务公司建立长期的业务联系，但是就具体的押运业务而言，每次押运护送的时间过程都较短暂，也就是说，在一定的时间内将物品安全运抵目的地，保安押运合同即履行完毕，如果需要再执行新的押运业务，则需要重新签订保安押运合同。它与门卫勤务有所不同，门卫勤务在时间上有一定的持续性，即在合同规定的有效时间内可以连续开展业务，而押运勤务是一种时间性很强的行为，一般仅限于一次押运过程。

（五）保安押运勤务具有独立性

保安押运是一项相对独立的保安服务项目。在每次押运工作中，往往是几个保安员来承担全程守卫护送工作，尤其是远离公司，遇有情况请示不便，随机处理问题的时候。因此，押运尤其是长途押运必须选择有胆有识、有独立作战能力的保安人员担任，必要时派领导随行指导。

（六）保安押运勤务具有重大责任性

保安押运的物品价值一般都很大，往往几万、几十万、几百万甚至上千万，有整车的现钞、金银珠宝、有价证券、贵重物品，也有易燃、易爆、易辐射的危险物品等。押送这些物品，除了具有前述所讲到的比较大的危险性以外，一旦发生问题，就会造成惨重的损失，产生极大的社会危害。比如，在押送辐射性极强的物品过程中，发生意外事故，造成泄漏，那么，不但押送标的物会遭受损失，而且危害更大的是辐射物会严重影响周围的环境。因此，保安押运责任重大，必须选择政治素质高、责任心强、业务过硬的保安人员负责。

另外，保安押运勤务除了具有上述特点以外，对执行保安押运勤务的保安人员来说，这项勤务还十分的单调，非常容易令人身心疲惫。保安押运大多是长途跋涉，吃饭、睡觉、休息等都离不开交通工具，也不能有其他娱乐活动，生活艰苦、单调，容易疲劳、倦怠。因此，保安押运人员要有吃苦耐劳、连续作战的毅力和精神。

三、保安押运勤务的服务范围

保安押运勤务服务的范围十分广泛，可以说，在法律允许的范围内，凡是保安服务公司有条件、有能力承担的由客户委托押运护送的各类物资、物品、现金以及有价证券等都属于保安押运勤务的范围＆具体地说，包括以下几个方面：

（一）各类商品

随着社会需求的不断增长，生产厂家和经营商家的商品流量不断加大，如何确保商品尤其是大宗商品或价值较高的商品在运输过程中的安全，已经成为一个非常重要的问题。因此，委托保安服务公司提供押运护送服务，保证商品运输的安全，就成为保安押运勤务的范围和任务。

（二）贵重物品

贵重物品，一般是指价值较高或较为稀有的物品，主要包括黄金、白银、珠宝玉器、古玩字画等物品。贵重物品一般都有较高的价值，是不法犯罪人员盗窃、抢劫的重要目标，因此，保证贵重物品在转移运送过程中的安全尤为重要。押运护送贵重物品应注意以下几点：

1. 贵重物品的外包装要严密、坚固。可用木箱或铁皮箱等硬质材料包装，并加"#"字铁条捆扎和密封，防止物品散落、丢失或损坏。

2. 事先要制定周密的押运计划和方案。对押运时间、路线、力量配置、使用车辆等方面作周密安排，同时，要制定切实可行的应急方案及措施，确保万无一失，并按计划和原定方案具体实施。

3. 起运前做好装箱装车的监护工作，大型尖端保密物品要采取覆盖、伪装，做好产品外形的保密、保护措施。

4. 停运、待运期间要加强力量看守保护，对物品和车辆进行必要的安全检查，以防止出现漏洞，给犯罪人员造成可乘之机。

5. 运输途中，要有值班人员直接巡视、检查，使被押运对象始终在保安人员的视线之内，以防止出现空当。

6. 押运物品到达指定地点后，应先与接受单位（客户）共同对押运物品的铅封和外观状况进行检查，在签署交货或完成押运任务的手续后，方可离开被押运物品。不得在未办理交接手续前，停止监护。

(三) 易燃易爆等危险品

易燃易爆等危险品，是指易燃性、爆炸性、放射性、毒害性、腐蚀性的物品。这类物品在押运中既要防盗窃、防抢劫，保护物品的安全，又要防止人为或自然因素引起的燃烧、爆炸、有毒物品泄漏等事故，以保护沿途有关人员生命财产的安全。押运易燃易爆危险品应注意以下问题：

1. 指派熟悉危险品性能的保安人员执行押运任务，以便发生事故时能采取有效措施予以处置。

2. 运输工具要符合安全要求，有明显的标志或字样，按规定或指定的路线行驶，不准随意改道，装卸易燃易爆危险物品时应尽量避开城市的繁华热闹区、人口稠密地区，并要注意保持装运车辆的车距。

3. 包装要结实、牢固、严密，同一车辆不得混装性质相抵触的危险品，以免相互影响，发生危险。

4. 注意自然环境和条件对易燃易爆物品的影响，装备必要的消防设备，必要时应采取遮光、隔热、防震及防雨、防水等措施。

5. 危险物品运输车辆临时停留时，要选择安全地点，不要停留在机关、工厂、仓库附近及人口稠密的地方，停留时严禁在附近吸烟、用火，要由专人严加看管，以防发生危险。

6. 要选派技术熟练、责任心强的驾驶员，并应熟知危险物品的性质、特点，行车途中时速必须遵守有关规定，不宜采用急刹车，更不准随意抢道、超车。

7. 危险物品要防止震动，不准坐人或压放其他物品。

(四) 现金及有价证券

为客户承担现金、有价证券的押解护送是保安押运勤务的重要业务。在现实生产、生活中涉及企事业单位与金融机构，金融机构与金融机构之间的现金往来十分普遍，使不法犯罪人员有机可乘。因此，保安服务公司根据客户的要求，派出保安人员为取送款人提供安全保护，保证取送款项的安全，对于维护客户财产的安全，预防和打击犯罪活动，维护社会治安有着积极的作用。

押解现金时应注意以下几点：

1. 根据数额的多少采取不同的方法和措施，配备专用车辆运送。如使用专用铁皮装甲车押运，或使用专用取款箱（带有保险和报警设备的专用箱）等工具进行押运。

2. 必须专车双人以上武装押运，禁止徒步和用自行车接送。应加强监护力量，足以保证应付突然情况。

3. 严格保守秘密。现金运送的时间、地点、路线、数量等情况，不得泄露，也不准在公共场合交谈，防止泄密。

4. 保安人员可配备必要的防护器具，比如，配备防暴枪、防暴犬等，遇到意外和紧急情况时，要沉着冷静，采取果断措施以保证押运现金的安全。

5. 运送现金的车辆必须直达，中途不准无故停留或兼办其他事宜，不准搭乘无关人员或装载其他物品。

6. 取送款途中，应时刻注意是否有尾随跟踪车辆或人员，防止不法分子驾车拦截、持械抢劫。

7. 保安人员在执行任务时，严禁喝酒、吸烟、睡觉、闲聊和进行娱乐活动，以防发生意外。

（5）试卷及其他机密文件

试卷，是指由专门印刷厂承印的全国各类统一考试的试卷或各省、自治区、直辖市范围内的各类统一考试试卷。一般由专门的印刷厂印制后分送各地。机密文件，是指有关部门的重要文件或机要文件。由于试卷及机密文件事关国家机密，因此在运送的过程中，一方面要防盗、防丢失；另一方面要防泄密。押送试卷或重要文件应注意以下几点：

1. 严守纪律，不得私自拆看试卷或文件，不准私自将试卷交给他人，故意或过失造成失密时，应负法律责任。

2. 严防丢失。试卷一旦丢失，就会造成重大的政治影响和经济损失，同时，也会给参与考试的人员造成损失。因此，保安人员必须认真负责，确保万无一失。

四、保安押运勤务的服务方式

保安押运从不同的角度，按照不同的标准，可以划分为不同的种类。

（一）依据押运距离可分为长途押运和短途押运

1. 长途押运。主要是指保安服务公司按照保安合同，为客户承担跨县、市甚至跨省，运输路途比较长的物资押运业务。关于押运距离长短的具体标准，目前尚无明确规定,实践中一般以超出市区内或市郊范围的距离作为划分长途与短途的界限。押运的距离决定押运的方式,由于路程距离较长,所以,运输工具和押运措施都必须适应长距离押运的需要。

2. 短途押运。主要是指保安服务公司按照保安合同,为客户承担较短路途的押运业务。所谓短途,一般是指市区内或市郊范围内的押运业务。随着市场经济的发展,市内单位与银行、个人与银行之间数额较大的取送款极为普遍。单位开支要到银行去提款;商业、服务等行业的大量营业款要回笼;相当数量的银行、储蓄所的营业款也实行晨取晚送的制度,等等。有些犯罪人员就寻找这些取送款过程中的薄弱环节,乘机进行抢劫、盗窃等犯罪活动。短途押运具有押运距离短,押运方式灵活的特点,一般可以根据押运物品的价值灵活地选择押运方式,以确保安全。在实践中,为了防止意外事故的发生,保安服务公司根据客户的要求,派出保安人员专门为取送款人员提供安全服务。这是一种典型的短途押运服务。实践证明,由保安人员保护取送现款,对于预防、制止和打击犯罪活动,保护取送款的安全,维护社会治安,有着积极的意义。

(二) 依据押运方式可分为火车押运、汽车押运、船只押运和航空押运

1. 火车押运。指保安服务公司按照保安合同的要求,为客户承担跟随火车对物资、物品的押运业务,以保证被押运对象在火车运输途中的安全。火车押运要注意被押运的物资在途中被盗:一是当火车进出站速度减慢时,防止有人乘机上车盗抢;二是防止途中有人上车盗抢。火车押运是较长距离的押运,一般都在数百公里以上,而且火车押运大都是大宗物资的押运,从装车起运到抵达目的地,运输时间长,押运情况较为复杂,因此,应由两名以上保安人员随车押运。同时,还要根据具体情况,与铁路运输部门共同协商,以确定保安人员在列车上的值勤位置等事项,确保火车押运的安全。

2. 汽车押运。指保安服务公司根据保安合同,指派保安人员为客户承担跟随汽车对各种财物的押运护送业务。汽车押运是押运业务中应用最为广泛的一种押运业务,适用于各种距离和对各类财物的押运,因此,情况也最为复杂。实践中应把握以下几点:一是要根据押运物品的不同,选用不同的运输车辆;二是要根据车辆的不同以及押运物品的不同,选择确定随车押运的保安人员的数量和保安人员在车辆上的具体位置;三是要根据押运的距离、路况和沿途的具体环境制

定详细的押运方案或计划；四是在汽车减速、爬坡及停车时，严密监视押运的物品，防止有人乘机上车偷窃，尤其是中途停车就餐或住宿时，必须加强对物品的看护，以保证汽车押运的绝对安全。

3. 船只押运。指保安服务公司根据保安合同，指派保安人员为客户承担跟随船只押运物品的押运业务，以保证押运物品的安全。船只押运勤务一般都是在沿海、沿江、沿湖等能够通航的地区的押运业务，与火车押运和汽车押运相比较，业务量相对较少，押运情况也较为简单。需要注意的是，执行船只押运任务的保安人员，必须具有一定的游泳技能，以便在发生意外事故时能及时的抢救，保护押运物品的安全。

4. 航空押运。指保安服务公司根据保安合同，指派保安人员为客户承担跟随飞机押运物品的业务。航空押运一般是对时间要求较急迫或具有保鲜要求的物品。押运时应服从航空公司的管理，按照航空运输的统一规定办事。

第二节　保安押运勤务的职责、制度和执勤要求

一、保安押运勤务的职责

保证安全是保安押运服务的宗旨，保安押运服务的兴起和发展都是以"安全"为依托的。一方面，保安服务公司开展保安押运服务业务，必然要有在押运途中预防、制止所发生的不法侵害和其他的意外事故，确保押运物品安全的能力和条件；另一方面，正是基于保安服务公司有保证押运物品安全的能力和条件，客户才愿意并放心地与其签订押运合同，委托其押运护送各种客户自身不便或难于运送的物品或财物。

安全是开展保安押运业务的根本所在，是社会效益和经济效益的关键，是保安押运的第一要求。押运工作中一旦发生问题，不但会给客户造成经济损失，影响声誉，而且会对社会造成不良影响，进而影响到押运工作的开展。因此，保安押运要坚持"安全第一"的原则，以安全求发展。保安押运人员应该牢牢记住这一原则，严格要求自己，时刻提高警惕，真正做到有备无患，确保安全。

在保证押运业务安全进行的同时，保安服务行业为了谋求更大的发展，还应

该不断地提高服务质量,更加注重服务信誉,争取以优质服务求生存、图发展。在我国,真正意义上的保安服务行业还是个新生事物(相对于过去的镖局而言),因此其兴起与发展需要有一个必经的过程。那么,怎样才能不断地发展保安服务业,怎样不断发展保安押运服务业,是保安服务公司和保安从业人员所必须思考的问题。保安押运要开放市场,创造经济效益,就要转变经营管理方式,变坐等服务为登门服务,经常深入客户单位座谈,征求意见,密切与客户的关系,增强客户合作的信心;同时,要加强市场信息调查,努力拓宽业务渠道。对每次押运工作都要做到准时、安全,以优质服务赢得更多的客户,提高社会效益和经济效益。

若要提高保安押运服务的质量,就必须要求保安服务公司的管理要科学、保安押运人员高素质。对从事保安押运,特别是从事现金、有价证券、贵重物品和危险物品押运工作的人员,必须严格纪律,科学管理。因此,要挑选政治业务和身体素质好的人员从事押运工作,并对他们经常进行政治理论、业务和技能培训,使他们增强荣誉感、责任感和敬业精神。做到只要有任务,不论固定客户还是临时客户,不管是节假日还是白天黑夜,也不论是天气晴朗还是雨雪阴天,都要立即行动,快捷、高效、安全、方便地完成客户的押运任务,以高效服务赢得客户。

保安押运人员要严格履行职责,集中精力,提高警惕,注意观察周围情况。当通过桥梁、隧道、闹市区、车站和码头等地段以及上下坡减速、转弯时,要加强警戒。途中停车、停船时应根据停靠位置、周围情况和停运时间采取防范措施。当临时停运时间较长时,可以根据当时当地的情况下车、下船进行巡视、检查和警戒。

押运途中的情况比较复杂,危及运输物品安全的各种情况随时可能发生,保安人员必须保持清醒的头脑,及时妥善地予以处置。从押运工作的实际情况来看,保安人员要重点掌握盗窃、抢劫、火灾、车祸、哄抢等几种紧急情况的处置。

二、保安押运的制度

规章制度是人们共同遵守的行为准则,是确保工作任务顺利完成的重要保证。保安押运制度主要有如下几方面:

（一）请示制度

保安押运人员在接受押运任务时，应及时请示领导，按领导的指示要求迅速做好出征前的准备工作；押运途中，如有可能，也应及时报告有关情况；押运工作完成后，要及时向领导汇报押运工作的全部情况。

（二）巡视检查制度

巡视检查要贯穿于押运工作的全过程，起运前，要认真检查准备工作的情况（如手续是否齐全，装备是否良好，车辆安全状况如何），并掌握押运物品的种类、性能等；途中要加强巡视，看有无异常情况等；交接时仍不能放松警惕，要检查、清点货物是否完好无损，待收货方验收交接完毕，押运工作才算顺利完成。

（三）保密制度

保守押运机密，是保证运输安全的关键。从已经发生的案件来看，大多数是有预谋的，目标准确，偶尔发生的则较少。因此，对押运物品的种类、性质、数量、时间、路线，押运人员的人数和装备等情况要严格保密，不得向无关人员（包括亲属）透露。

（四）奖惩制度

为使保安押运人员忠于职守，认真负责，要制定奖励惩罚制度。对严以律己、出色完成押运任务的要给予奖励；对玩忽职守、关键时刻贪生怕死、临阵脱逃的要严肃处理。奖励惩罚要兑现，贯彻到底，真正起到奖励先进、鞭策后进的作用。

三、保安押运勤务的执勤要求

执行保安押运勤务的全过程可分为押运前的准备、押运途中的戒备和到达目的地的交接三个阶段。为了能够安全、高效地完成押运任务，必须对押运业务的每一个阶段都作出严格、具体的要求。

（一）押运前的准备

在保安公司接受客户押运业务后，应当及时、详细地了解押运物品的种类、性能、数量、运输工具、经过路线、沿途情况、出发时间和地点、到达的时间和地点、收货单位和联系人等与押运业务有密切关系的各种情况，并根据所了解的各种情况，制定切实可行的押运计划，选派得力的队员负责执行押运任务。为了能够保证顺利完成押运任务，应将选派的押运队员编成押运班组，并确定班组长，搞好押运工作人员的工作、生活管理，做好出发前的各种准备工作，如准备好途中需用的食品、生活用水、常备药品、生活用品、照明器材、保安器械和必要的其他物品。

为了保质保量安全顺利地完成任务，押运人员要对所要押运的标的物进行详细的检查、清点，查看物品的包装以及装载等情况是否有不利于运输的因素，并一定要检查所使用的运输工具是否完好，尽量做好出发前的安全预防工作。同时，应该同客户保持联系，将检查结果及时通知客户，在解决好所发现的问题后，与客户办理交接手续，押运人员应该就地进行守护。

为了保证押运物品的绝对安全，特别是现金、贵重物品和危险物品的押运，对有的押运活动要进行全面、认真、细致的分析研究，制定具体的押运计划，具体规划押运的时间、路线、保护措施等；同时，针对押运物品、运输线路、时间及沿途的治安情况等做多方面的设想，制定应急方案，以防万一，达到有备无患的目的。

（二）押运途中的戒备

在押运途中，保安人员的观察能力和识别能力相当重要，要具有观察识别违法犯罪嫌疑人和违法犯罪嫌疑事的能力。保安人员对押运途中出现的各种紧急情况，都要遵循确保押运物品安全的原则，充分行使国家法律赋予的公民权利，予以及时、妥当、果断的处置。在押运过程中，保安执勤哨位要选择便于观察控制，又有利于进攻和防守的位置。每个哨位的保安力量，可以根据车辆的类别、数量及物资的性质、数量、重要程度等情况区别对待，灵活掌握。

1. 火车押运哨位的设置。火车押运一般分为包厢押运和专列押运。包厢押运时，警戒一般部署在车厢口。专列押运时，力量的部署既要考虑全面监视，前后照应，又要考虑到保障重点部位。无论是包厢还是专列，保安哨位及其间距，应视情况而定。需要指出的是，保安班组长一般要位于列车中央指挥，不断进行前后联络，并控制一定的机动力量。

2. 汽车押运哨位的设置。汽车押运一般可分为单车押运和多车押运。单车押运时，押运人员一般在驾驶室和车厢内乘坐。多车押运时，各单车力量可以酌情减少，但前面和后面的车辆上必须配备一定的机动力量。

3. 船只押运哨位的设置。船只押运,通常把力量都部署在甲板通道口、舱门和便于观察守望的位置。

(三) 到达押运目的地的交接

当押运的货物到达目的地后,保安押运人员要及时与收货人取得联系,同时,要加强警戒,严禁无关人员接近。当收货人员到达,进行物品交接时,保安押运人员应主动配合,共同清点查验物品,办理交接手续。如果运输途中因发生问题造成货物损坏或短缺,应向收货人说明发生问题的原因、责任、损坏程度、短缺的数量以及当时采取的措施等情况,共同商量处理。收货人在清点查验接受货物后,保安押运人员应要求其出具收货证明,写清收货日期、数量、种类、货物名称及完整情况等。整体押运工作完成后,保安押运人员必须检查整理携带的保安器械,保管好收货凭据,立即返回。到达单位后,要及时向领导汇报押运工作的全部情况,并交回押运工作的收据、证明等有关文件材料和装备。至此,一项保安押运勤务执行完毕。

第三节 保安押运勤务的实施

针对不同的押运对象,制定了相应的押运护送计划,出发前做了充分的准备,但押运任务能否顺利完成,其关键还在于在押运途中是否把各项工作落到实处。因此,保安押运人员要认真履行职责,加强巡视检查工作,遵守各项安全保密制度和押运工作纪律。在实际工作中,保安押运人员要主动与司乘人员取得联系,争取其支持与配合。

一、实施押运勤务

在实施押运勤务的过程中,为了确保押运任务的顺利完成,除了对可能发生的各种突发事件设计所应采取的措施以外,还应针对不同的押运对象选择不同的护送方法、选派得力的押运人员,只有计划周密、措施得法,才能尽可能地做到万无一失。

(一) 贵重物品的押运

贵重物品押运主要指金银珠宝和贵重的金属物品等,其最大的特点就是价值高、目标集中,容易引起不法分子的注意或成为其盗窃、抢劫的对象,发生案件

的可能性较大,这就决定了贵重物品押运的主要特点是责任重大,风险性高。因此,为保证贵重物品押运的安全,应采取下列措施:

1. 选派得力的押运人员。由于贵重物品的特殊性,要选派政治、业务素质高和身体素质好、责任心强、有胆有识、有独立作战能力和自卫能力,并有丰富押运知识的保安队员执行任务。

2. 制定周密的押运计划。为保证押运工作的绝对安全,应对押运的时间、路线、人员、车辆、沿途治安情况等进行详细的分析研究,制定周密的押运计划和应急措施,并加以演练,同时做好保密工作。

3. 做好装载工作。贵重物品一般不宜散装和混装,应用木箱或铁箱等质地较硬的材料包装,包装要坚固严密,并加"#"字形铁条捆扎和铅封,以增强防护能力,防止运输途中丢失或损坏;要做好装车前的各项监护工作,大型尖端贵重物品要采取覆盖、伪装等方法加以保密;要详细检查车辆和产品的安全状况;做好出发前的各种准备工作。

4. 加强运输途中的巡视检查。押运途中,押运人员要忠于职守,提高警惕,加强巡视检查,发现情况,妥善处置。

5. 清点交接物品。贵重物品顺利押运到目的地后,押运人员应与接受单位共同对所押运的物品或包装、铅封和外观等情况进行详细的核对检查,确认无误,办理交接手续后,押运方可撤销监护。

(二)金融押运

金融,是指以银行为中心的各种形式的信用活动以及在信用基础上组织原来的货币流通。金融押运的任务是:为金融单位(包括其他企业、事业单位)的现金、有价证券、银行重要凭证、金银珠宝、文物、艺术品等物资提供有偿武装押运。保安金融押运工作必须接受公安机关金融单位安全防范工作监督部门的指导、检查和监督,自觉落实各项防范措施,高效、优质、安全地开展押运工作。有的城市保安服务公司专门成立了金融护卫中心,专门担任此项业务。金融押运时应注意的问题有以下几个方面。

1. 各保安金融押运人员来源,要面向社会,主要从复员退伍军人或城市失业、农村青年、党、团员中择优选聘。需经文化考试,政治审查,身体检查,合格者可以办理聘用手续。聘用的保安金融押运人员必须依照《保安员培训大纲》

进行严格、系统的专业知识和技能岗前培训，经考核（试）合格，取得省级公安机关颁发的《保安员资格证》后，方可上岗。对已聘用的金融押运人员要留取指纹档案，报公安机关主管部门备案。

2. 各保安金融押运企业，依据国务院《专职守护押运人员枪支使用管理条例》：《公务用枪配备办法》的规定，严格配枪标准，明确用枪岗位，按照程序申领所需枪支，及时为押运人员办理持枪证，做到配枪、持枪合法化。建立健全枪支管理制度，严格按照国务院颁布的《专职守护押运人员枪支使用管理条例》规定执行。严防枪支被盗、被抢、丢失或发生其他事故。枪支被盗、被抢或丢失，立即报告公安机关。

3. 各保安金融押运企业，要制定《武装押运操作规范》、《运钞车驾驶员行车规程》、《护卫队员守库规程》、《突发事件处置规程》，等等，要按《规程》规定的事项，执行守库、押运任务，并做好防范各种突发事件的演练。

4. 配备公安部下发的《通过安全防护性能检测的车型目录》中列出的专用防弹运钞车，备有相应的通讯报警器材，尽快安装 GPS 卫星定位系统，严禁使用普通车辆执行运钞任务。

5. 押运人员执行运钞任务时，佩带武器，身着统一制式保安押运服，穿戴防弹衣、钢盔和明显标志，持证上岗。严守出发时间、行车路线、交接地点及车内款包的秘密。

6. 遇有跨省、市或大宗押款（500万元以上）任务时，要增加前导护卫车，必要时可事先与当地公安机关取得联系，以便遇有紧急情况及时得到支持。

7. 执行押运款任务时，要遵守交通规则，特殊情况接受公安机关交警部门的检查，妥善处置。因车辆故障或事故，不能即刻修复或处理，要及时报告本部门领导和当地公安机关，采取有效措施，保证资金安全。

8. 各保安金融押运企业，为金融单位承担非金融企业押运任务，要严格按照企业规模（国有大型工矿企业、商场、民营企业、集贸市场）、日现金量（20万元以上）标准，严禁超规模、超标准执行押款任务。

9. 为大型工矿企业、民营企业、商场、集贸市场接送款，要严格界定责任区，保证运钞车押运力量；存款企业应有足够的保卫、保安人员护款上车，并承接本单位内的安全责任；必须配备坚固、封闭、金属集群式人力款车和防抢防盗款箱。否则，不予接款。

10. 为确保运钞安全，各保安金融押运企业，在执行运钞任务时，除特殊情况外，必须在晚8时全部结束，严禁超时服务。

（三）危险物品的押运

危险物品，通常是指具有燃烧、爆炸、腐蚀、毒害、放射性能的，在生产、储存、销售、运输、使用过程中能引起人身伤亡、财产损失、物质破坏的物品的总称。它主要包括枪支弹药、管制刀具、爆炸物品、剧毒物品、放射性物品和其他易燃易爆物品。危险物品最大的特点就是"危险"。危险物品在外界条件作用下，极易发生燃烧、爆炸、泄漏、中毒等事故，具有强烈的杀伤和破坏能力；它也可能被不法分子当作作案的工具，进行破坏活动。危险物品押运的特点是危险性大、责任重、要求高。

危险物品作为一种特殊的物品，其押运措施也应有特殊的要求。

1. 选派熟悉危险物品性能的人员负责押运。由于危险物品不同于一般的物品，稍有不慎便容易发生问题，而一旦发生问题，如果不能得到及时的排除，后果不堪设想。因此，押运人员一定要了解、熟悉所押运物品的种类、性能，发现不安全因素要及时消除。

2. 严格控制押运物品范围。按有关规定，明确下列爆炸物品不宜押运：有显著分解现象的；未装入制品内的起爆药；硝化甘油；渗油的胶质炸药，以及当地气温低于零下15℃时的易冻胶质炸药；未经国家批准生产的和不符合国家标准的爆炸品；包装破损或包装袋（筐）过湿、发霉或有油迹的；不允许共存的爆破器材等。

3. 严格按照操作规程进行装卸。装卸危险物品尤其是爆炸物品，要指定有经验的人员负责现场组织指挥，划出警戒区域，禁止无关人员在场；车厢、船舱装货前要通风降温；装卸危险物品的人员应懂得安全常识，要轻拿轻放，严禁拖拉撞击、翻滚，装卸工具和人力负荷要比平时轻，以免超重造成危险事故；货箱要牢固、结实、严密，车、船底部要加垫柔软材料，如有铁器突出部分应用木板等遮挡，货箱要靠紧、捆牢，防止移动或碰撞；性质相抵触、容易发生化学反应的危险物品，不能同车或同船装运；装卸作业时，不准吸烟、用火或携带引火物；尽量在白天装卸，夜间作业应用安全防爆照明设备等。

4. 运输工具合乎要求，并标志明显、配备消防器材。运送危险物品的车、船等必须符合安全规程的要求。尽量使用防震、防火性能好，车体平稳，不易倾斜，机件齐全、性能良好的车辆，并在醒目处有"危险"标志。严禁使用翻斗车、无法封闭的火车车厢、汽车拖车运输危险物品。车、船应配备足够有效的消防器材，以防不测。

5. 严格按照运输规则运行。运输危险物品，必须向公安机关申领《危险物品运输许可证》，按公安机关指定的时间、路线通行；在公路上运行时，必须限速行驶，前后车辆应保持足够的安全距离；车辆经过人烟稠密的城镇应尽量绕行，确需通过时，必须通知当地公安机关；途中停歇时，必须选择空旷安全的地点，要远离建筑设施和人群，严禁在附近吸烟和用火，并指定专人看守；严禁搭乘无关人员；不准超速、强行超车和会车；在不平的道路上，应酌情减速行驶；运行途中，要加强检查，消除隐患。

二、押运过程中的应急处置

在执行押运护送任务的过程中，由于人为或自然因素的作用，经常会遇到各种突发事件和紧急情况，对这些事件和情况的及时妥善处理，是完成押运任务、确保押运对象安全的重要环节，实践中应特别注意以下突发事件和紧急情况的处置：

（一）对盗窃事件的处置

押运对象都具有一定的价值，往往成为不法分子窥视盗取的目标，因此，防盗窃是保安押运勤务的重要任务。在执行押运任务时，如果发生盗窃情况，保安人员应采取以下措施：

1. 发现不法分子正在实施盗窃行为时，应立即予以制止，同时，应将行为人抓获送交当地公安机关处理。

2. 发现押运的物品已被盗走，应积极设法追回被盗物品，如不能追回时，应及时报告当地公安机关并提供相应线索。

3. 对于有盗窃嫌疑的人要注意监视，密切观察其动向，并积极做好防范工作，避免发生押运物品被盗事件。

4. 积极主动地做好预防工作。执行押运任务的保安人员应主动协助客户对车辆及驾驶人员进行检查验证，尤其是对临时从各种运输配货单位雇用的车辆和驾驶人员应认真查对各种证件,防止发生意外。乘用汽车押运,停车就餐或住宿时,保安人员应采取轮流值班等措施,对押运物品严加看管,使不法分子无机可乘。

(二) 对抢劫事件的处置

抢劫,是指以非法占有为目的,以暴力、胁迫或其他方法,当场强行劫取公私财物的行为。在押运各种物品尤其是押运护送现金过程中,遇有不法分子实施抢劫,执行押运业务的保安人员应做到以下几点:

1. 坚守岗位,确保押运对象的安全。遇有不法分子实施抢劫行为时,保安人员必须坚守岗位,忠于职守,同犯罪行为作斗争。一方面要迅速判断或查明实施抢劫的人数及是否携带匕首、枪支等凶器;另一方面要采取紧急措施,掩护载货车辆或携款人向安全地带转移,千方百计保护押运对象及人员的安全。

2. 坚决打击,协助公安机关制服罪犯。当实施抢劫的犯罪人员人数较少时,保安人员应采取果断措施,将其制服,并及时扭送公安机关处理。当犯罪人员人数较多时,保安人员在掩护车辆转移的同时,要迅速报警,或发出求救信号,请求公安机关及周围群众支援。尤其是近年来公安机关开设的"110"报警服务,为保安人员报警请求支援提供了极大的方便。因此,保安人员应敢于斗争,善于斗争,协助公安机关将犯罪分子绳之以法。

3. 控制局势,避免或减少损失。在未能制止犯罪行为,犯罪行为人已将押运的财物抢劫到手时,要沉着冷静,采取灵活、有效的方法牵制犯罪行为人,设法切断罪犯的退路,使其不能顺利地转移财物或快速逃离现场,等待救援人员到来共同制服罪犯,追缴被抢财物,避免或减少损失。同时,也可以采取集中力量,攻其一人的方法,制服或捕获犯罪人员中的一人,为以后破案和追缴被抢财物提供条件。

4. 正当防卫,确保财物和人员的安全。如果遇有犯罪行为人持有凶器抢劫时,保安人员可依法实施正当防卫,以确保被押运财物的安全和保安人员的生命安全。

5. 机智灵活,争取妥善处理。如果犯罪行为人以暴力手段控制了车辆,或已扣有人质时,保安人员应慎重处置,采取灵活的方法与犯罪行为人周旋,转移其注意力,伺机解救人质,同时,及时与当地公安机关取得联系,并积极配合公安机关，争取妥善解决。

(三) 对哄抢事件的处置

在押运过程中遇到有人哄抢财物时，负责押运的保安人员应及时采取有效措施，妥善处理。

1. 快速反应，制止哄抢行为的蔓延。发生哄抢押运财物事件，尤其是多人聚众哄抢事件，保安人员应根据事件发生地周围的地势环境，迅速占领有利位置，尽早、尽快地抓住有利时机，将事态消灭于初发阶段，避免造成财物损失。保安人员应做到三快：一是发现苗头快。聚众哄抢事件发生前，一般都有一定的苗头，或在车辆前拦截，或在车辆后尾随，或在车辆爬坡减速时攀登车辆，对于这些苗头或现象，保安人员要及时发现，并做好相应的准备，为平息事件争取主动。二是制定对策快。发现聚众哄抢苗头或已发生哄抢事件时，保安人员必须根据周围的环境和自身的条件，迅速制定出对策，以便于及时控制事态的发展。三是采取行动平息事件快。一旦发生哄抢事件，保安人员应快速反应，在较短的时间内平息事件，防止事态进一步蔓延，造成重大损失。

2. 正面引导，分化瓦解哄抢人员的群体势力。在控制事态蔓延的基础上，迅速查明哄抢人员的人数，判明身份，针对实际情况对哄抢参与人进行宣传和疏导，讲明哄抢行为的严重性和应负的法律责任，教育大多数参与人放弃哄抢行为，分化瓦解哄抢人员的群体势力，使哄抢事件得以平息。对于带头哄抢的组织者或在哄抢事件中起主要作用的人，要抓住机会给予打击，消除其影响，彻底平息事件。

3. 驱散制服，防止事态发展。如果哄抢事态不断扩大和发展，应根据情况采用不同的方法予以驱散制服。对于滞留围观的人，采取教育疏导的方法，使其自动离开现场。对于支持、附和的人，应劝其终止推波助澜，不致参与哄抢。对于左右事态发展的人，应令其停止哄抢活动，如果不听劝阻时，应组织力量将其强行制服，防止哄抢事态进一步发展。

4. 机动灵活，保证财物的安全。当参加哄抢的人数较多，事态较为严重，保安人员没有足够的力量控制局势、平息事态时，应采取机动灵活的方法，确保押运财物的安全。一是保安人员应寻找战机，千方百计地掩护车辆冲出包围圈，并注意避免人员伤亡，减少财物损失；二是在疏导教育哄抢人的同时，要迅速发出求救信号，并坚守待援，确保财物安全；三是当财物已遭到哄抢时，要记清哄抢人的体貌、特征、口音特点，使用运载工具的牌照、车号、逃匿方向等情况，有录像和照相设备的可以录照现场情况，以便事后准确地向公安机关提供线索，追缴被抢财物。

5. 及时报警，协助公安机关制止哄抢行为。对人数较多、规模较大的哄抢事件，要及时向当地公安机关或有关部门报告，携带移动电话等通讯设备的可迅速拨打"110"报警，并积极协助公安机关制止哄抢行为。

（四）对灾害事故的处置

在押运过程中，由于押运对象、天气情况、装载工具，以及操作技术等主客观方面的原因，极易引发灾害事故。灾害事故一旦发生，不仅会造成押运财物的损失，而且会对周围群众的财产和生命安全造成危害。因此，在执行押运任务时，及时、有效地处理突发性灾害事故，是对保安人员的基本要求。

1. 对火灾事故的处置。在执行押运任务的过程中，遇到火灾时，保安人员应采取以下措施：

（1）发现火情时要迅速果断地采取有效措施予以控制，避免火情蔓延形成火灾，尽可能把火情消灭在初发阶段。

（2）如果火灾已经形成，在尽力扑救的同时，要迅速报警，利用专业消防力量扑灭火灾，减少损失。

（3）汽车押运发生火灾在求救无援的情况下，应迅速将车辆驶往路边或开阔地带，积极组织扑救，避免危及周围的人和物品，给国家和人民的生命财产造成更大的损失。

（4）如果受条件的限制，扑救火灾确有困难时，保安人员应尽力抢救押运物品，力争使损失降至最低限度，以维护客户的利益。

（5）如果是拖挂车辆起火，应迅速采取措施，使着火车厢与其他车厢分离，切断火源，防止火势蔓延，以免造成更大的损失。

（6）火灾事故发生后，要保护好现场，便于有关部门查清事故发生的原因，分清责任，按有关规定处理。

2. 对爆炸及有毒物品泄漏事故的处理。押运易燃、易爆等危险物品发生爆炸或泄漏事故时，保安人员应采取以下措施：

（1）押运物品发生爆炸时，保安人员应沉着冷静，督促驾驶人员迅速将车辆开离人员聚集或建筑物较多的地区，避免造成重大人员伤亡或财产损失。

（2）押运的剧毒物品泄漏时，要，及时通知有关部门，封锁现场，疏散人员，并积极协助有关部门清除泄漏的剧毒物品。

（3）事故发生后，要注意保护现场，并协助有关部门进行事故调查，以便分清责任，妥善进行事故处理。

第六章 保安巡逻勤务

保安巡逻是应雇请单位的请求和保安合同的约束而进行的一种保安服务经营活动，它是保安公司派出保安人员，对特定的目标和范围提供有偿的安全保卫服务。实际上，这种巡逻是一种运动式的守卫，可以配备交通工具，具有一定的维护公共秩序的处置权。

第一节 保安巡逻勤务的概念、特点和任务

一、保安巡逻勤务的概念

保安巡逻要求保安人员在一定范围或区域内巡回观察周围的各种治安情况，发现、纠正和处置各种扰乱公共秩序，妨碍公共安全的各种违法犯罪的行为。

二、保安巡逻勤务的特点

保安巡逻的实践一再表明，保安巡逻勤务具有目标范围大、不确定因素多、动态管理明显等特点。

1. 目标范围大

保安巡逻被保护的目标和范围比起其他保安勤务来要大得多，保安人员在较大的厂区、作业区、施工工地进行巡逻警戒，是多目标、大范围的运动式守卫。

2. 不确定因素多

保安巡逻的目标范围大，巡逻过程中就会遇到许多复杂的情况，甚至有预想

不到的突发性事件。这种不确定因素,时常出现在保安巡逻的过程中。这就需要保安人员有选择、有重点地对治安情况复杂、容易发生问题的场所以及财物集中的要害部位进行巡查警戒。

3. 动态管理明显

保安巡逻是一种动态管理,它在较长的战线上,进行着全面了解被保护目标和范围的基本情况的细致工作,并针对有关问题加强和实施各种安全措施。为了保证客户单位的安全,保安巡逻人员一般采用徒步或骑车的方式,围绕有关场所、部位、路段进行巡回游动。

4. 特定性

保安巡逻的范围是特定的,目的也是特定的,仅仅是维护保安合同规定的客户单位的安全。

5. 主动性

保安巡逻是"主动进攻式"的守卫,它通过巡逻观察,主动发现问题,消除不安全因素。

三、保安巡逻勤务的任务

由于客户要求巡逻的范围和保护目标不尽相同,所以保安巡逻的侧重点也有所区别。但从实践情况看,其具体任务不外乎以下几个方面:

1. 维护巡逻区域内和保护目标周围的正常的治安秩序

一般说来,客户之所以请保安人员进行巡逻,是因为其单位或所辖地段、场所的治安情况复杂,公共秩序混乱,妨碍正常的工作以及职工正常的生活秩序。因此,保安巡逻的主要任务之一即是维护巡逻区域内和保护目标周围的正常的治安秩序。

2. 预防、发现、制止各种违法犯罪行为

保安巡逻作为一项专门业务活动,为了保证巡逻区域内的正常秩序和人、财、物的安全,必须充分利用巡逻对时空控制的有利条件,堵塞各种违法犯罪活动的空隙,提高预防、发现、制止各种违法犯罪行为的能力,防止各种危害的发生。

3. 及时发现各种可疑情况,抓获现行违法犯罪嫌疑人

执行巡逻任务的保安人员,对一切可能影响巡逻区域、守护目标安全的可疑

迹象，都应纳入视线，细心观察，提高警惕；对有违法犯罪嫌疑的人员都要进行必要的盘查，搞清其身份，查清疑点。个别嫌疑重大，一时难以搞清的可以扭送保卫部门或公安机关审查处理。在巡逻中发现有现行违法犯罪行为的人，应毫不犹豫地将其抓获，送交公安、保卫部门处理。

4. 现场保护

在保安巡逻的区域内，一旦发生案件或事故，要主动地或积极地配合有关方面做好案件或事故现场的保护工作，要根据现场保护的规定和要求，划定保护范围，布置警戒，维护秩序，不准无关人员进入现场，更不得随意触摸、移动现场上的任何物品。如在现场发现犯罪嫌疑人尚未逃脱时，应及时抓获，或进行严密监视，防止其逃跑、行凶、自杀或毁灭证据，对于凶杀、爆炸、火灾等现场，在抢救生命财产、扑灭火灾、火险，排除交通障碍等过程中，要注意尽量使现场少受破坏。

5. 检查、发现防范方面的漏洞

执行巡逻任务的保安人员，一方面要针对巡逻范围和保护目标的特点，认真负责，切实做好防火、防盗、防破坏等安全防范工作，保证巡逻范围内人、财、物的安全，维护良好的治安秩序；另一方面，要针对不同场所、不同部位在防范方面存在的某些漏洞，认真检查，及时发现，并将存在的问题及时通知客户，协助客户及时改进。

6. 在巡逻范围内，一旦发生突发性事件或意外事故，巡逻人员要全力维护好现场秩序，协助有关方面做好人员、物资抢救工作并对群众进行劝导、教育、疏散等平息事态的工作，并注意发现故意煽动闹事的人。

第二节　保安巡逻勤务的巡逻队形和方法

一、保安巡逻勤务的巡逻队形和功能

保安巡逻，要恰当使用人力，讲究巡逻队形，明确巡逻的重点时间、重点部位，安排好线路和时间，做到在时空上不断档，使整个保护目标始终在巡逻队员的控制之下。

二人以上同时实施巡逻勤务，要相互支援，发挥集体力量的优势。

执行巡逻任务时，对巡逻队伍要有严格的要求。白天要昂首阔步，自然大方，威武雄壮；夜间要保持警惕，注意行人、车辆表现出来的可疑点以及不正常的烟气、火光等，做到眼明、耳灵、脚轻，仔细判明各种声响、气味、光亮和可疑征兆。

巡逻队伍要全神贯注，细心观察，不可忽视一点可疑迹象，不可放过任何应该解决的问题。通过墙角时要特别提高警惕，夜间行至拐角处，应放慢步伐，稍作停顿，先得在墙角暗处观察动静，确无可疑情况再拐弯通过，以防犯罪分子突然袭击。

巡逻队伍沿墙边或树木阴影处行进，应当注意避开灯光，以便隐蔽自己，达到我先见敌，敌难见我的目的。一般情况下，巡逻保安人员不应在居民住所的窗下、门前逗留窃听，以避其嫌。

巡逻必须采用走停结合，耳、目、鼻并用，时快时慢和突然改变行进方向的办法。

二、保安巡逻勤务巡逻的方法

保安巡逻的范围一般不是很大，所以保安人员主要是以徒步巡逻为主要巡逻方式。个别区域较大、道路条件较好，完全靠步巡还有一定困难的可以采用驾车巡逻与步巡相结合的方法。不管是车巡也好，步巡也好，保安巡逻主要采用以下两种方法：

1. 定线巡逻与乱线巡逻相结合的方法

定线巡逻是指巡逻人员在一定时间内，按指定的路线，作有规律的巡回警戒、检查；乱线巡逻是指巡逻人员在其负责巡逻的范围内，根据巡逻任务的需要，自由选定巡逻路线，往返曲折地进行巡逻。定线巡逻的优点是便于联络，缺点是易被违法犯罪人员发现规律，乘机作案；而乱线巡逻则弥补了定线巡逻的不足，且有利于调动巡逻人员的积极性和主动性，能更好地预防、打击各种违法犯罪行为，做好全方位的控制。所以在巡逻过程中，要根据具体情况，选择定线巡逻，或乱线巡逻或定线与乱线巡逻相结合的方法。

2. 采取点线结合的方法

所谓点就是在巡逻范围内的重点要害部位或容易出现问题的薄弱环节，确定专门力量警戒、保护，或在小范围内采取巡回的方法，有重点地巡查、警戒。在此基础上，同时采取定线与乱线巡逻相结合的方法，做到点线结合，这样，既可以突出对重点、要害部位的保护，又可以兼顾一般部位，达到确保安全的目的。

根据各地的实践经验，在保安巡逻过程中，在巡逻方法上应注意以下几个问题：

一要坚持"预防为主、确保重点，加强协作，确保安全"的原则，提高保安巡逻的效果和质量。

二是在时空控制上应注意系统管理。在保安巡逻过程中，要恰当地使用人力，明确巡逻的重点时间和重点部位，安排好路线和时间，做到时空上不断档，使整个保护目标始终置于巡逻人员控制之下。

三要经常结合敌情和治安方面的新动向，研究一个时期巡逻中应注意的问题和应加强的方面，并及时调整力量和改变巡逻方法。

四要经常教育巡逻人员增强敌情观念，要求每个巡逻人员在巡逻中全神贯注，细心观察，不忽视一点可疑迹象，不放过任何应该解决、处理的问题，夜间巡逻要更加注意行人、车辆的可疑点以及不正常的烟气、火光等。

第三节　保安巡逻勤务的主要措施

违法犯罪嫌疑人或事往往有其自身的特点。保安人员在日常业务工作中，为了有效保护守护目标的安全，必须注意细心观察，以发现违法犯罪嫌疑人或事，掌握其规律特点，为更好地维护社会治安服务。

一、对人的观察识别

1. 对疲劳困倦者的观察识别

犯罪嫌疑人有相当一部分是深夜作案，凌晨逃窜，有的甚至驾驶摩托车、汽车长途奔袭，突击作案。由于他们在实施犯罪过程中体力消耗过大，或遭人抵制反抗，与之进行撕打拼搏或被围追堵截，加之急于逃离现场，长途跋涉，既精神紧张，又彻夜未眠。待黎明逃窜时往往已经是两眼发红，疲备不堪，困倦之意十分明显。

从人的生理、心理活动规律来看，人在应急状态下，如受犯罪行为的外界刺激引发脑垂体分泌肾上腺皮质激素，会出现短时间的体力超常。但是，一旦人的紧张情绪松驰下来，如犯罪过程完成了，便会感到四肢疲软，倦意顿起，困不可耐，进入车站、码头后，有的虽然衣着入时，却不择处所，常常席地而卧，躲在角落里打盹睡觉。保安人员只要细心观察，一眼就可以看出其与正常出差、旅游、探亲、访友的旅客是不同的。

2. 对惊恐失常者的观察识别

心理学认为，人的行为举止受其主观心理机制的制约。流窜在社会上的各种犯罪分子，由于其实施犯罪行为和犯罪结果的刺激，心理上往往形成巨大的压力，心理活动经常处于害怕暴露被捉、遭受打击的激烈斗争和紧张不安的状态之中，那种作贼心虚，惊恐万状的心态难以自我抑制。这种激烈的心理活动，必然反映在其畏罪逃匿过程中的行为、神态、表情上，与正常的过往行人的表现极不相同。一般不具有正常人出差、旅行、外出办事等那种神情自然，轻松愉快，有说有笑的表情。流窜外逃或刚刚逃离现场的犯罪嫌疑人，行为举止多表现为神情木然，表情紧张；眼神飘忽，东张西望，行为鬼祟，避人耳目；对周围环境和人员特别警觉，极为敏感多疑，同行者之间多表现为窃窃私语，利用眼神、手势、暗语传递信息。保安人员在业务活动中要动用自己的观察能力，以某些较为特定的外部特征为依据，识别发现流窜逃匿的犯罪分子。

3. 对脸、手、衣服上染有血迹、油污、精斑或身着不符体态、季节之衣着者的观察识别

犯罪嫌疑人在实施犯罪过程中，翻墙越房，撬门砸锁，锯柜钻库，惊慌中，常会挂伤脸手，衣服上会沾有金属粉末、尘污、油垢等；行凶杀人嫌疑人在作案过程中，身上往往溅有血迹，尤其是衣服的前襟、下摆、袖口、裤腿以及鞋帽上容易染上血迹。有些强奸嫌疑人衣襟、裤腿外常沾有精液、血迹，并伴有特殊气味。犯罪嫌疑人一旦得手，急于逃窜，一般都来不及更换衣着和清洗消除，一副狼狈相，与正常人有一定的差别。

一些犯罪嫌疑人逃离现场时也会临时找些衣服来换，以掩盖自己，但由于临时拼凑，很多情况下不是自己的衣物，难免衣不符体，衣不适时，不是肥大过长，就是瘦小太短，甚至男穿女装，夏着秋服，外新内脏，头脚不齐，名牌高档的衣服配破旧的裤子等。这些犯罪痕迹特征十分明显。如果发现有上述疑点的人，应认真观察有无其他疑点，必要时应进行正面盘查，为揭露犯罪提供有力的

证据。

4. 对携带可疑工具或大量不明钱财者的观察识别

外出旅行或办事随身携带物品，大都有旅行的目的，职业身份和生活需要相一致，而在执勤中，却常常遇到少数混在正常人流中的犯罪嫌疑人随身携带作案工具或大量不明钱财，与其自述的身份或旅行目的不相符合，成为我们观察、识别、揭露流窜、盗窃犯罪嫌疑人的客观依据。

预谋犯罪特别是流窜作案的惯犯多有自制的专用作案工具，他们在流窜逃匿过程中一般都随身携带，有的犯罪嫌疑人还带有枪支、炸药等武器，在盘查时应随时保持警惕，防止被盘查人狗急跳墙。

盗窃巨额钱财后仓皇逃窜的犯罪嫌疑人，在逃离现场时一般都来不及清点整理。有些用桌布、窗帘、床单之类的物品包裹巨款，或藏于衣袋、提包里。其特点是数额大、种类多，盘问时他们既说不清钱款、财物的数目、种类、票面，更说不清来源和作用，临时编造的谎言往往漏洞百出。其所带财物、钱款与身份不相符合。若发现携带类似作案工具或大量不明钱财的人员，应认真观察，严格审查，不可轻易放过。

5. 对不明原因之伤者的观察识别

刑事案件，特别是行凶杀人、强奸、抢劫等案件的犯罪嫌疑人，在犯罪过程中常遇到被害人的反抗，与之进行搏斗。由于侵害与反侵害的撕打搏斗，犯罪嫌疑人很可能受伤。如流氓强奸案件的犯罪嫌疑人在施虐过程中，有的被被害人抓得皮肤破损，满脸开花，甚至有的犯罪嫌疑人被咬掉鼻子、咬破嘴唇、咬断手指、舌头、耳朵等，或阴部、裆部致伤；也有的犯罪嫌疑人在拒捕逃跑过程中，被追捕人员鸣枪击伤后逃脱，也难于或不敢说明原因。枪伤、钝器伤或锐器伤在创口上很容易分辩。保安人员在巡逻中遇此情况，必须予以盘问、抓获或及时向有关单位部门报告。

6. 对体貌、语言类似通缉犯者的观察识别

保安人员经常要协助堵截查获现行逃犯、流窜犯和查缉各种犯罪嫌疑人。它是以人的体貌特征为依据，进行人身异同认定查获犯罪分子的一种方法。公安机关通缉通报查缉犯罪分子和重大犯罪嫌疑分子时，除附有照片外，大都具有通缉对象体貌、语言特征的描述介绍。人的体貌特征包括：静态特征、动态特征和特

殊特征。静态特征是指人的身高、体态、脸型等。动态特征是指人的行为习惯、动作姿势等。特殊特征是指由于先天或后天原因造成的畸型、脸部斑痣、伤痕等。语言特征是指人的语言、习惯性语言、口语等，它与人的生活地域、环境、修养有关。上述特征具有特定性和相对稳定性，是进行人身异同认定的重要依据。保安人员应具备良好的记忆力和分辨力。对通缉通报人犯的体貌特征，衣着打扮、语音特点、携带物品应熟记在心，特别是要记一些具有重要价值的突出特征，如特殊体型、斑痣等，在工作中一旦发现与通缉人犯有相似特征之人，能够迅速引起联想，从而识别、发现畏罪潜逃的犯罪分子。

7. 对持证和身份不符以及伪造证件、证明文件者的观察识别

保安人员在依法查验证件的过程中，应注意从识别伪造、假冒他人的证件入手，发现伪造身份、冒名顶替进行诈骗、流窜作案，畏罪潜逃的犯罪嫌疑人。

对于持证与身份不符的人，主要通过查问其自然履历，核对工作部门，对其籍贯、文化程度、职业进行了解，揭露其伪装、假冒的身份。

观察识别伪造的证件、证明文件，既需要一定的专业知识，又需要丰富的社会经验。伪造证件、文件有全部伪造和局部伪造之分。

全部伪造的证件、文件可以从格式、内容的非规范性，图文、线条的清晰度，文字、印章顺序的反常性（正常文件应先署后章，伪造文件多相反），加密文件特定暗记上鉴别。局部伪造的文件、证件，又称为"变造文件"。主要方法有擦刮、褪色、涂改、挖补、接帖、更换照片等，一般可用肉眼观察到异常之处。

有些伪造文件、证明凭保安人员的经验就可发现其破绽，有些伪造手段"高明"的，则需经过专业技术人员的检验方可确认。保安人员在巡逻守护等护卫工作中发现可疑的证件、文件应予扣押，先用电话、电报向发证机关调查，必要时可送交公安机关检验。

二、对事物观察识别

1. 对被劫持出租汽车的观察识别

城市中经常发生出租汽车被抢劫或劫持的案件。犯罪嫌疑人侵害的对象主要是司机和随车乘客。多以持械相逼，使司机拿出钱财或按照劫匪的意图行驶。此时车上常有搏斗扭打等反抗之举或发出报警信号期待救援之迹。此时汽车行驶极

不正常，出现明显摆头，或时走时停、时快时慢，类似于酒后驾驶，有时车窗中抛甩衣物、拎兜等物，或者通过交通岗、治安岗以及遇有公安保安人员巡逻时，司机不顾交通标志、指挥信号，采取错打方向灯、前进信号、曲线行驶、违章等发出报警信号。若发现上述类似报警的异常现象时，应立即上前干预、查问及时报告，以截获被劫车辆，救援被劫司机，捕获劫车歹徒。

2. 对暗中兜售违禁物品的观察识别

在车站、码头、商业闹市区常有兜售违禁物品的不法分子，违禁物品是指国家行政机关明令禁止和私自制造、销售、购买、使用、持有、储存、运输及违章携带的物品。违法犯罪嫌疑人销售违禁品的方法一般有两种：一种是暗中挂钩，另择时间、地点交货。这种方法多系批发性质，销售量大。另一种是暗中叫卖，直接出售，当场成交。成交量一般不大，违禁品随身携带。在公众场合，上述人员总是躲着巡逻人员，甚至目光都不敢正视巡逻人员，因此，在巡逻中比较容易发现，以获取证据。他们一旦遇到盘查，就会表现紧张，脸色异常。有时他们将违禁品藏在胸、腹部或绑在大、小腿上，巡逻人员凭经验用肉眼即能观察出来。

3. 对卖淫嫖娼的观察识别

大中城市和经济发达地区的一些公共场所，如舞厅、茶座、影剧院、酒楼、饭店、歌厅、录放厅、浴池等以及车站、码头等处所，常有一些卖淫妇女混在其间，进行"三陪"活动，勾引嫖客。这些街头接客的卖淫人员，打扮妖艳，穿着入时，作风轻佻，卖弄风骚，以色情勾引嫖客。不论是卖淫者还是嫖娼者，互相不讲真实姓名、地址，本不认识，一拍即合。一旦对其审查，尤其是分开盘间，即矛盾百出，胡编姓名、单位等，牛头不对马嘴。

4. 对诱逼劫持妇女、拐卖妇女儿童的观察识别

犯罪嫌疑人劫持妇女一是"诱"，二是"逼"，两者在巡逻守护中都不难发现，一些妇女见人过往时大声呼救，也有些妇女惧于犯罪分子的淫威而不敢出声，但衣着不整、惊恐不安，泪痕可见，虽不敢明言，但渴望被援救。

犯罪嫌疑人拐卖妇女，多以招工、做生意、赚大钱为诱饵，被拐的多数为农村妇女，在不明自己的处境前，他们甚至会和人贩子一起制造谎言，给识别工作带来一定的难度，但随着盘查的深入，人贩子就不能自圆其说，逐步露出马脚。

被拐儿童多系学前幼儿，和人贩子大都非亲非故，短时间内难以和幼儿建立

类似亲情的情感关系，常常表现哭泣、不顺从，甚至拒绝吃饭喝水等，保安人员如发现有幼儿与所陪护的成人在较长时间中表现出上述不和谐的情况时，可注意大人、小孩的表情，再加以判断。

5. 对场外销售赃物的观察识别

刑事犯罪嫌疑人销赃的场所和方式，通常有两种：一种叫场内销赃，即到旧货店、寄卖店、委托行等处变卖、寄卖赃物；另一种为场外销赃，即在公共场所、车站码头和建筑工地等处销售赃物。场内销赃一般控制较严，易暴露马脚，犯罪嫌疑人对这一点比较清楚，也比较谨慎。场外销赃由于它的特殊性，挖赃工作相对较松，一些狡猾的有经验的犯罪嫌疑人往往较多采取场外销赃的方法，变卖的赃物多是衣物、自行车、摩托车、通讯工具以及黄金饰品。兜售对象多是过往行人、旅客或进城做工的农民。特别是要价不高，成交后即溜走，或者先物色好买主，再移地交货。保安人员发现有类似销赃嫌疑者应严加审查，一般规律是他们说不清物品来源和特征，没有票据，且隐瞒真实姓名、住址。

6. 对正在实施的违法犯罪行为的观察识别

保安人员在巡逻过程中查获的犯罪嫌疑人，也有溜走的，也有刚刚实施完毕犯罪行为的。巡逻中，识别正在作案的直接违反社会"常态模式"的反常行为并不困难，关键是要对由犯罪嫌疑人精心掩饰的反"常态模式"行为做出准确的识别。为了准确地识别，对嫌疑人的行为一要观察，二要思考，透过复杂现象，去发现识别和揭露正在实施不轨行为者。

三、对物的观察识别

人们出差、旅游或外出办事，其随身携带的物品，通常与其外出的目的相一致，与职业、身份、生活需要相一致。而不法分子相反，有的证件与身份不符；有的携带匕首、刀片、螺丝起子、小手电等作案工具；有的携带大量无合法证明的现金、合同、提货单据；有的说不清自己携带的物品数量、质量、性能和来源；也有的所携带物品与公安机关通缉通报的赃款赃物相符。所有这些，正是保安巡逻时从携带物品上发现犯罪嫌疑人的客观依据。

第七章 保安勤务中常见治安问题处置

第一节 保安勤务中疑难问题的处置原则

一、依法行事原则

勤务工作中，保安员对人、事、物产生怀疑，对违法犯罪嫌疑人的确认、审查、扭送等都必须符合法律的有关规定，不能有任何的随意性，不得有任何的越权行为。

二、注重证据原则

保安员在勤务活动中，认定一个人有无违法犯罪嫌疑，必须强调构成嫌疑的根据。通常情况下，直观印象的反常行为、身上特殊的痕迹（如血迹）、携带物品、同行人之间表现出来（年龄、性别、职业）的矛盾现象等都应引起保安怀疑，但更重要的是透过这些表面现象抓住事物的本质，找出嫌疑的根据——证据。必须严格区分嫌疑与事实的界限，保安员必须习惯于用证据说话，要学会把嫌疑转化为证据的工作方法。

三、开发方法原则

保安员的权利十分有限，而承担的任务又十分复杂，依法行政的要求十分严格，在这种情况下，保安员不能束缚住自己的手脚，应在法律允许的范围内，在方法上多一些智力方面的开发。例如，多与违法犯罪嫌疑人"玩"一些智力竞赛；通过请示报告的途径；采取群策群力的方法；或在前提不违法的情况下，运用模糊的方法，处理一些容易引发争议的具体问题。

四、自我保护原则

根据实际工作中保安员经常面对凶恶的歹徒、生命安全受到严重威胁的实际情况，保安员应具体情况具体对待，凡有条件的，可现场将歹徒制服；在敌我力量对比明显、敌众我寡、孤军作战、难以克敌制胜的情况下，就不能单靠勇猛，更不能轻易付出牺牲的代价，首先应保存自己，然后据情采取其他制服犯罪或抓获犯罪的办法。舍生忘死的精神可嘉，但不应提倡无谓的牺牲。

第二节　各类勤务中的具体处置策略

一、门卫勤务中一些具体情况的处置

（一）对进、出大门人员证件查验的基本方法

进、出大门人员（职工、家属、外来人员）必须出示证件，接受查验。其方法如下：

（1）员工和家属出入大门，必须出示本单位发给的有效证件。

（2）外来人员进入大门，必须问清事由，出示证件并予以登记。登记的主要内容为姓名、单位、事由、进入时间、携带物品等。如果是找人的，保安员应先通过电话联系，经对方同意方可允许进入。

（3）查验证件，应礼貌地提示进入大门者主动出示合法有效的证件（工作证、介绍信、家属证、暂住证、出入门证，含本人主动出示的身份证等）。

（4）查验证件，主要是核对姓名、照片与其报称的是否一致，印章是否清晰，文字有无涂改痕迹，证件的真伪、有效期限等。

（5）对拒不出示证件的，要严格按照门卫制度规定禁止其入内。

（6）双方发生冲突时，要主动向客户单位报告，请有关领导出面处理。

（二）对出入大门人员的车辆携带、装载物品查验的基本方法

（1）对本单位的车辆，凭单位统一制作的出入门证，及时放行。

（2）对外来车辆，一律停在活动门、栏杆外，保安员上前有礼貌地请其出示证件，说明来意，确有进入的必要的，准予进入。

(3) 外部车辆不按示意停车，飞驰驶入的，须牢记车型、牌号，及时报告带班员，迅速查找，尽快弄清情况，以防发生意外。

(4) 单位内部发生火灾、爆炸或人员伤亡事故，外部消防车进入时，可免检放行。

(5) 外部车辆进入客户单位时，凡与进行业务活动无关的人员，应动员其下车在外等候。

(6) 禁止危险品（本单位业务需要除外）、违禁品入内。

(7) 机动车装载物资出门，不仅要看出门证，还要准确核对物品名称、规格、数量等内容，一切相符，方可放行。

（三）门卫人员保证大门畅通的方法

(1) 禁止无关人员聚集在大门周围。

(2) 禁止社会上的人在大门口摆摊设点、搭棚建屋、堆物作业。

(3) 禁止机动车、自行车等乱停、乱放。

（四）门卫人员同进、出大门人员发生矛盾的处理方法

(1) 使自己保持冷静，控制情绪，避免发生正面冲突。

(2) 多从主观方面查找引起矛盾的原因。

(3) 确属对方的问题，应请示领导出面解决。

(4) 也可向对方解释有关规定，请对方谅解。

（五）外来车辆飞驰而入（大门）时的处置方法

(1) 牢记车型、牌号。

(2) 及时报告带班员。

(3) 迅速查找，弄清情况。

(4) 发现车辆（主）要控制情绪。

（六）防止职工携带公物出门的方法

(1) 加强法制宣传，以口头、标语、宣传画等形式进行宣传，开展职业道德、纪律教育。(2) 强化岗位责任，加强职工监督。已经认识的内部职工，可不要求必须出示证件。不认识的职工，必须凭证入内。(3) 无放行单的物资，不予放行。若出库物品数量与货单不符时，要坚持原则，数量、质量、规格必须相符。向其说明单位规定、门卫责任，请其配合。如有矛盾，请有关领导出面解

决。

二、守护勤务中一些具体问题的处置方法

（一）遇到重大疑难问题时的处置方法

（1）沉着、冷静，不要慌。

（2）与同班队友商量。

（3）及时报告、请示。

（4）借鉴有关经验、做法。

（二）处理问题有错误时的处置方法

（1）及时发现，及时选择可行的解决办法。

（2）已造成事实上的影响的，应尽可能予以挽回。

（3）如尚未认识到错误，应持冷静态度反思处理过程有什么不妥。

（4）主动道歉，取得对方谅解。

（三）遇有形迹可疑人员的处置方法

（1）确定嫌疑点和嫌疑程度。

（2）对没有证据的，进行监视，注意发现新的疑点和证据。

（3）嫌疑既难肯定又不能否定，而犯罪嫌疑人又走掉的情况下，可请示领导具体该怎么办。

（4）总的原则是不能草率行事，不能盲目抓人。

（四）处置打架斗殴问题的方法

（1）进行必要的调解。

（2）参与人数较多的，应迅速报警。

（3）可能的情况下，分离双方主要当事人。

（4）清理围观起哄者。

（5）弄清当事人的姓名、单位、住址。

（6）留住双方当事人。

（7）确定有关证人。

（8）有伤者，送往医院救治。

（9）有现场的，对现场予以保护。

（五）发现正在实施盗窃行为的人的处置方法

（1）确定参与盗窃人数。

（2）确定有无交通工具。

（3）在敌众我寡的情况下，及时联系请求增援的同时，做好监视工作。

（4）具备条件的，立即抓捕，连同物证一并送交值勤室或公安机关。

（5）保护案件现场。

（六）发生不久的盗窃案的处置方法

（1）向知情人了解案件的有关情况。

（2）保护现场，向公安部门报告。

（3）如掌握犯罪嫌疑人有关特征、逃跑方向的，可组织力量追捕，通知有关人员堵截。

（4）协助公安机关开展案件调查。

（七）发生哄抢物资事件的处置方法

（1）宣传国家法律，制止哄抢行为。

（2）向客户单位、公安机关报告。

（3）做带头哄抢人的工作，记住他（她）们的特征。

（4）有条件的，弄清他们的身份。

（八）火情的处置

（1）对初起火灾，迅速组织义务消防队、内部职工进行扑救。

（2）火势蔓延开来的，立即报警。

（3）将火扑灭后，也要派人对火场进行监视，防止死灰复燃。

（九）火灾的处置

（1）迅速报警。拨打"119"火警电话，说清着火地点（街、路、段、里、门牌号），单位名称，火势大小和燃烧范围，可燃物（性质），单位电话号码；报警后，派人到路口接引消防车。

（2）迅速将火情报告客户单位和保安服务公司领导。

（3）迅速切断火源、电源。

（4）组织人员救火、疏散人员、抢救物资。

（5）维护好火场秩序。

(6) 协助消防人员做好火场救护的有关工作。

(7) 保护火灾现场。

（十）有不明身份的人进入守护目标时的处置方法

(1) 分析进入原因，属于误入者请其离开。

(2) 难以弄清原因的，可对其进行询问。

(3) 注意发现进入人员的可疑点。

(4) 对无正当理由进入守护目标的人员，动员后仍不离开或无理取闹的，报有关方面处理。

（十一）守护范围内车辆被盗时的处置方法

(1) 报警。

(2) 记清车型、颜色、牌号、新旧程度。

(3) 回忆车辆被盗前出现的可疑人员、人数及特征。

(4) 协助警方开展相关工作。

（十二）如何接受报案

(1) 简单询问案情。

(2) 刚发生的案件，在及时报告领导、公安机关的同时，组织力量开展追捕。

(3) 保护现场。

(4) 如犯罪嫌疑人就在现场，应对其进行监控。

(5) 如报案人或现场目击人指认某人犯罪，应将其扭送公安机关。

（十三）守护目标夜间突然停电时的处置方法

(1) 在照明恢复前，禁止人员、车辆出入。

(2) 迅速查明停电原因，并报告有关领导。

(3) 密切注视责任区内各种可疑迹象。

(4) 加强对重点部位的巡查、监护。

三、其他情况（共性问题）处置的基本方法

（一）发生抢劫（夺）的处置方法

(1) 正在发生的，可对违法犯罪嫌疑人实行抓捕。

(2) 犯罪嫌疑人人数较多时，可报警请求增援。

（3）有现场的，保护现场。

（4）犯罪嫌疑人逃跑的，通报有关保安员、公安机关（说明犯罪嫌疑人的特征）进行追捕。

（5）留住受害人、证人或将其引领到就近公安机关。

（二）识别违章逃逸车辆的方法

（1）超出规定速度疾驶的。

（2）运行轨迹不规则的。

（3）车体某部分破损的。

（4）有明显的其他交通违章表现的。

（三）确认违法犯罪嫌疑人的基本依据

依据我国刑法"无罪推定"的规定，保安员在执行勤务中，由于各种复杂的原因，对违法犯罪嫌疑人的确认更要慎重，大体上可以注意以下几个方面：

（1）时间上，违反正常的生活、工作规律，其活动的时间与常规作息时间相矛盾；刚刚发生案件，有人从案发现场方向走来，有作案时间。

（2）空间上，没有理由接触某个单位，却长时间徘徊于此的；在经常发案时间出没于经常发生某类案件的区域、路段的。

（3）有明显反常表现的。如没有合法证件证明自己身份或所持证件与本人不符的；公安机关组织的大搜捕、大清查等统一行动，驱赶着一些惊弓之鸟东躲西藏的；不走人行道，不沿直线走路，行进时快、时慢的；在正常执行勤务的保安员面前，神情紧张，表情不自然，躲躲闪闪的；不正面面对保安员，内心紧张却佯装镇静；想向保安员说明什么，却欲言又止的；说是一个单位的，但又说不出同行者姓名的；声称所携带物品是自己的，却说不清物品的名称和数量的；身体暴露部分明显有伤却没有包扎或涂药的；衣服鞋上有血迹或刀划、撕扯痕迹的，等等。

（4）携带、私藏枪支、弹药和管制刀具等武器、凶器的。

（5）体貌特征与公安机关通缉、通报的犯罪分子相似的。

上述几个方面，既可以独立运用，有时又需要综合考虑。

（四）对违法犯罪嫌疑人实行抓捕的条件

（1）正在实施犯罪活动的现行犯。

(2) 公安机关正在通缉抓捕的在逃犯。

(3) 公安民警、保安员、群众正在追赶的现行犯罪分子。

(4) 有明显的犯罪迹象,如手持凶器、身上血迹斑斑、仓皇逃窜的;驾驶机动车伤人毁物的。

(5) 有违法犯罪嫌疑,实施监控中有逃跑、行凶者,可及时予以抓捕。

对违法犯罪嫌疑人实行抓捕、扭送时,要注意发现其身上是否携带凶器,避免不必要的伤亡。

(五) 面对犯罪嫌疑人敌众我寡时的处置方法

(1) 立即报警或请求支援。

(2) 对犯罪嫌疑人进行严密监控、尾随,注意利用群众、地物等进行掩护。

(3) 犯罪嫌疑人已经发现保安员时,要采取转移视线的方法,尽量作出并没有注意其的假象。

(4) 应努力记住犯罪嫌疑人的数量,每个人的体貌特征,包括:年龄、身高、胖瘦、口音、皮肤颜色、头发样式、脸上有无明显痕迹、衣服、裤子、鞋、携带什么物品,互相如何称呼,交通工具的车型、牌号等。

(5) 犯罪嫌疑人已经逃走的,应立即向逃跑方向的队友发出堵截的请求,同时说明犯罪嫌疑人人数及明显特征。

(6) 发现犯罪嫌疑人随身携带凶器的,要提醒队友小心提防。

在敌众我寡的情况下,总的原则是利用智慧,争取时间取得警方与队友的支援;在进行跟踪时注意不要被甩掉,尽可能记清犯罪嫌疑人的体貌特征,注意与指挥部门保持不间断的联系;在犯罪嫌疑人向跟踪的保安员发起攻击时,要善于保护自己。

(六) 罢工事件的处置方法

当工厂、企业员工因工作环境、劳资问题及其他原因引发罢工事件,保安员处置时可参考如下方法:

(1) 一旦发现苗头,立即通知客户(领导)。

(2) 组织保(治)安员将罢工员工安抚在厂内。

(3) 维持秩序。

(4) 找出罢工的核心人物,让其与客户负责人对话。

（5）有闹事（打、砸、抢）苗头，应对主要人员进行隔离控制，并立即报警。

（6）整个事件处置中不要激化矛盾。

（七）发生在单位内部的强奸案件的处置方法

（1）简单询问案情，立即报警。

（2）做好受害人的安抚工作。

（3）保护发案现场。

（4）如受害人指认单位职工犯罪，可对犯罪嫌疑人进行监控。

（5）协助公安机关收集有关案件的线索、证据。

（八）对爆炸现场的处置方法

（1）对正在爆炸的现场，应组织人员疏散、躲避。

（2）立即报警。

（3）保护现场。

（4）有人员伤亡的要组织抢救。

（5）对群众指认的犯罪嫌疑人，可将其扭送至公安机关，并请指认人一同前往。

（九）拾遗物品的处置方法

（1）拾遗物品能提供失主单位、地址的，可通知本人前来认领。

（2）认领物品需出示相应证件，说明物品的名称、特征、数量等情况。

（3）认领物品的，需失主在物品清单上签字。

（4）无人认领的物品，可张贴认领公告。

（5）拾遗的违禁品，须交公安机关处理。

（6）无法认领的物品，可交公安机关或登记造册后交有关部门或者销毁。

（7）拾遗物品不能挪用、不能私分。

（十）迷路老人、儿童的处置方法

（1）热心接待，稳定他们的情绪。

（2）耐心询问他们的家庭住址、父母单位、姓名。

（3）能说清情况的，可与其家属联系，让其接回或主动送他们回家。

（4）难以说清家庭、父母有关情况的，应根据走失的位置，判断其居住范围，然后与相关派出所、街道联系。

（5）对有些走失者，还可以查看他们身上携带的物品能否反映他们的住址及家庭关系方面的情况。

（6）在公共场所走失的，还可以通过广播寻找与他们同行的亲人。

（十一）醉酒的人闯入守护范围的处置方法

（1）将其约束到适宜的地方，待其酒醒或通知其家属领回。

（2）如有影响公共秩序的情况，可强行对其进行约束，直到酒醒。

（3）如有违法犯罪问题，应及时予以制止，同时报告公安机关。

（4）有打伤人、毁坏公私财物的，送受伤人去医院救治。毁坏的公私财物，由其监护人或本人给予赔偿。

（十二）纠纷的处置方法

（1）属于民间纠纷，有条件的，可进行必要的调解。

（2）属于民事纠纷，应建议双方当事人到有管辖权的部门去调解。

（3）进行调解的民间纠纷，应首先调查了解纠纷的原因，注意分清是非。

（4）调解的具体方法是要求双方当事人多做自我批评，互相谅解，消除矛盾。

（十三）精神病人进入工作区怎么办

（1）发现精神不正常者，先将其监护起来。

（2）分别根据不同情况，或寻找、通知其监护人领回，或通知派出所做妥善处置。

（3）对裸露型的，设法让其穿上衣服。

（4）对疯癫者，必须进行必要的约束。

（十四）对流浪乞讨人员的处置

（1）对沿街乞讨人员，确因某些原因造成生活无着落的，可与民政救济部门联系。

（2）对以讨要为生的，可将情况报告民政、公安等部门。

（3）对明讨暗偷甚至有其他违法犯罪活动的，应扭送当地公安机关处理。

（十五）对可疑物品的处置方法

（1）观察物品的外形，判断是否有人遗失或故意放置，如属遗失物品，就按拾遗物品的方法处置。

（2）不是遗失物品的，要观察其外形和附着物，并倾听有无异响。如有钟表响声，可能是爆炸物，应立即报告公安机关并疏散人群；对于明显是爆炸物并已冒烟的，应在保证自身安全的前提下，设法将爆炸物移离人群，放置在空旷地区；如物品较大并有爆炸嫌疑的，不要轻举妄动，要立即报告警方处置。

（3）可疑物品为毒品的，做好标记，移交警方。

第八章 单位的保安勤务

内部单位包括机关、团体、企业、事业单伸。目前，在内部单位一般建立保卫组织来承担各单位的日常安全保卫工作。这些保卫组织除了拥有一支素质较高，专业性较强的保卫干部队伍之外，可以雇请保安公司来承担一定的安全保卫工作，使保安人员成为保卫队伍中一支重要的辅助力量，是行之有效的做法，它可以在保障内部安全，维护内部良好的治安秩序上发挥更大的作用。

第一节 金融（机构）保安勤务

一、金融（机构）的基本概念

（一）金融机构的概念

金融机构，是指专门从事各种金融活动的机关或组织。我国金融机构包括：中央银行、商业银行、其他银行和非银行金融机构。金融机构与银行的关系是包含与被包含关系，金融机构包含银行这一金融中介机构，金融机构不仅包括银行金融机构，而且还包括非银行金融机构。

（二）与金融有关的概念

1. 银行。银行，是指经营存款、放款、汇兑结算等货币业务，充当债权人和债务人信用中介的专门机构。银行是经营货币信用的特殊企业，它以资金作为纽带通过存款、放款、汇兑等业务把整个社会经济活动联结在一起。

2. 金融。金融，是指以银行为中心的各种形式的信用活动以及在信用基础上组织起来的货币流通。金融是一种涉及面广、错综复杂的经济活动，它连接生产、交换、分配和消费环节，是社会生产和再生产经济活动的主要组成部分。

3. 信用。信用是信贷行为，是借款和贷款的经济行为的总称。信用是商品经济矛盾发展的产物，商品生产发展到一定的阶段产生货币，货币是商品价值的表现形式和交换媒介。在市场经济条件下，存在着多种信用形式，主要有：银行信用、商业信用、国家信用、消费信用、合作信用、信托信用、租赁信用。

4. 金库。金库通常有两种含义：其一，它是银行金库的简称。银行金库，是指保管、存放货币、金银、重要有价证券的仓库。这种仓库又分为发行库、业务库。其二，它是国家金库的简称。

二、金融机构的保安工作

(一) 金融机构保安工作的特点

1. 现金、有价证券集中。金融机构既是现金、有价证券流通的起点，即一切货币、有价证券从这里发出去；又是货币、有价证券流通的终点，即一切货币、有价证券，都在这里回笼。因此，金融机构、库房、柜台、工作人员手中都集聚着较大数量的现金，有的数额相当巨大。

2. 货币流通环节多。一张货币从印刷厂出来到入库、发行，以及在社会上反复流通、回笼，涉及几个大的环节，而每个环节又包括一些小的环节。从生产环节来说，要经过印刷、整理、封包、装箱、运出等环节；发行则需要经过提取、装运、收入、存放、发出等环节。

3. 机构网点多，分布广。金融机构的触角已深入到城市、高校、乡村、企业等各个方面。

4. 有些环节危险性大。贮藏货币、证券的金库，现金、金银、证券高度集中，一些亡命徒专门瞄准这个环节预谋抢劫；货币的运用过程（发行、调拨、回收）是在银行之外的不同环境中进行，有时要保留，有时要经过人烟稀少僻静的地区，其运用的危险性相当大；现金收付的环节（发放周转、回笼），大量的人民币存放在营业场所，防范也比较薄弱。

(二) 金融机构保安工作的要点

1. 护卫货币和有价证券的安全；

2. 保护金融机构职工的安全；

3. 维护金融营业部门的正常秩序；

4. 不断加强金融保安业务的建设。

三、金融机构营业所的保安工作

（一）金融机构营业所的概念

金融机构营业所，是指金融机构中专门经营和办理现金、金银、有价证券的存入、支取、结算、转账业务，使现金、金银、有价证券进入流通领域的专门场所。金融机构营业所包括专门对外进行务活动的各种营业室、储蓄所、办事处、信用社、交易所等场所。

（二）金融机构营业所的特点

金融机构营业所具有以下特点：

1. 点多，分布广。金融机构营业所是联系社会不可缺少的场所，机关、企业、事业单位、团体、个人，都要与它发生联系，因此，营业所遍布城乡每个角落。

2. 经营大量的现金业务。金融机构营业所是大宗现金回收、发放的集散中心，要经营大量的现金。

3. 营业所的公开性和社会服务性。由营业所的性质所决定，它要毫不掩饰地将业务工作公开于社会，在赢得更多服务对象的同时，也将自己暴露给违法犯罪行为人，客观上增加了一定的危险性。

4. 服务对象的广泛性、复杂性。出入于金融机构营业所的人员中也混杂着违法犯罪人员，对营业所构成潜在威胁。

5. 有些营业所防范方面漏洞较多。在农村、乡镇的基层网点，在建筑与设施方面比较简陋，有的房屋结构不坚固，又年久失修，缺少必要的铁制护栏、铁门，抗暴能力十分薄弱，很容易受到犯罪行为人的袭击。

（三）金融机构营业所保安工作的基本措施

1. 合理布置保安力量，充分发挥守护作用。要根据营业所面积大小，所处位置的复杂程度，每天营业时间接触营业室人员的多少，以及易发生问题的具体时间、部位，合理投放保安力量。较为复杂的营业所，通常可以考虑在门卫设一至二人，在营业室柜台前设一人维持秩序，有时可设一名游动哨，巡逻观察，与其他部位的保安人员随时配合处置一些突发情况。

2. 保安人员要建议一些营业所在安全方面进行必要的投资。一些营业所的基层网点房屋建筑过分简陋，不安全因素甚多，应建议营业所从建筑方面作必要的改善，以达到安全要求。一些地处偏僻地区的营业所，应当建筑围墙，围墙上方应设置防爬越的障碍物；营业室墙壁要坚固，能防轻微爆破，达到短时间内不能打开墙洞；屋顶要设置防止揭瓦入室的装置，地面须防挖洞潜入；营业室须开设后门，门窗口安装两层金属封闭防护装置。

在营业设施方面，营业区要与客户全封闭隔离。在安全防护器材方面，要安装报警控制装置；各营业单位要与毗邻单位、公安机关建立治安联系，安装联防报警装置，报警开关应隐蔽地安装在营业员随手可以触及的位置；有条件的营业所还应安装电视监控系统，以便随时监视、发现、拍摄可疑人员或犯罪行为人的活动；营业人员应配备自卫棍、石灰包、有色水、催泪弹、染色喷射剂、干粉灭火棒等自卫器材及消防器材。

3. 保安人员须建议营业部门建立健全安全保卫制度。在营业时，有后门、旁门、柜台出入门的营业室，营业员身边应放置必要的防卫工具；营业室内不准私人会客；营业时至少双人临柜，并须严格遵守双人管理、双人交叉复核制度；营业期间，备用金和收入的大宗现金须入保险柜，成捆的现金应存放在现金箱内，不得置于台面上，营业停止后，清点现金的数目要与入库数目一致；夜间不存放现金的营业单位，每天开门营业前，要实行全员接收送款制度，之后，应立即锁好通勤门，并将现金入柜；当日营业终止后，应将现金箱（包）放入保险柜内，待运钞车取走现金后，营业人员方可离岗下班；交接款必须在室内进行，禁止在营业室外放置现金箱（包）候车；坚持每天营业终了后对营业室进行全面安全检查，坚持查看经办现金人员的抽屉内有无遗漏现金、公章、手戳、账簿账页以及空白重要凭证，有无漏锁或遗落在办公桌、地面上；要坚持查看门窗是否锁好，炉火是否安全，有关电路是否关闭。

4. 保安人员须建议金融机构强化内部管理，纯洁职工队伍。有些营业所对调入职工审查把关不严，有的还雇佣临时工担任出纳、会计、金库保管员；有些职工责任心不强；有的甚至与社会上的不法分子来往密切；有的职工经常赌博，或游手好闲。针对这些不安全因素，根据要害部位对工作人员的要求，保安人员应认真向单位领导建议，将不符合要求的工作人员坚决调离。

5. 保安人员须建议营业所领导制定、完善防盗、防抢劫的预案；建立治安联防网络,与临近的部门、派出所搞好联防共建。

四、保安人员对抢劫营业所的犯罪行为的防范与处置

(一) 防范工作的要点

防范工作要做到以下几点:

1. 做好抢劫营业所犯罪的预防工作;

2. 营业时间保安守护应注意观察、识别混在客户中的犯罪行为人;

3. 发现可疑情况或者发生抢劫事件时,保安人员要果断处置。

(二) 对抢劫营业所犯罪行为的防范与处置的具体要求

1. 保安人员应了解、掌握实施抢劫营业所犯罪的活动规律。了解以往案件中行抢的时间、参加人数、有否伪装、选择的环境、位置及营业所的规模,抢劫分子是赤手空拳,还是携带武器、凶器,行抢前有何表现,有哪些可察觉的迹象。按一般发案规律,犯罪行为人作案一般多选择以下目标:小城市、县城、乡镇城市中较偏僻处、职工人数少、女职工多、防范力量薄弱、安全设施较差、作案后易于逃匿的基层网点。

2. 分析案情。对一个地区曾发生抢劫的营业所进行排队分析,分析案件发生的时间、部位、参与人数、每起案件有什么联系,哪些营业所有再发生案件的可能性或危险性较大。

3. 制定防范方案。按案件发生规律和正常防卫规则,制定一套或几套防范方案。

(三) 犯罪人员抢劫营业所的规律

犯罪人员抢劫营业所是有一定规律的:

1. 犯罪行为人行抢前先行"踩点"。行抢前,犯罪行为人多以顾客身份多次到营业所假借存取现金、兑换钞票或给人办事混在顾客之中,暗中观察营业所职工人数、警觉程度、顾客人数、门窗、电话、报警设备、现金存放数量情况、保安力量、下手的机会与逃跑是否方便等情况。

2. 犯罪行为人行抢注意选择作案时间。一般多选择刚上班、快下班或中午人员较少的时间。对于昼夜营业的营业所,则选在夜深人静的时候。

3. 多数抢劫分子备有交通工具。抢劫犯多使用偷来的或假牌照的汽车,停在营业所附近,不熄火、司机留在车内、开着车门、随时准备接应同伙。

4. 进行伪装，采取突然袭击的方法。犯罪行为人多戴面具、墨镜，携带凶器甚至真枪，以突然袭击的方式，导致营业职工来不及防范。

5. 行抢前先切断与外界的联系。狡猾的犯罪行为人进入营业所前，多先破坏电话、报警设备；有的直接捆绑、杀害营业人员，凶狠而又残忍。

6. 抢劫犯多是团伙作案。他们一般二三个人，事先有一定分工，作案时，几人同时进入营业厅，看外表就给人感觉来者不善。

（四）发现可疑情况的处置方法

发现可疑情况后，保安人员应镇定处置：

首先，要保持镇定。当发现可疑情况后，保安人员要不露声色，不能惊动可疑分子，离开现场去报警时，应表现自然，不能急跑、呼喊，可以向营业员示意。

其次，查明犯罪嫌疑人的情况。保安人员应快速弄清嫌疑人的数量，通过观察他们进入营业室的先后顺序、衣着打扮、年龄、互相联系、各自选择的位置及身上携带的物品等，把可疑分子与一般顾客迅速区别开，同时记牢人数及每个人的特征，有条件的，还要弄清车辆等有关情况；可疑人员离开营业所时，如认为必要，可以派人跟踪，进一步发现有价值的情况；有监控设备的营业所，可以使录像设备及时投入运转，将所发现的可疑情况拍摄下来；及时将发现的可疑情况向公安机关报告。

另外，要抓住战机。当暴力抢劫突然发生时，保安人员应迅速抢占有利位置，保护自己与营业人员的安全，并同犯罪人员进行斗争，迅速选定最佳方案；利用一切机会、条件，向公安机关、联防部门报警；当抢劫分子逃离现场后，如有可能应进行跟踪，并及时掌握犯罪人员逃跑的方向；如有人员受伤，须及时组织抢救，同时注意保护现场，做好现场警卫工作。

第二节 机关单位的保安勤务

机关单位的保安勤务，是指保安服务公司根据保安服务合同，派出保安人员为各级党政机关提供的保安服务。

一、机关单位的基本特点

1. 在国家事务中处于中枢地位，是党和国家的信息中心、决策中心和指挥执行中心。我国的机关单位主要是指中央和省、自治区、直辖市的各级党政领导机关。这些机关单位是党和国家的神经中枢，每天都有大量的关于政治、经济、军事、文化、科学技术等方面的各种重大信息和各种重大决策产生，并组织国家公务人员指挥、贯彻执行这些决策的实施。

2. 国家秘密大量集中，密级高，机密性强。凡是涉及党和国家安全利益的政治、经济、军事、文化、科学技术等方面的重大决策，都出自于党政机关，由此形成了大量的国家秘密，其中很多是国家的核心机密，密级高，保密期限长。这些国家秘密的安全与否直接关系到党和国家的根本利益，关系到国防和国家的安全。

3. 党政高层领导，高级专家和知名人士集中。党政机关是各级领导特别是高层领导以及高级专家和知名人士日常工作和活动的主要场所。他们是国家的领导者、组织者，他们的安全关系到国家的根本利益。

4. 是国家进行外事活动的重要场所。改革开放以来，国家对外交往日益频繁，外交和外事活动大多是由党政领导和知名人士负责进行的，各种经贸文化技术方面的交流和谈判大多是在机关单位进行。

总之，机关单位是社会主义经济建设的中枢，地位重要，国家秘密多，要人集中，一旦发生问题涉及面广，影响巨大，甚至会给国家安全和利益造成不可估量的损失。

二、机关单位保安勤务的基本任务

1. 为机关的正常运行和安全创造良好的治安环境。机关单位的安全运转是实施正确决策和指挥执行的基本前提，它关系到社会稳定，政治稳定，影响巨大。反之，则会给党和国家以及人民正常的社会生活带来严重影响，造成社会混乱，损失难以估量。因此，机关单位的保安勤务必须维护好机关内部的工作秩序，为机关的正常运行创造良好的治安环境。

2. 保障党政高层领导、高级专家、知名人士以及外宾的安全。国内外敌对势力和敌对分子企图对他们进行挑拨、恫吓、策反、攻击、诬蔑，以至暗害，从而扰乱机关正常的工作秩序，乃至波及社会的稳定。因此，机关单位的保安勤务必须提高警惕，随时排除各种不安全因素，以保障他们的人身安全。

3. 保卫国家秘密的安全。国家秘密高度集中于机关单位，一旦被窃，后果不堪设想。因此，机关单位的保安勤务必须协同有关部门按照《中华人民共和国保守国家秘密法》的规定共同做好保密工作，杜绝窃密和重大泄密事件的发生。

三、机关单位保安勤务的实施

机关单位保安勤务的根本目的是为机关的正常运行创造良好的治安环境，保证机关各项工作顺利进行。为此，机关单位保安人员要做好以下几方面的工作：

1. 加强安全防范宣传教育工作。安全防范意识不强，职工麻痹思想较重是机关单位普遍存在的现象，因此，加强对干部职工的安全宣传教育，树立"预防为主"的思想，提高安全防范意识，是搞好机关保安勤务的重要条件。安全防范宣传教育重点围绕三个方面展开：

（1）治安形势的宣传教育。要使广大干部职工认识到当前治安形势仍然相当严峻，一些犯罪分子往往把犯罪的目标放在机关内部，认为"最危险的地方，就是最安全的"，屡屡在机关内部盗窃财物、窃密、破坏，甚至行凶杀人，因此机关干部职工要提高警惕，以防不测。（2）预防为主的宣传教育。要使机关干部职工认识到：尽管各种侵害因素是难以清除和杜绝的，但只要严密安全防范措施，各类犯罪活动还是可以预防和控制的，从而坚定他们开展犯罪预防的信心。（3）保密宣传教育。保安人员要广泛深入地进行保密教育，提高机关干部的革命警惕性和保密意识，这是机关保密工作的基础和先行性工作，必须常抓不懈。安全防范的宣传教育的内容和形式要体现普遍性、针对性、经常性和多样性的特点。

2. 配合有关部门建立健全各项安全规章制度。在保卫组织的牵头下，结合各单位的实际安全需要，建立健全机关内部的各项安全规章制度。如出入登记制度、值班制度、会客制度、保密制度、机要通讯制度等，有了这些规章制度后，保安人员要逐一落实到每一个办公部门，每一位干部身上，使他们在日常工作中遵守执行。

3. 严格人员、车辆出入机关的管理。（1）严格门卫、传达制度。这对保证机关安全、维护政治影响有着重要作用。机关大门出入口门卫，由保安人员日夜守卫，做好人员、车辆的出入登记工作。既设有门卫又有收发、传达人员的机关，对他们应明确分工，协调配合，一般说来，收发、传达人员负责接待来访人员，办理出入、会客等手续，收发文件，做好内外联系等；而保安门卫负责人员、车辆出入时的验证工作，防止无关人员混入机关和拦车、冲门事件的发生。为保证门卫守护需要，机关大门应配备必要的照明、通讯联络设备及报警器等安全设施。（2）严格车辆出入制度。对内部人员、车辆较多的机关，为保证安全，方便工作，可以制发内部车辆通行证件，内部车辆的出入要坚持凭证通行制度，对外部单位车辆出入则凭会客登记手续放行。

4. 配合有关部门搞好保密工作。机关单位是国家秘密集中的地方，搞好保密工作是保安勤务的重要任务。保安人员除了要加强保密宣传教育，建立健全保密制度，防止无关人员进入机关外，还要配合、督促有关部门做好以下六方面的工作：（1）强化对涉密人员的审查和管理。根据《保密法》，机关单位经管国家秘密事项的专职人员，任用前要按照规定进行审查，贯彻先审后用的原则；因工作需要接触绝密级国家秘密的人员（包括阅读绝密文件，参加绝密级会议，参与绝密事项的研究和管理等）应先经过批准；经管国家秘密事项的专职人员出境，未经审查批准不得出境等。（2）加强对国家秘密载体的保密管理。国家秘密载体主要包括密件和密品两大类。根据《保密法》规定：密件的制作、收发、传递、使用、复制、摘抄、保存和销毁等所有环节均要制订保密办法；密件必须通过机要交通或机要通讯来传递；未经有关部门批准，禁止将密件、密品携带、传递、寄运至境外；确因工作需要而随身携带密件外出的，一定要遵守保密规定。（3）加强对通讯和办公自动化方面的管理。电讯通讯和办公自动化设备都是信息处理的工具，是国家秘密在运转过程中的载体，稍有不慎，国家秘密就会在运转过程中被人截获、泄密。（4）强化新闻出版的保密管理。新闻出版形式多样，传播范围广且迅速，一旦泄密往往如覆水难收，难以补救。因此各新闻单位媒介和出版物应遵守有关保密规定，不得泄露国家秘密。（5）严格执行对外提供国家秘密的制度，并按规定履行审批手续。（6）严格执行泄密报告制度。保安人员一旦发现泄密应立即报告有关部门采取紧急补救措施。

5. 加强机关首长、高级专家以及外宾的人身保卫工作。属于国家警卫对象的；其随身警卫由警卫部门负责，保安人员主要是协助控制周边治安环境，搞好联防巡逻，严密控制各种危险分子，严防发生意外，为警卫对象营造一个安全的外部环境。不属于警卫对象的机关首长、高级专家、知名人士以及外宾等，保安人员要奉行警卫工作的明训"只能出经验，不得有教训"，坚持"安全第一"的指导思想和"内紧外松"的原则，制订出切实的保安预案，针对可能出现的治安问题，采取相应的对策，做到情况明确，措施严密，形式自然；既保障他们的安全，又不妨碍他们的工作和交往。

第三节 校园的保安勤务

校园的保安勤务是指保安服务公司根据保安合同，派出保安人员为各类学校提供的保安服务。学校的种类很多，包括小学、中学、大学和各类专业学校等。

一、中小学的保安勤务

近年来，中小学的保安问题已经越来越多地引起了社会的关注。中小学里的犯罪活动不仅影响了校园的正常教学秩序，而且危及了校园周围的社会生活秩序。破坏和盗窃学校设备、绑架劫持学生和踩踏事故等是中小学里不安全因素的主要表现形式。

（一）中小学保安勤务的任务

中小学的保安工作主要有三项任务：

1. 保护教师和学生的人身财产安全；
2. 保护学校设备和用品的安全；
3. 加强中小学内部及周边治安秩序管理。

（二）中小学保安勤务的实施

1. 加强对校门的管理；
2. 加强对外来务工的临时工的管理；
3. 协助有关部门共同整治周边环境；
4. 加强上学、放学时的秩序管理；
5. 加强课间的秩序管理。

二、高校的保安勤务

（一）高校的基本特点

1. 人才荟萃、信息密集。在高校汇集着大批各学科专家、学者、教授，他们不仅进行各类高级人才的培养教育，还承担着大量国家的重要课题的科研任务，并带来丰硕的科研成果，这就必然会有大量信息高度密集于高校内。

2. 政治敏感，隐蔽斗争激烈。改革开放以来，社会上较大的震荡都是由高校学生闹学潮掀起的，特别是1989年春夏之交的政治风波给社会造成极大混乱，这说明高校既是我们培养社会主义事业接班人的重要阵地，也是国内外敌对势力与我们争夺接班人的重要目标。高校始终是公安机关开展隐蔽斗争的重要战场，是关系到社会稳定的政治敏感性极强的一块不可忽视的重要阵地。

3. 人员构成复杂化，流动性大。改革开放以来，高校为了多出人才、快出人才，实行了多层次、多渠道、多形式的开门办学，广招各类学生，使得高校学生队伍构成复杂化；另一方面，为了适应高校后勤保障工作的需要，高校招收了大量的临时工来从事食堂、宿舍卫生、校园卫生服务等工作，使高校职工队伍复杂化。高校每年都有新生入学和毕业生离校，又有寒暑假，人员流动性大，季节性变化明显。

4. 要害部位多、影响巨大。高校为了教学、科研和生产的需要，都建有一流的实验室、研究所，承担重要科研项目的研制。在实验室存有大量的高、精、尖、贵重稀有设备仪器，有大量的科研机密和科研成果，有大量的易燃易爆、菌种病毒等危险物品，这些要害部位一旦发生问题，将在经济上造成重大损失，或在政治上造成极坏的影响。

综上所述，在改革开放的形势下，高校处于十分复杂的环境中，高校学生群体历来是政治敏感性极强的群体，高校与国内、国际间的校际交往日益频繁，这就带来了高校保安勤务的复杂化。

(二) 高校保安勤务的基本任务

1. 配合有关部门积极维护高校的政治稳定。高校的稳定对维护社会的稳定起着举足轻重的作用。维护高校的政治稳定是高校保安勤务的首要任务。保安人员必须配合有关部门密切掌握影响高校政治稳定的各方面信息和动态，及时预测政治形势，制定相应对策，及时妥善处置各种突发性事件，如游行、集会、罢课、罢餐、张贴大小字报等，力争将问题制止在萌芽状态，把问题解决在校园内部。

2. 强化高校内部及周边治安秩序管理。随着教育改革的深入，高校已不再是过去那种只有朗朗读书声的封闭地带，校园内外环境日益复杂、矛盾纠纷日益增多，治安情况也日趋复杂化，而高校治安秩序的好坏事关高校师生的生命财产安全，更事关高校的政治稳定。因此，保安人员要配合有关部门强化校园内部治安管理，有效整治校园周边的治安环境。

3. 确保要害部位的安全。在高校对重要实验室、科研所、财务室、配电室等要害部位要加以重点防范，贯彻"预防为主"的方针，采取各种有效措施，防止治安灾害事故的发生，确保要害部位的安全。

（三）高校保安勤务的实施

高校保安勤务的实施主要围绕两个方面展开，一是维护高校的政治稳定；二是强化校园治安管理。保安人员在日常保安勤务中要配合有关部门做好以下几项工作：

1. 加强情报信息搜集工作，维护高校的政治稳定。

（1）在师生员工中深入进行坚持四项基本原则的思想教育，通过各种行之有效的形式逐步提高师生对各种错误思想和不良风气的抵御能力。

（2）配合保卫部门密切掌握高校影响政治稳定的信息和动态，分析和预测高校的政治形势，特别是对学生闹事、学潮的预测工作，及时掌握可能搞政治阴谋活动的人员以及受资产阶级自由化影响较深的青年学生和教师的政治动向，并制定相应的对策和处置突发事件的预案，力争把防范工作做到前头。

（3）加强对校内文化娱乐及其他活动的公开管理。校内举行的各种活动，如比赛、演讲、论坛等，都必须遵守法律、法规、校规，对进行违法活动的要及时上报、制止。

（4）加强对入校境外人员的管理。要求进入高校进行学术交流或学习的外国人、港澳台学生，应当在学校外事机构或港澳台办政审批准后方可进学习。进入高校的境外人员，均应遵守法律、法规、规章和学校制度，不得从事与其身份不符的活动。

（5）要及时妥善处置紧急治安事件。发现有人酝酿闹事，要立即向校保卫科领导和当地公安机关报告，同时配合有关部门有针对性地做好疏导工作。

2. 强化校园治安管理，优化校园环境。

（1）加强对学生宿舍的管理。要建立健全学生宿舍管理制度，把学校管理和学生自我管理结合起来，保安人员要24小时在宿舍楼里值班守护，以防止不法分子利用学生宿舍进行犯罪活动。

（2）加强对校门的管理。我国高校占地一般较大，常有东西南北几个大门与校园相通，因此要建立健全门卫制度，进入学校必须持有效证件，校外人员必须履行登记验证手续后，方可入内，车辆和人员携带物品外出，必须接受检查，防止公物被盗，并从中发现其他犯罪线索。

（3）加强对校内公共场所及大型活动的管理。要组织保安力量加强巡逻，对打架斗殴、流氓滋扰等事件，一旦发现苗头应及时制止处理，避免酿成事端。

（4）加强对外来务工的临时工的管理。临时工务工要出示"三证"，要建档立卡，切实加强教育和管理。由于临时工流动性大，因此保安人员要经常进行核对登记，防止"两劳"人员或逃犯隐匿在校内。

（5）加强对外籍人员的管理。本着"外事无小事"和"内外有别"的原则，一方面要加强对外籍人员、留学生的安全教育和管理，使他们自觉遵守我国的法律、法规及校规校纪；另一方面要教育学校的师生员工，特别是涉外人员处理好同外籍人员的关系，既尊重外宾，又自尊自爱，保守国家秘密。对发生的涉外问题，配合有关部门依法妥善处理，防止事态扩大和造成不良影响。

（6）加强对要害部位和危险物品的管理。按照"预防为主"的原则，建立安全管理规章制度，定期对要害部门进行安全检查，消除不安全因素，做到人防、物防、技防"三位一体"，确保不发生治安灾害事故。

（7）加强对家属区的管理。保安人员要经常对宿舍区的教职员工及其家属进行安全防范的教育，及时调解民事纠纷，落实各项安全防范措施。做到宿舍区围墙、传达室、车棚、防盗门锁、楼管员"五配套"，减少案件的发生，以解除广大教职工的后顾之忧。

（8）协助有关部门共同整治周边环境。保安人员要争取当地公安机关的支持，对校园周边的店面加强管理，对无证经营，乱摆摊点、污染环境以及播放黄色录像等要配合工商、公安、城管等部门加以清理，要与周边单位、居委会协商共建联防组织，加强路面巡逻，对高校学生与其他社会人员发生的纠纷要及时疏导、调解，以防酿成事端。

第四节　科研院、所的保安勤务

科研院所的保安勤务是指保安服务公司根据保安合同，派出保安人员为从事科学研究的科研院、所提供的保安服务。

一、科研院、所的基本特点

科研院、所主要是指承担国家重要科学技术课题的研究或尖端科研任务的研究院和研究所。这些科研院、所具有以下三个方面的基本特点：

1. 秘密项目多，保密性强。不少的科研院、所每年都承担了大量的涉及自然科学和社会科学领域的国家重要科研课题的研究，有的还承担有关国防尖端科研项目的研究、试制工作，这些研究工作的内容、用途以及研究的成果，大多属于国家的、国防的保密项目，涉及国家秘密的文件、图纸、样本很多，保密性强，这些往往都是国内外间谍分子窥视的目标，一旦发生任何的泄密事件或窃密案件，后果不堪设想。

2. 科研仪器设备多、价值高。在科研院、所里为了科研的需要往往配备了大量的科研仪器、设备，品种数量多、规格齐全、精密度高、价值高。有的科研院所有各种科研仪器、设备一万多台（件），经济价值达亿元左右，有的一台贵重精密仪器价值在百万元以上，有的贵重设备价值连城，独一无二。这些仪器、设备若受到破坏或失窃，将直接影响科研任务的完成。

3. 使用易燃、易爆、菌种病毒、放射性物质等危险物品多。在进行科研过程中，有不少科研院、所需使用大量的柴油、汽油、煤油、氧气、氢气等作动力，进行高温、高压、高速等实验，有的需使用菌种病毒进行实验，有的需使用有毒的化学药剂进行分析研究和试验。对这些危险物品，在使用中一定要严格按操作规程办事，稍有疏忽，就会发生火灾、爆炸等威胁科研人员生命安全的事故。

4. 要害部位多。在我国，有一部分的科研院、所常年承担国家尖端科研项目的研究和试验任务，在那里有许多的要害部位需要保安人员重点看护，以防发生意外。这些要害部位包括：（1）为国防建设服务的尖端科研项目中，能反映研究项目的性能、用途、战术技术指标、试验时间、总体规划、综合资料和总体结构图等有关环节和部位。（2）涉及我国独有的具有国际先进水平的发明创造的有关保密部位。（3）对国民经济具有重大技术价值和经济效益，需要重点保护、保密的项目。（4）重大科学试验项目以及在研制、试验中有可能严重危及人身安全的项目。（5）集中存放科学技术资料、成果档案的场所。（6）大中型计算机以及其他贵重、关键的设备。（7）重要的科研标本馆（室）以及其他大量存放稀有、贵重物品、危险物品的场所。

二、科研院、所保安勤务的基本任务

从科研院、所的基本特点看，其保安勤务的基本任务是要求保安人员做好保密工作，防盗工作和防火工作。

1. 配合有关部门做好保密工作。在科研院、所有大量的涉及国家秘密的文件、图纸、样本、规划等，是境内外间谍分子窥视的主要目标，特别是有关国防尖端武器研制方面的秘密项目更令他们垂涎三尺，窃密的技术和手段多样化、科技化，如通过人造卫星能观察到地面景物，可利用电子计算机、无线电窃取各种信息。因此，保安人员要严格遵守保密制度，提高警惕性和保密意识，确保各科研项目的顺利完成。

2. 落实各项防范措施，做好贵重仪器设备的防盗防破坏工作。保安人员要积极有效地落实各项防范措施，如门卫值班，实验室安全防范技术的使用。设备使用前、后的安全检查，人员进出登记等，特别是对于贵重、稀有的仪器设备更要严密防范，确保其安全。有的科研院所仅大中型计算机就有十来台，是进行大量科研数据处理统计的关键设备，储存了大量的国家秘密，如数据统计、设计方案、战略布署等，这些贵重仪器设备如被犯罪分子窃密、破坏或有意制造差错或盗走部分零配件，就会严重影响科研项目的完成，甚至使整个科研项目瘫痪。

3. 加强对危险物品的管理，做好防火工作。易燃、易爆等危险物品在科研过程中容易发生的问题主要是火灾、爆炸、中毒事故。从理论上讲，只要使危险物品不处于着火和爆炸的危险状态，或者消除一切火源，这两个措施只要控制其一，就可以防止火灾、爆炸的发生。但由于有时受现实条件的制约或受某些不可抗拒的外力因素影响，仅采取一种措施是不够的，必须采取多方面的预防措施，才能保障安全。由于科研过程中需要大量的危险物品，因此，保安人员在危险物品的储存、保管环节，运输、装卸环节，以及销毁环节都要根据每一危险物品的化学性质采取相应的措施，建立严格的安全操作规程，以防止其发生各种治安灾害事故,从而确保科研的进展。

三、科研院、所保安勤务的实施

保安人员在科研院、所执行保安勤务主要做好以下几方面的工作:

1. 建立健全保障要害安全的各项制度。在本单位保卫组织的配合下,对列入要害部位的场所制定一套完整的安全保卫制度,并督促科研人员和职工共同遵守,严格按章执行,以防犯罪分子的破坏和治安灾害事故的发生。这些制度包括:(1)出入要害制度。以要害部位的门卫制度为主,对人员、车辆、物资出入要害,都做出相应的明确规定。(2)要害保密制度。有些重要科研单位,不仅其科研项目、试验基地、原材料、产品性能要保密,有时甚至连其单位地点、名称亦需保密,这些都要在要害保密制度中明确规定。(3)要害岗位安全责任制度。这是要害安全制度的核心,它要求在要害部位工作的职工有章可循,在各自岗位上对要害安全负责。(4)要害人员教育训练制度。对在要害部位工作的新进人员进行政治、业务、纪律等教育和形势教育,以增强责任感、警惕性。(5)要害检查制度。检查的内容要全面,检查形式要灵活多样。

2. 配合有关部门做好国家秘密项目特别是国防尖端产品科研、设计的保安工作。在保卫组织的配合下,对科研院、所承担的科研项目进行分类,把重要科研项目和国防尖端科研项目列入保安工作的重中之重,切实做好以下几方面工作:(1)加强保密教育和保密检查。做好职工的保密工作,发现问题及时纠正。(2)做好对外发布新闻、宣传报道的保密工作,凡有关科研内容涉及保密事项的要征求单位或有关部门意见,不得随意外传。(3)加强对计算机信息的保密工作。在科研院、所,大量的数据处理、设计方案、战略布署等都是在计算机上操作进行的,这样就使计算机处理和贮存着大量完整的国家秘密信息,因此,对计算机信息保密就显得尤为重要。要加强对计算机工作人员的政治教育、保密教育,加强对计算机进行安全保密检查,对秘密信息的读取和传输采取加密措施和屏蔽措施等。(4)对负责保密产品的总体部分、核心部分以及重要的新材料、新技术、新工艺、新设备研究设计的部位应尽量与一般科研项目的研究、设计分开,建立值班登记制度,严格控制无关人员接触。(5)对国防尖端产品研究、设计的方案论证、战术技术指标的论证以及研究成果鉴定总结等重要会议,保安人员要配合公安、武警部门采取严格的保卫保密措施,做好会场的安全检查和警卫工作，加强对会议服务人员的管理和保密教育，保障会议秘密的安全。

3. 在要害部位设置必要的技术防范设备。在科研院所，要害部位很多，目前对要害部位一般采用人防、物防、技防三位一体的防范体系。在要害部位虽然人防是最重要的措施，如保安人员 24 小时值班巡逻，但把先进的技防设施应用到要害保卫中，以解人之不能，以补人之不足，积极防范和及时发现犯罪，避免事故发生，是保障要害部位安全的不可缺少的措施。技防一般包括在要害部位如重要的实验室、尖端的仪器设备、大型计算机、存放危险物品的场所等安装加固保险装置、防盗报警装置、防火防爆报警装置以及电视监控系统，安装使用力求安全、可靠、隐蔽、方便、保密，充分发挥其人防不可替代的特殊作用。

4. 加强对危险物品的管理。在科研院所，由于科研的需要，大量经常地使用各种危险物品，保安人员对所在单位使用危险物品的情况要做到底数清，防控得当。(1) 经常使用危险物品的实验室和存放危险物品库最好独立出来，特别是不能和机房、资料库、电房毗邻。(2) 在操作使用危险物品时要符合安全要求，如对易燃气体和可燃性粉尘，为防止与空气构成爆炸性混合物，应采取密封措施。(3) 对不同性质的危险物品要采取不同的措施，严格操作程序。(4) 在实验室、储存危险物品库周围严格控制火源，特别是要防止磨擦或撞击引起的火花和静电带来的危险。(5) 存放危险物品的库房最好是专用库房，对性质相抵触的危险物品应分类、分库存放。要经常对库房进行检查、测温、化验，及时发现排除不安全因素，防止发生火灾、爆炸等治安灾害事故。

第五节　医院、疗养院的保安勤务

医院、疗养院的保安勤务是指保安服务公司根据保安合同，派出保安人员为医院、疗养院提供的保安服务。

一、医院、疗养院的基本特点

1. 人员流动量大，车流量大。在各医院、疗养院，特别是著名的大医院、高级疗养院，每天前来看病就诊的病人有万余人，候诊室、药房排满了病人和家属，在住院部每天前来探望病人的外来人员也络绎不绝，在医院的停车场、门口及周边路口进出医院的各种车辆来来往往，容易发生交通拥挤和交通事故，这就必然增加了医院保安工作的难度,有些犯罪分子因此趁机进行各种犯罪活动,如盗窃自行车、汽车,盗窃病人的钱财等。

2. 医疗器材、贵重药品集中。在医院里,各种手术用的医疗器材价格昂贵,如CT室、B超室、化验室等都有价值昂贵的仪器设备,在门诊室各种辅助检查、治疗用的仪器设备也大量集中,就诊时不可缺少。这些医疗设备若遭犯罪分子破坏或盗窃,将会直接影响到治疗的效果,延误治疗的最佳时机。在中西药库房里,各种稀有药材、贵重药品、贵重滋补品也大量集中于此,价值达千万元。每天医护人员都要进出库房领取各种药品到门诊药房,满足病人的用药需要。因此,存放各种医疗器材的场所和药库都是保安工作的重心。

3. 突发性治安事件较多。在医院病人看病心切,在候诊大厅或药房排队等候时常常由于某些病人的插队走后门引起口角甚至打架的事件不断发生,重伤病员由于误过医疗最佳时机而死亡或某些医生失职失误造成死亡的也容易引起病人家属的愤怒谴责,这样就容易激发矛盾,引发事端。因此,保安人员在执行勤务时应注意观察,时刻警惕突发性治安事件的发生,发现苗头及时报告,采取有效措施防止事件恶化。

二、医院、疗养院保安勤务的基本任务

保安人员在医院、疗养院执行保安勤务,主要是做好以下三方面的工作:

1. 维护医院正常的治安秩序。良好的治安秩序是医生救死扶伤、治病救人的前提,很难想像混乱得如集贸市场的医院,医生怎能仔细认真地检查病情,做出正确的诊断和治疗。因此,保安人员要着力做好几方面的工作:(1)维护好门诊部和住院大楼的出入秩序。(2)维护好挂号厅、候诊大厅、中西药房、放射科、化验室等人员聚集较多的地方的治安秩序,禁止病人大声喧哗,打架等。(3)维持好自行车停放点、小车停放场的秩序,使车辆按顺序停放,车流畅通,禁止随处停车、堵塞路口。(4)维护病房和手术室周围的治安秩序。

2. 加强防范,做好防盗、防破坏工作。保安人员在保卫组织的配合下,落实各项安全管理制度,做好防盗、防火、防破坏等安全防范工作,以确保病人随身携带的物品的安全,确保配电房、财务室、药房等要害部门的安全,确保各种医疗器材不遭犯罪分子破坏,使医院、疗养院的各项工作顺利进行。

3. 先期处置突发性治安事件。由于保安人员随时在医院、疗养院的要害部位和人员聚集的场所值班、巡逻，因此，保安人员在治安事件发生时能最早出现在出事现场，这就要求保安人员一旦遇到这类事件，应保持冷静，不能操之过急。一方面及时通知保卫组织或有关领导，一方面控制局面，疏导教育当事人，防止事态扩大。若是犯罪分子故意挑起的破坏活动或事端，应把犯罪分子扭送到保卫科或公安机关等候处理。

三、医院、疗养院保安勤务的实施

1. 做好对职工和病人的宣传教育工作。保安人员在日常执行勤务的工作中，要注意公共安全的宣传教育，教育在院内的职工、病人、医生等自觉遵守法律法规和医院的各项规章制度，把"病人须知"变为自觉行为，共同维护公共秩序。同时要注意提醒病人提高警惕，防止自己的财物被盗、被骗，可以在醒目的位置张贴宣传标语，以明示大家。

2. 配合有关部门制定并落实各项规章制度。保安人员要根据医院、疗养院不同部位的安全需要，如住院部和门诊部就因病人的情况不同而制定不同的安全规章制度。建立各项规章制度后，关键是落实各项制度的执行情况，若发现违反规章制度的现象，要按照有关规定予以必要的处罚，使各项安全管理制度落到实处。

3. 加强对各出入口、交通要道的管理。门卫是医院、疗养院的职工和就诊病人以及车辆、物资出入的必经之处，是有效阻止各类犯罪分子和拦截犯罪分子外逃的首要关卡。因而，保安人员必须严格执行门卫制度，把好单位人员、物资、车辆的进出关，对外来嫌疑人员要上前盘查，注意发现携带危险物品的人。在医院的出入口，停车场周围，紧急救援通道上禁止停车，乱设摊点，乱堆杂物，若发现应及时协助清理，以免堵塞道口，使救护车无法畅通，影响急救。

4. 对要害部位加强巡逻，安装技术防范措施，提高控制能力。在医院、疗养院的药房、配电房、财务室、存放贵重医疗器械处、手术室等要害部位，保安人员要制定切实可行的巡逻方案。巡逻的任务主要是及时发现不安全因素，发现各类违法犯罪活动，制止打架斗殴、流氓滋事，以确保要害部位的安全。当然，在要害部位加强人力防范是首要措施，但可以根据不同要害的特点和安全需要，在这些要害部位安装安全门锁、保险柜、报警器、闭路监视系统等技防设施，可以大大提高对这些要害部位的防范控制能力。

5. 制定切实可行的保安预案，及时处置突发性治安事件。保安人员在充分了解和熟悉医院、疗养院的地形、安全需要后，在保卫组织的配合下，针对可能出现和存在的问题，组织有关专家和实战人员，对各种情况进行多方面、多层次的综合分析和研究，以便确定被保护的要害部位和场所，制定出较完善的保安预案，它包括常规的准备实施的具体方案，也包括设想中的各种突发性事件的应对预案，并使保安人员熟知这些预案，有备无患。这些预案具体来讲包括保安力量的具体分布、活动方式、岗位责任制、联络联系措施、协作措施、预案的顶替更换、现场巡视、检查、指挥和管理等方面。对于发生在医院、疗养院里的各种突发性治安事件，如聚众斗殴、流氓滋事、围攻医生、行凶杀人、砸坏医疗设备、静坐等，保安人员应冷静处置，想办法控制局面稳住事态，具体做法是：（1）利用广播设备尽快稳定当事人和围观病人的情绪。（2）迅速向有关部门报警以求支援。（3）一旦发现火灾，保安人员一方面要组织扑救，一方面要组织群众迅速撤离现场，并注意保护现场，防止坏人趁火打劫。（4）发现被打伤的人员要立即送急救室抢救。

第六节　博物馆、文物保护单位的保安勤务

博物馆、文物保护单位的保安勤务是指保安服务公司根据保安服务合同，派出保安人员为博物馆、文物保护单位提供的保安服务。

一、博物馆、文物保护单位的基本特点

1. 存放大量珍贵的文物，具有特殊的价值和作用。

（1）博物馆是陈列、研究、保藏物质文化和精神文化的实物，以及自然标本的一种文化教育事业机构。文物保护单位是指人民政府按照法定程序审核公布的历史遗留下来的，具有历史、艺术、科学价值的革命遗址、纪念建筑物、古文化遗址、古墓葬、古建筑物、石窟寺、石刻等一般不能整体移动的文物。

（2）文物是指人类历史文化的遗存物，是人类物质文明、精神文明的实物见证。它具有历史代表性，不可再造性，价值珍贵性等特征。

（3）根据《中华人民共和国文物保护法》第二条规定，文物的范围包括：具有历史、艺术、科学价值的古文化遗址、古墓葬、古建筑、石窟寺和石刻；与

重大历史事件、革命运动和著名历史人物有关的，具有重要纪念意义、教育意义和史料价值的建筑物、遗址、纪念物；历史上各个时代珍贵的艺术品、工艺美术品；重要的革命文献资料以及具有历史、艺术、科学价值的手稿、古旧图书等；反映历史上各时代，各民族社会制度、社会生产、社会生活的代表性实物；具有科学价值的古脊椎动物化石和古人类化石。

（4）文物具有特殊的价值和作用，主要体现在：文物具有历史、艺术和科学的价值；文物是不能再生产的；文物具有特殊的物质属性和直观的形象性。

2. 是文物犯罪分子猎取的重要目标。由于文物具有特殊的价值和作用，古今中外，文物都是珍贵的收藏品。文物的年代越久远，品级越高，数量越少，其价值越高。因此，盗窃、倒卖、走私文物是许多不法分子的生财之道。

3. 参观人员复杂，保安任务繁重。博物馆、文物保护单位常定期不定期地举办各类文物展览会，参观人员络绎不绝，有文物专家、学者、新闻记者、学生、干部等文物爱好者，也有窥视文物已久的犯罪分子伺机盗窃文物。因此，文物展厅、展室的保安任务就显得很繁重，保安人员必须保证展览期间各类文物不丢失、不破损、不发生火灾。

总之，文物由于其特殊的历史价值和作用，致使文物犯罪分子虎视眈眈，伺机作案。因此，保安任务就显得任重而道远，保安人员要配合其他有关部门加强同盗窃、破坏、走私文物的犯罪行为做斗争，预防损毁文物的治安灾害事故的发生，以保护文物的安全。

二、博物馆、文物保护单位保安勤务的基本任务

1. 搞好防盗窃工作。博物馆、文物保护单位的保安人员要配合有关部门采用一切可能的手段提高防盗能力，以确保文物的安全。防盗窃主要做好以下几方面工作：一是文物展厅、展室的安全保卫工作。二是做好开馆、闭馆前后的安全检查。三是文物库房有陈列室的应安装必要的防盗报警设备，以确保库房的安全。四是做好文物转运安全保卫工作，运输文物应使用专门的交通工具，制定周密可靠的运输保卫方案。五是保安人员应认真执行保安方案，坚守工作岗位，提高警惕，及时发现各种异常情况，抓获违法犯罪分子。

2. 搞好防火灾工作。我国的文物种类繁多，有古建筑、壁画、石窟、书籍、字画、古玩等易燃物品，稍有不慎容易发生火灾，给文物保护工作造成不可挽回的损失。目前，博物馆、文物保护单位预防火灾工作主要有以下几方面：一是博物馆、文物保护单位尽量杜绝一切火种。保安人员要贯彻"安全笨一，预防为主"的方针，严禁烟火接触文物。二是要根据文物的不同性质配备不同的关火器材。并放置在展厅内较显眼的位置，灭火器材应按规定期限更换灭火药剂，以便出现险情时能及时控制火场，扑灭大火。三是要安装避雷设施和开辟消防通道。以预防高大的古建筑物遭雷击引起火灾，并在每年雷雨季节前进行检测维修，保证完好有效。在古建筑物保护区要保证通道、出入口的畅通，若有毗连的其他房屋建筑，则应建有防火隔离墙，开辟消防通道。

3. 搞好防损坏工作。文物是不能再生产的。文物原件损坏是无法弥补的，保安人员做好防损坏工作主要有以下几方面工作：一是根据文物保养管理的特殊要求，落实文物保护的安全措施。一些文物和艺术品标本为了能长期保存，必须在光线、湿度、温度、空气等方面有一些特殊要求。如有些书籍字画要避免强光照射，不允许带闪光灯的照相机拍照。二是要认真贯彻执行文化部《关于使用文物古迹拍摄电影、电视的暂行规定》。保安人员在摄制单位拍摄文物古迹时按照规定的要求进行监督，以防损坏文物。三是防止犯罪分子破坏名胜古迹。近年来，文物走私分子在犯罪活动中往往采取恶劣的作案手段，严重破坏了名胜古迹，导致一些古墓葬、古遗址等千疮百孔，使无数的珍贵文物和名胜古迹遭到毁坏。四是防止参观者损毁展品，破坏名胜古迹。因此，保安人员要提高警惕，加强巡逻，切实保护文物、名胜古迹的安全。

三、博物馆、文物保护单位保安勤务的实施

1. 广泛开展文物保护的普法宣传。《中华人民共和国宪法》第二十二条明确规定："国家保护名胜古迹，珍贵文物和其他重要历史文物遗产。"《文物保护法》规定："在中华人民共和国境内，具有历史、艺术、科学价值的文物受国家保护。"在博物馆、文物保护单位从事保安勤务的保安人员应在日常工作中积极协助文物部门，采取报刊、广播、电视、墙报等多种形式，选择典型案例，广泛深入地宣传文物保护的有关法律、法规、规章、政策等，提高广大群众特别是参观者和文物部门的职工对保护文物的重要性的认识，增强保护文物安全的责任感，形成人人爱护文物的良好社会风气，使文物保护工作在一种比较有利的社会环境中进行。

2. 配合有关部门建立文物安全保卫制度，重在落实。

保安人员在保卫组织的领导下协助单位有关部门，根据本单位收藏的文物的特点，建立一系列切实可行的文物安全保卫制度，并向全体职工公布，发动他们共同做好文物保护工作。这些制度包括：

第一，展厅、展室的安全保卫制度。

（1）确保防范设施可靠的安全保卫制度。如展出一级文物，尽可能采用复制品替代，需要用原物的要按规定报主管部门批准，并制定周密的保卫方案。

（2）展厅、展室的安全承包责任制，责任落实到人。展柜的布置要能置于工作人员的视线之内，重要展室要设专人看守。

（3）开馆闭馆前后进行检查的安全保卫制度。开馆前保安人员和工作人员要提前进入，进行安全检查，注意发现可疑情况。闭馆时要做好清馆净场工作，严防犯罪分子藏匿馆内，伺机作案。

（4）值班守护的安全保卫制度。特别是在闭馆期间保安人员要坚守岗位，做好值班守护工作。

第二，库房的安全保卫制度。

（1）清点文物底数，逐件鉴定，分级，全部登记造册；

（2）建立健全文物入库记账、编目、立卡、建档和账物分管等制度；

（3）严格执行库房安全制度，坚持上下班前后检查库房安全，并填写检查记录；

（4）保安人员要严守文物库房的秘密，不得泄漏文物库房的情况；

（5）入库须二人以上，非库房人员不得入内；

（6）对参与文物库房维修和搬迁的人员，坚持先审后用，并制定切实可行的防范措施；

（7）文物库房要符合防盗、防火、防腐、防蛀的要求。

第三，文物转运的安全保卫制度。

（1）提取文物外出鉴定、调拨、交换或展出时，必须经过主管部门领导批准，并办好文物出库手续；

（2）一、二级文物品和保密性文物品，在转运前应向当地公安机关报告；

（3）制定周密可靠的运输保卫方案；

（4）公安机关保卫部门应指派干警或指定所在单位的保安干部负责检查和押运；

（5）运输文物应使用专门的交通工具；

（6）对文物运输应当保密。

第四，关于建立和使用安全技术防范设施的安全保卫制度。

（1）文物要害部位应当安装安全技术防范设施；

（2）使用两种或多种报警设施，形成点、线、面空间综合控制网；

（3）严守有关安全生产技术防范设施的秘密事项；

（4）建立安装、使用、维护和值班勤务的工作档案；

（5）制定相应的预案，建立相应的值班备勤制度，保证人员在接到报警讯号后就能及时赶到现场；

（6）控制室不能兼作他用，并应设专线供电、备用电源和应急通讯设备。

四、配合有关部门严厉打击走私、倒卖、盗窃文物的犯罪活动

当前，文物走私活动越来越趋向隐蔽化、技术化、集团化和国际化。文物走私活动不仅使我国文物大量外流，同时还诱发了国内倒卖文物、盗窃文物和盗掘古墓葬、古遗址案件的急剧增多。因此保安人员在保卫组织的配合下要有准备，有计划地开展对内部职工有犯罪嫌疑的调查摸底，在走私活动较猖獗的地区配合公安保卫部门、刑侦部门布控秘密力量，以便及时掌握动态，主动出击，尽快破获大案要案，严惩犯罪分子。配合海关、文物、工商等部门加强对文物市场的管理。公安机关只有提高对走私案件的发现能力和侦破能力，严厉打击此类犯罪活动，截断销赃渠道，才能最大限度地减少文物被盗案件的发生，确保文物的安全。

第七节　工厂保安勤务

一、工厂保安勤务的含义及特点

工厂保安勤务，指保安服务公司按照与客户单位签订的合同要求，派员围绕工厂的安全、治安秩序开展的保安服务活动。工厂保安勤务有以下特点：

（一）服务的阵地性

工厂保安勤务工作的阵地在工厂内部，工厂保安勤务工作的开展都是在厂区内部进行的,是以维护工厂内部的正常秩序和安全为目的的。

(二) 任务的艰巨性

不同规模的工厂,现代化程度、生产类型、周围环境等都存在很多差异,对保安员各方面素质、经验的要求也比较高。一些工厂,要害部门多,涉及的机密也多。而所有工厂的特点是物资财富集中,各种生产设备、材料和产品往往成为违法犯罪分子瞄准的目标。另外,工厂中的生产活动离不开必要的水、电、气等能源动力,在使用、操作中如有不慎就会酿成事故;不管什么规模、类别的工厂,都难以堵死违法犯罪的渠道,都存在受违法犯罪分子侵害的威胁;在安全方面,也很难根除事故隐患,而且一旦发生问题,势必危害甚大,后果严重。

(三) 业务的综合性

工厂保安服务是一项综合性的业务工作,无论从它担负的工作任务看,还是从保安员应具备的业务技能看,都不应是单一的。而是既要熟悉生产流程,了解产品的性能,了解安全生产常识,又要明确保安工作的重点,具体的工作方法。许多保安业务工作的开展必须融合到生产业务活动中去,与具体生产活动相联系。

(四) 职责的预防性

保安员的主要职责是做好内部安全防范工作。

(五) 利弊的兼有性

保卫对象既有对保安工作有利的方面,也有不利的一面。有利方面:工厂有较为健全的党、政、工、团等组织,有较健全的规章制度;有加强安全技术防范建设、提高保安技术防范能力方面的条件。不利方面:工厂财物集中,违法犯罪分子可寻找的目标多,实施侵害活动的渠道多,有些内部人员可能利用职务之便直接犯罪,或与外部相勾结实施犯罪;由于工厂内使用水、电、气等能源动力的环节多,如遇工人责任心不强、管理不善、工作失职,都有可能导致事故发生且会酿成重大损失或人员伤亡;由于生产、业务、科研等方面的需要,一些单位会接触不同数量的危险品,因此危险因素也在一定范围内存在。

(六) 侵害因素的两面性

侵害因素既有难于清除杜绝的一面,也有可以防范制止的一面。侵害因素的存在有政治、经济、社会、文化、体制、道德等诸多方面的原因,侵害因素存在的形态,有显露的,有潜在的,有突发的,有持续的,因而客观上难以防范。而这些因素一旦存在，就不会自行消灭，相反，会以各种形式表现出来。侵害因素又是可以制止的，社会对于侵害因素有广泛的戒备，人们对侵害行为普遍厌恶、痛恨；国家对侵害行为用法律来处罚、禁止，用社会舆论来谴责；侵害因素可以为人们所认识，具有可防性。

二、工厂保安勤务的基本任务

工厂保安工作在安全防范上应具有下述功能：维护工厂内部的治安秩序；保障安全生产环境，为生产、生活服务。具体任务包括以下方面：

（一）防范犯罪活动

（二）加强内部治安管理

保安员是公安机关、保卫部门维护治安的重要辅助力量，保安员要力求通过深入细微的工作做好预防性工作，解决处理好发生的各种问题。

（三）预防治安灾害事故

工厂中常见的治安灾害事故，主要是火灾、爆炸、中毒等事故。保安员应对生产、科研中涉及的化学危险物品、放射性物质、剧毒物品在安全管理方面采取具体的措施，防止意外情况发生；应促进厂方加强安全规章制度建设，经常开展安全检查，及时发现、消除不安全因素和事故隐患。

（四）确保要害部位安全

工厂的重点、要害部位，在不同工厂是有所区别的。通常情况下，指挥调度、科研、设计部门、财会、重要尖端设备、重要物资仓库、配电室、重要生产车间等都应考虑纳入要害管理，严格各项安全防范措施，切实保障安全。

（五）强化劳动纪律

保安员在维护厂内治安秩序的同时，也应配合安全、劳资等部门认真贯彻安全生产制度，监督执行劳动纪律。对生产过程中的违章作业应坚决制止，这既是维护生产秩序的需要，也是杜绝生产事故、保证生产质量、提高经济效益的需要。

三、要害部位的保安措施和事故预防原则

要害部位，是指对国家安危、国计民生以及全局性的生产、业务活动有重大作用和影响的单位和部位。一般具有地位重要、机密性强、影响大的特点。

要害部位保卫应采取以下主要措施：依靠职工群众做好"四防"工作，建立健全安全保卫责任制；了解掌握要害部位的人员情况；设立必要的警卫守护措

施；将必要的技术预防设施同以人为主的保卫工作紧密结合起来；开展定期或不定期的安全检查。

治安灾害事故，是指故意或过失违反治安管理法规和有关行政法规、规章制度，造成人员伤亡和经济损失的事件。根据事件性质的不同，治安灾害事故可分为责任事故和破坏事故；按照构成的社会危害程度和影响的大小，治安灾害事故可分为一般事故、重大事故和特大事故。

治安灾害事故发生的主要原因有：思想麻痹，忽视安全保卫工作；管理制度不健全，执行制度不力；安全措施不落实，管理上有漏洞；疏忽检查，又不能对检查发现的隐患、漏洞认真、及时地加以整改、堵塞；有法不遵，有章不循；对玩忽职守者查处不力，等等。

由人的因素引发的责任事故，其预防工作必须从提高人们对事故的认识入手，应遵循以下原则：一是防患于未然。对待事故不能存有任何侥幸心理，必须采取各种积极方法和措施，及时发现事故隐患和漏洞，有效地消除各种不安全因素，努力把事故消灭在萌芽状态。二是重视继发原因。必须根除引发事故的各种原因。导致事故的原因是多层次的，有直接原因、间接原因和基础原因。各层次的原因之间有继发性，在事故预防工作中，如不注意基础原因的根除，则基础原因有可能转化为间接原因，并进而转化为直接原因。应注意通过事故的直接原因去分析事故的间接原因和基础原因，把事故预防的重点放在消除事故的间接原因和基础原因上。三是选择对策原则。事故的预防是一项复杂的系统工程，必须用系统方法对产生事故的各个环节采取措施，使预防具有全面性和整体性。

第八节　外资企业的保安勤务

外商投资企业是我国社会主义市场经济的重要组成部分，其生产经营活动和合法权益受我国法律保护。外资企业具有与国内企业不同的法律地位和保安特点。外资企业保安服务既要坚持维护国家主权和法律尊严的原则，又要考虑其保安工作的特点，有针对性地开展工作，充分保护外资企业、外国人的合法权益。

一、外资企业的概念

（一）外资企业的含义

外资企业，是指依照中华人民共和国法律规定，由中国投资者和外国投资者共同投资或由外国投资者独自投资，在中国境内建立的企业。外资企业依法设立，合法经营，受我国法律的保护。侵犯外资企业合法权益的行为，同样受我国法律的制裁。我国保安服务业依法向外资企业提供各种保安服务，保护外资企业的合法经营及权益。

（二）外资企业的种类

外资企业包括中外合资企业、中外合作企业和外商独资企业，统称"三资"企业。

1. 中外合资企业，是指由中外双方两个或两个以上的投资者，根据平等互利的原则，并经中国政府批准成立联合投资、共同经营、共负盈亏、共担风险的具有中国企业法人资格的有限责任公司。

2. 中外合作企业，是指中外双方投资者按照平等互利的原则，经中国政府批准设立的契约式合资企业。合作企业既可以具有中国法人资格，也可以不具有中国法人资格。

3. 外商独资企业，是指外国投资者依照我国有关法律的规定，经中国政府批准，在我国境内设立的全部资本由外国投资者投资的企业。外资企业依法取得中国法人的资格。

二、外资企业保安勤务的特点和意义

外资企业保安，是指外资企业出于安全需要，雇请我国保安服务公司依法为其提供的保安服务。

（一）外资企业保安勤务的特点

外资企业保安具有以下特点：

1. 服务对象的涉外性。外资企业保安的服务对象必须要涉及外资企业和外国驻外资企业的人员。

2. 服务质量要求标准高。外资企业通常按外国保安业服务水平来要求我国的保安服务，起点相对要高，因为外国保安业起步早，有比较丰富的服务经验。

3. 提供保安服务及资格审查严格。保安服务公司为外资企业提供保安服务，

要经过公安机关的审查和批准，公安机关既要审查服务资格能力，又要对保安服务公司选派的人员的资格进行审查。

4. 保安服务更加复杂。外资企业保安不仅因为其具有涉外性而复杂化，而且其保安服务业本身也较其他类型的保安服务复杂。外资企业的设立是我国引进外国先进技术的一条重要途径，大多数外资企业技术含量较高，生产设备价值较大，环境条件要求高，不同于一般企业。有些企业长期有外国管理员、技术人员工作，其安全防范工作也不同于一般企业。因此，外资企业保安较之其他企业保安业务更为复杂。

（二）外资企业保安服务的意义

外资企业保安服务具有以下意义：

1. 为外资企业提供一个安全的生产环境。使外资企业不存在安全方面的困扰，不会因安全的原因停止投资，甚至抽回投资。相反，能起到促使外资企业扩大投资的作用，这无疑对改革开放的深入发展，对扩大吸引外资有重要意义。

2. 有利于加速我国经济的发展。搞好外资企业的保安服务，有利于扩大招商引资，有利于我国经济发展战略目标的实现，有利于加速我国的经济建设步伐。

3. 有利于预防和减少各类涉外案件和事件。外资企业中的大量人员是从国内招雇的，其中有些人员各方面素质不高，而外企老板在管理方面也可能存在一些侵犯中国打工者利益的行为，保安服务则可以对这些情况、问题的发生，起到一定的控制作用。

三、外资企业保安服务的原则

（一）维护国家尊严

维护国家尊严，是指保安服务人员在外资企业提供保安服务过程中，一定要忠于祖国，遵守外事纪律，严守国家机密，坚决维护国家的主权和利益，维护民族尊严，不做任何有损于祖国尊严和中国保安声誉的事情。外资企业保安服务人员随时随地与外国人打交道，其言谈举止、服务形象、处事态度和水平，不仅代表保安服务公司，而且也反映了中国人民的精神面貌，在一定程度上影响到我们国家和民族的尊严与形象。因此，保安人员必须自觉地坚持维护国家尊严的原则。坚持这一原则，必须做到：

1. 忠于祖国，立场坚定；坚持原则，提高警惕；内外有别，不卑不亢。

2. 谦虚谨慎，热情周到；注意仪表，文明执勤；确保服务质量，树立良好服务形象。

3. 不做任何有损于祖国的事，不说任何不利于祖国的话，坚决制止有损祖国尊严的行为。

(二) 保护外资企业的合法权益

外资企业保安服务的主要任务和目的，就是依法保护外资企业和外国人的合法权益，防止各类涉外案件的发生。外国人在我国居留期间，与中国公民一样受中国法律的保护。我国宪法和其他有关法律规定，外国人、外国企业和其他外国组织的合法权利与利益受中华人民共和国法律的保护，外国人的人身自由不受侵犯。因此，保安服务公司向外资企业提供保安服务，应当坚持保护外国人合法权益的原则，坚持这一原则要做到：

1. 依法提供外资企业保安服务。保安服务公司一定要依照有关法律规定向外资企业提供保安服务，不得非法提供保安服务，不得运用非法手段提供保安服务。

2. 保护外资企业、外国人的合法权益。外资企业保安保护的是外资企业、外国人的合法利益。保安服务公司要采取强有力的措施，有效地保护好外资企业、外国人的合法权益，预防侵害外资企业、外国人合法权益事件的发生，维护中国保安的声誉；同时，对外国企业、外国人违反我国的法律的行为和非法利益，非但不予保护，还应协助有关部门严肃查处。

(三) 坚持公安机关统一领导

"外事无小事"。外资企业保安工作关系到外国人在中国的生命和财产安全，涉及我国和其他友好国家的系，一旦有闪失、出问题，就会影响到国家的声誉，所以，外资企业保安工作必须在公安机关的统一领导下进行。坚持这一原则要做到：

1. 开展外资企业保安服务，一定要报经主管公安机关批准，按公安机关的有关规定进行。

2. 外资企业保安服务一定要在公安机关有关部门的具体指导下谨慎开展。

3. 外资企业保安服务过程中，遇有问题，要及时向公安机关有关部门汇报、请示。确保外资企业保安工作沿着正确的轨道健康发展。

四、外资企业保安服务应注意的问题

（一）尊重外国人的风俗习惯和礼节

世界各国的风土人情有很大差异，其风俗习惯和礼节也不一样。保安人员在发扬我国人民的优良传统的同时，要注意尊重外国人的风俗习惯和礼节，做到"入乡随俗"。

（二）保守国家机密

保安人员在外资企业工作，与外国人打交道，一定要做到内外有别，保守国家机密和保安工作的秘密。

（三）遵守外事纪律，反腐防变

世界上还有与我们社会主义中国相敌对的国家，它们一刻也没有停止过对我国的颠覆渗透活动。保安人员在外资企业工作，与外国人接触，要自觉抵触资产阶级腐朽思想和生活方式的侵蚀，严格遵守外事纪律，防止蜕化变质，走上叛国的道路。

（四）维护中国保安的良好形象

保安人员要严格执行保安服务规范，防止随意性，杜绝各种失礼、失态现象，用自己的言行维护中国保安的良好形象。

五、外资企业保安服务的任务和措施

（一）外资企业保安服务的任务

外资企业保安服务的任务主要是：

1. 维护外资企业内部的治安秩序；

2. 协助企业落实各项安全防范制度和措施；

3. 预防、制止各类灾害事故和违法犯罪案件的发生，保障外资企业生产经营活动的顺利进行。

（二）外资企业保安服务的措施

对外资企业，要根据其具体情况采取相应的安全防范措施，一般应采取以下措施：

1. 建立门卫验证登记制度，维护企业内部治安秩序，防止企业财物流失。

外资企业保安服务应建立完善的门卫验证登记制度，对所有进出的人员和车辆进行证件查验和登记，并根据企业的生产经营情况控制人员和车辆的进出。对证件、手续不齐全，车辆不符合安全要求的，不准进入，维护企业内部的治安秩序。对外出的人员和车辆，除认真核对其出入手续，还要认真查对其货物出入手续，必要时，可视具体情况查对货物，防止企业财物流失。

2. 重点守护企业要害部位，确保企业生产、经营活动的顺利进行。在执行保安任务时，保安人员对那些直接关系到外企正常运转的"命脉"、"神经中枢"等要害部位、重点部位必须找准，并精心加以守护。例如，负责生产计划、调度和产品总装、检验的部门，负责运送、分配电能的变电站、变电所，负责生产或供应氧、氢、煤气及其他动力气体的站、所，负责供应生产用水的水源泵房，工厂重要的原材料库、成品、半成品库等。

3. 加强对生产、营业场所的安全巡查，预防各类案件发生。企业生产、营业场所，由于生产设备多，生产活动集中，人员来往频繁，容易发生各种违反安全管理规定的行为，引发治安灾害事故；容易发生各种纠纷，引发治安案件和刑事案件。因此，保安人员应加强生产、经营场所的安全巡查，及时发现、制止各种违反安全管理规定的行为；及时调解各种纠纷，化解矛盾，预防各类事故和案件的发生。

4. 设置、使用技术防范设施，加强对企业内部的安全控制。要根据实际需要安装技术防范设施；技术防范设施应当安全可靠，使用时不会伤及人身，损害财物，造成恐怖气氛；同时对设施要经常进行维修，保证正常运转；报警、监控设施要有专人值班，强调技防与人防结合；安装技术防范设施要隐蔽，对本单位职工也要限制知密范围。

5. 利用各种形式，加强安全防范宣传教育，落实各种安全防范责任制。企业保安工作涉及企业的每一个职工和顾客，必须有职工和顾客的支持和配合。保安人员应利用会议、广播、板报、标语等多种形式，经常不断地对企业职工和顾客进行安全常识、规章制度等安全防范宣传教育，并协助有关部门落实各种安全防范责任制，监督、检查各个岗位的安全防范工作。

第九章 场所的保安勤务

场所是物资集散、交流的场所，也是商品、货币集中和流通的地方，极易发生盗窃、诈骗等违法犯罪活动。做好场所的保安服务工作，对于整顿经济秩序、维护社会治安具有重大意义。

第一节 游览场所保安勤务

一、游览场所的含义及特点

游览场所，是指反映一定民族文化、风俗，由自然景观、人文景观构成的，能为游人提供度假、旅游、观光活动的场所。游览场所的范围包括：名胜古迹、博物馆、风景游览区、公园、动物园、游乐场等等。目前，保安服务业提供服务的主要是规模较大的风景游览区、公园和游乐场。

公共游乐场所具有以下特点：

（一）人员集中，成分复杂，流动无序

各种公共游览场所，每天尤其是节假日，都吸引着成千上万来自四面八方的游客，几乎每个游览场所都是游人如织；同时，它不仅接待大量国内游客，而且也盛情迎接着外国游客和来自港澳台的朋友和同胞。正常游客在此游览场参观、游玩、休息、交友或开展一些活动，但也有少数违法犯罪人员混迹其间伺机为非作歹。汇集到游览场所的人，由于性格不同、兴趣爱好不同，选择的活动内容、行走路线、用餐休息方式也各不相同，因而，处在同一个游览场所里的人们进行着不规则运动。

（二）具有使人增长知识、开阔视野的客观作用

游览场所内保留年代久远、精雕细琢的人文景观，记录着古代祖先的文明，反映着中华民族的智慧；生机盎然的自然景观，又会引起人们对大自然的无限热爱。人们通过参观、欣赏，不仅可以开阔眼界、增长知识，而且也可以同时受到热爱祖国、热爱自然、保护自然的教育。

（三）反映人类文明成果

公共游览场所的合理开发建设，是物质文明、精神文明建设成果的反映。在我国的人民群众生活水平不断提高之后，人们对于旅游、休闲的需要会日益增大，旅游休闲的发展会日益增快，物质文明的发展提高了人们精神生活的质量，而"三个文明"建设反过来又给公共游览业的发展创造了更加美好的前景。

（四）游览场所易于发生各种治安问题

由于场所内游人多，在景观处更加集中，相互接触时，易产生矛盾、冲突和纠纷；另外，游览场所的绿化面积大，树木花丛多，环境易于隐蔽，也为伺机犯罪者提供了条件，同时有些公共游览场所的管理者、经营者为片面追求经济效益，有法不依，有章不循，也为治安隐患埋下了伏笔，为治安灾害事故"留有余地"。总之，由于一些隐患和管理方面的漏洞，以及客观方面的原因，游览场所很有可能发生下列事件：扒窃、盗窃，夜晚时流氓调戏、侮辱妇女，破坏或污损名胜古迹；发生挤伤、垮塌、翻车、落水等治安案件和治安灾害事故，甚至会发生自杀等事件。

二、公共游览场所保安勤务的概念及其面对的安全问题

公共游览场所保安勤务，是指保安服务公司依据保安服务合同，派出保安人员，对特定的公共游览场所进行安全保护，维护其正常治安秩序的保安服务活动。

公共游览场所保安勤务主要面临以下几方面问题：

（一）安全事故

公共游览场所易于发生各种事故的原因很多，主观上，有管理者或经营者忽视安全，有法不依，有章不循，片面追求经济效益的问题；客观上，一些自然形成的景点，由于受大自然的侵蚀，会出现一些危险地段，悬崖土层和巨石容易突

然下滑和塌陷，造成伤亡事故，旅游场所中的有些建筑和安全设施缺少经常的维深养，不安全因素较多，人多拥挤时很容易发生险情；有些悬崖危险地段，必要的建设跟不上，该设安全栏杆的不设，连必要的警告标志也没有，阴雨天这些路段的危险性就更大，极易发生滑落现象；少数游览车、游船、载人游艺机违章驾驶、超载，也易发生坠落、断裂倒塌、翻车、翻船等事故。在游客方面，由于有人擅闯禁游区域，不顾限制人数的警告，也会导致失踪、坠落、危险建筑物坍塌等事故；有的游人在禁火区域使用明火野炊、探路，也会因此而引起火灾。

（二）违法敲诈

游览场所附近的一些违法犯罪行为人，往往成帮结伙在游览区内对人生地不熟的外地游客进行敲诈和诈骗。他们常常选择游客较少停留的山谷、密林深处和若干相距较远的景点之间，假冒工作人员，对随地吐痰、随地大小便的游客罚款、敲诈；或利用为游客提供餐饮、摄影等借口，漫天要价"宰客"；有的不法分子设赌摊，如象棋残局、抛投圈物、猜硬币正反面和蜡笔两端的颜色、碗扣玻璃球等，先诱你上钩押注，然后视情进行敲诈；还有人专门寻找、窥视异性游客间的越轨行为，然后冒充纠察人员进行敲诈。

（三）伤风败俗

伤风败俗，是指与游览场所幽雅的环境、游人的兴趣相违背，有伤风化，有违民俗的行为做法。如某些婚外恋者过分放肆的行为；卖淫嫖娼者毫无顾忌的肮脏交易；同性恋者相拥相聚，丑态频露的"表演"；男女之间过分放纵的行为等，这些行为表现，不仅破坏文明的环境、气氛，而且也会造成难以估量的精神污染。

三、公共游览场所保安勤务的主要方法

（一）以明确的法规、制度为依据，放手行使管辖权

保安人员在具体的保安服务中，要想在管理上做到有理、有利、有节，必须对国家有关法律和主要部门的有关规定全面了解，心中有数，这是进行管理的前提条件。他们需要熟知的法规、制度主要有以下内容：

1. 经营公共游览场所的单位或个人，必须经上级主管部门审查同意，并经公安、交通、消防、船检、港检、渔监等部门，对参观、游览的场地、设施、车辆、船舶分别或联合进行安全检查，发给《安全合格证》或《治安管理合格证》

后，才可营业。

2. 水上活动船舶的驾驶人员，必须经港船监督部门培训，考试合格，取得合格证后方能上岗，严禁无证驾驶；供水上活动的船舶，必须在确定的航区范围内活动；船舶须备救生圈、消防设备，严禁超载。

3. 开办游览场所的单位，要按照"谁主管，谁负责"的原则，承担游览区域的治安管理，维护游览区域内的正常秩序，确保中外游客的人身财物安全。

4. 游览场所必须按照规定的定员数额售票，严禁超员；海水浴场和旅游船等，要配备必要的安全员、医护人员和救护设备；深水区和水下有危险的障碍区段，要设置水上路标；严禁使用渔船或未经检验、批准发证的其他船只载客游览；旅游船艇必须使用安全设备齐全的码头接送游客；严禁将船开到封闭的岛屿旅游；在旅游区域内严禁举办射击打靶或有伤风化的活动。

5. 组织集体游览活动的单位，要有专人负责带队，向参加游览活动的人员进行遵纪守法和维护公共秩序的教育；在参观游览中不准携带危险物品，不准射击打靶，不准妨害公共秩序；本单位职工之间发生矛盾纠纷，应由单位负责妥善处理。

（二）开展宣传教育，促进广大游客自觉遵守和维护公共游览场所的秩序

公共游览场所普遍区域范围大，游人多，而各种管理人员、保安人员则数量有限，要维护游览场所良好的秩序，单纯依靠管理是不够的，在很大程度上要依靠群众自觉遵守和维护。为了达到这一目的，担负公共游览场所的保安人员要积极配合公安机关和经营单位做好安全管理的宣传教育工作。要在公共游览场所就近的火车站、码头、客运站和游览场所张贴和广播《旅游须知》、《游客须知》、《风景区管理通告》等宣传材料；对集体旅游单位，在各景点售票口、停车场、宾馆、饭馆等处，指定专人发放《旅游须知》，使广大游客能够全面了解游览区的各项管理规定，知道可以做什么，不能做什么，对在游览过程中把握自己的行为起到必要的提示与指导作用。

（三）加强对重点区域、部位的安全检查工作

保安部门要积极协助、配合公安机关、园林管理处、城建和文物保护部门，对公园、风景游览区、名胜古迹等处的建筑物、游艺设施、游览通道、桥梁、山洞等进行必要的安全检查；对有危险的古建筑物和正在维修、扩建的游览场所，

应建议客户或主管单位，暂时停止对游人开放；对有危及游人安全的道路、桥梁、山洞、护栏、阶梯、护坡等处，应立即建议管理、经营单位采取加固或维修措施；对游船、船只、电动游艺设备，发现有不安全因素应立即排除，一时排除不了的应停止使用；对博物馆、文物展览馆馆厅建筑有无破损、漏雨现象，门窗是否坚固，展柜及展品的保险、报警装置是否处在正常状态等，都要进行全面的检查，及时发现堵塞不安全的因素和漏洞；对这些场所中的展厅和仓库等部位，还须检查电器有无漏电，暖气及自来水管是否漏水漏气，彻底消除防盗、防火、防水、防腐、防蛀等安全方面的隐患与漏洞。

（四）对危险、特殊地段作出明示

督促、保证在特殊、危险地段设立警示性标牌或确定专人守护。

在有些危险性大、保安力量又很少涉及的地方，为提醒游人注意，应当设立必要的警示性标牌。如在野生动物经常出没的地带，地形险要、水势湍急的区域，危险性较高的游览项目旁，以及年久失修的建筑物的入口处或近旁，要以醒目的图案或文字作出警示标牌。

在游览场所中的险要地段和高危游艺设施部位，从确保安全出发，可指派一定数量的保安人员，专门负责那里的安全守护任务。如向游客宣传安全知识和注意事项；加强对特殊路段、空间较小的山顶观景台及建筑物等处的游览秩序的维护，认真做好游人的数量控制及行进与攀爬秩序、人员密度和间距的指挥与调整，制止争抢、拥挤现象，以缓解或减轻险情；对不遵守安全规定者，应予以劝阻、制止；对有些年纪大、身体状况不佳或带小孩的游客，要特别进行安全方面的提醒，必要时要在一些险要地带给也们协助和保护。一旦发生危险或事故，应迅速报告，全力施救。

（五）加强对偏僻区域的治安巡逻

在游览场所，根据景点分布，活动人数多少等情况，可将其分为中心区域和周边区域、热门项目和冷门项目。中心区域和热门项目一般游客较多，容易发生的安全情况是拥挤和纠纷；周边区域和冷门项目则往往成为违法犯罪人员出没活动较多的地方。因而加强对不同区域的巡逻检查，对于预防不同区域发生治安问题有着直接的作用。保安人员在巡逻中应特别注意以下方面：

1. 发现可疑人员。注意发现经常出现在游览场所，既无常业又与游览场所的某个单位、个人没有任何必要联系、行踪不定、形迹可疑的人。对这种人要密切注视其动态，一旦发现有违法犯罪活动，应立即扭送公安机关，同时做好受害游客与证人的工作，请他们一同前往，向公安机关报案。

2. 发现制止违法犯罪行为。加强对公园、风景名胜区偏僻地段、林荫小路重点时间段的巡逻，及时发现、制止犯罪人员进行的抢劫、强奸、调戏妇女等违法犯罪活动，及时发现、制止盗窃、损毁文物的行为及形迹可疑人员。

3. 消除事故隐患。加强对博物馆、文物展览厅内（外）的巡视、守护工作，防止发生各种案件、事故；做好清馆清场工作，防止犯罪行为人藏匿，防止留下火种隐患。

4. 制止游人越轨行为。劝阻游客进入禁游区域；对行为越轨的青年男女进行必要的提醒；制止同性恋者有伤风化的行为，并进行驱逐；对行为放荡且年龄悬殊、互不知情的男女，可送交公安部门审查。

（六）在重要单位、部位安装安全技术设施

为确保特别重要的游览场所（博物馆、名胜古迹）的安全，可据情在相应部位安装"电视扫描器"，用以监视建筑物周围的治安动向；还可以安装电视监视系统和自动录像设备，对违法犯罪人员进行监视。

第二节 体育场的保安勤务

一、体育场的基本特点

很多城市都建有大型体育场（馆），经常举办不同类型的体育活动。在中国举办的大型体育活动主要包括地区性和全国性的大型体育比赛（如亚运会、大学生运动会、城运会、农民运动会等），中外足球赛，国内足球联业联赛，部分国家和地区的专项比赛及马拉松赛等。在国际上最主要的是指奥运会、世界杯足球赛、世界田径锦标赛等世界性的综合活动和单项比赛。

1. 体育场举办大型活动的特点

分析体育场大型活动的特点，有助于我们从不同方面认识和管理好大型活动，正确地实施保安勤务。

第一，体育场大型活动的基本特点。

（1）人员高度集中。体育场多为大型露天场所，能容纳上千人乃至数万人，国外甚至有能容纳十几万人的大型体育场。在举行一些重要比赛时，体育场爆满，人员高度集中。

（2）光顾者身份各异，情况复杂

在体育场举行大型比赛尤其是国际性比赛时，观众来自不同的阶层，不同的城市地区，不同的国家。在足球比赛中，除了普通球迷外，甚至会混进足球流氓，而且有可能混进恐怖主义活动者。

（3）主办、参加或涉及的部门、单位众多

大型体育比赛或由国际体育组织举办，或由地方城市政府主办，或由各行各业举办行业性体育比赛，主办单位不一。近年来，商业性赛事增多，一场大型体育比赛由一个或几个赞助商赞助举办。大型体育比赛涉及众多部门、单位，也给保安工作带来了一定难度。

（4）影响大、敏感性强

由于体育比赛规模大，参加单位多，人数多，而且很多大型比赛又都进行电视现场直播，一旦发现问题，就会在国内、国际上造成很大影响，非常敏感。

第二，大型体育比赛的特点。

（1）大型体育比赛逐年增多。在我国，除了承担的国际性赛事逐年增多外，国内的大型体育比赛也很多，如农民运动会，城市运动会，大学生运动会，少数民族运动会等。加之近年的足球、篮球等不同级别的职业联赛，场次繁多，赛季很长。从目前的实际情况看，公安机关难以提供更多的警力来保卫体育场大型活动的安全，为此，主管或主办单位多雇请保安人员负担体育场的安全保卫工作。

（2）主办、承办单位由单一型向多种型转变，使体育场的安全保卫工作较难协调统一进行。而且有的举办单位无承办大型活动的经验，留下较多治安隐患。

（3）商业性比赛增多。一些主办者片面追求经济效益，不考虑客观实际和自身能力，使得一些大型体育赛事一开始就存在各种问题。

2. 大型体育活动常见治安问题

第一，拥挤型事故。

拥挤型事故，即在一定条件下因观众拥挤而发生的安全事故，产生这种事故的原因有两种。一是组织工作不周，致使场内严重超员，发生挤伤踩死人事故。

二是因组织者或工作人员处理问题不当造成拥挤。

第二，意外型事故。

在大型体育活动中，由于天气突变，看台坍塌等意外事件引起混乱，发生伤亡事故。

第三，狂热型闹事。

即观众失去理智和自我控制能力的狂热，而造成的粗蛮、恶劣的闹事行为。国内外球类比赛，尤其是足球比赛中球迷闹事较多。其主要特点如下：

（1）环境特定性

球迷闹事的发生、发展、变化，有赖于某种特点的环境。这种环境，不仅是球迷主观选择的对象，也是闹事发生的客观基础。球迷看球，聚集公共场所，共同关心，敏感度高。随着场上形势的变化，球迷或情绪高涨，或发泄不满、愤怒的情绪，容易引发闹事。冲突发生后，不能进行及时、果断、稳妥的处置或处置不当，往往会强化球迷情绪，造成事态的恶性发展。

（2）社会互动性

球迷相互之间存在着吸引力及感染、暗示、模仿等互动因素，球迷通过语言、手势、眼色等方式相互传递意思，产生互动作用，逐步传播和扩散，很快统一行动。

当球迷的情绪达到狂热程度时，总会有些球迷认为"法不责众"，在这种心理状态下，相互感染、喧嚣鼓噪、推波助澜，加之混在其中的违法犯罪分子的煽动，一些青少年盲目效仿，往往容易产生过激行为，使事态急剧蔓延。

（3）参与人员的广泛性

从球迷闹事参与人的情况看，成分极其广泛，其文化水平、道德、法制观念参差不齐，情感各异，社会职业五花八门。

（4）闹事突发性

球迷闹事变化多端，错综复杂，具有突发性、随机性，较难于防范。他们或是因裁判不合理，或因教练不力，或对主办者不满，或对队员表现有气，或对对方球迷不满等，这时一句话，一个手势，甚至一个眼神都可能引发冲突。

（5）严重的社会危害性

球迷闹事危害极大，可以直接危害广大人民群众生命财产的安全，可以给国家财产造成严重损失，可以使一个国家、民族的声誉扫地，甚至使两个国家互相敌视，大动干戈。

二、体育场保安勤务的主要任务

1. 做好门卫工作

大门入口是进入体育场的第一道关口，也是保安人员把守的第一道防线，保安人员在查验门票的同时，对观众携带的物品进行仔细检查，防止将危险物品及其他禁止入场的东西带进体育场。另外随着足球球市的火爆，加之球赛对球迷的吸引力相当大，一些违法犯罪分子印制、出售假门票，负责门卫工作的保安人员要提高警惕，识别出假门票。

2. 保障体育比赛及大型活动的顺利进行

体育比赛及大型活动持续时间一般一至几个小时，相对于公共娱乐场所时间较短，但在这较短的时间内，有运动员，相关工作人员如裁判员等，观众中又有贵宾及普通观众在场，场内人数众多且复杂，要保障体育赛事的顺利进行就要把握好每一个环节，保证每一个环节不出差错，有一定难度但又是必须要做到的。

3. 保证到场贵宾的安全

重大的体育比赛或大型活动，都有一定数量的贵宾到场，包括国内外元首、政府官员、一些国际组织的重要官员等。保安人员要将他们作为重点保护对象，要绝对保证他们的人身安全，否则就会在国内外造成极其恶劣的影响，影响我们国家的形象。

4. 保障运动员、裁判员及观众的安全

这也是很重要的一项任务。体育场的保安人员在做好场内贵宾的安全保卫工作的同时，还要做好运动员、裁判员和休息室运动员的安全保卫工作。尤其是一些国际比赛中，要加强一定敏感国家和地区的运动员、裁判员及观众的安全保卫工作。

5. 防止出现球迷闹事等治安事件

近年来职业足球联赛实行主客场制，双方球迷在体育场上处于一种"对立"状态，很容易发生冲突。由于体育场内人数众多环境特殊，一旦有冲突，就可能形成较大规模的治安事件，影响比赛的顺利进行，更严重的还会造成人员伤亡。因此，场内保安人员要做好防范工作。

三、体育场保安勤务的实施

1. 了解和掌握影响、制约体育场安全的因素和情况,在接受保安任务后,保安部门及人员要在赛前积极主动地了解和掌握体育场及其周围的各种情况,其中包括:

(1) 举行比赛的内容、时间、地点、规模、国内外运动员人数;活动场地的地形、容量、条件、设备以及参加活动的主办单位情况。

(2) 场馆内外的治安情况,安全措施。

(3) 赛事期间计划内的活动情况。如开幕式、闭幕式、文艺演出等。

(4) 参加活动的领导人、外国人和观众情况,抵达时间和座位的安排。

(5) 新闻、广播、电视、报社等部门参加的记者人数。

(6) 入场券发售数量。

(7) 协助、赞助举办单位的情况。

2. 对体育场进行细致的安全检查,整改不安全因素。

安全检查是体育保安工作中不可缺少的,尤其是科学技术不断发展和各种设备不断更新的情况下,做好体育场的安全检查工作,对于防止犯罪分子利用现代设备制造各种破坏事故,及时排除各种隐患,都具有重要意义。

安全检查的重点包括:

(1) 对活动现场各项建筑设施,如场地、通道、出入口、电器设备等严格检查,保证良好齐配,安全有效。

(2) 平整场内外路面,清除垃圾污物和砖瓦石块;有碍群众通行的障碍物必须事先清除,包括通道的残冰积雪,也必须责令有关单位彻底清除。

(3) 在大型体育活动安全保卫工作期间,对现场周围必要的制高点配备人员,严加戒护。

(4) 对夜间举办的赛事活动,凡是群众能涉足的狭窄通道、偏僻地段和公共厕所,都要责令有关单位安装足够的照明设施。

(5) 为防止活动进行期间发生断电或其他故障引起秩序混乱,要准备好应急电话供电。例如在1999年,东南亚赌球集团在英国制造了数起球场停电事件,使比赛不得不中断甚至终止,达到控制比赛结果的目的。

(6) 赛事活动之前要在现场及其外围划定属于能方便群众的存车处,严禁自行车进入活动现场。

（7）为防止意外事件发生，事先要明确首长外宾紧急避让和撤离现场的备用路线。

3. 严禁携带危险品入场，加强重点部位的保安力量。

为了预防犯罪分子可能利用爆炸等危险物品进行破坏，或者因群众激愤向场内投掷物品，保安执勤人员要严格把住入场点。一是在活动举行前和售票时向观众提出不准携带提包入场的要求；二是临场执勤时对携包者实施开包检查，包裹一律放寄存处；三是禁止携带小凳，硬质包装食品饮料入场；四是场内禁止销售硬质包装饮料和含酒精的饮料。

对大型体育活动场所的重点部位，如指挥决策部位、供电、动力、消防、通讯设备、贵宾观礼及休息部位，裁判员，运动员休息部位、售票处、入口等易于拥挤部位，要加强保安执勤，具体实施时应做到：一是在大型体育活动举行前明确掌握重点部位底数，统筹安排保卫工作主次，并在安全检查后派人把守或封闭场馆；二是在活动举行过程中根据实际需要，使用足够的保安力量予以守护、巡视或设岗执勤；三是积极运用科技手段监控重点部位；四是发现异常情况要立即报告并做好应急处置，不致影响全局。

4. 严格验证制度，控制人员容量。

为了保证大型体育活动安全有序地进行，可制发各种证件，凭证入内。一是事前核定人员容量，通过严格票证管理、控制人员容量，严防超员；二是分别制发观众入场券、运动员证、工作人员工作证、记者证等，通过分类验证的方式，规范现场各种人群活动区域，便于维护秩序，防止不法分子乱窜。做好要害保卫和保安工作。

5. 组织足够的保安力量，维护场内外秩序。

要根据规模大小，组织足够的保安力量担任纠察，维护好售票处、进出口、停车场及场内外秩序。

（1）按照工作方案部署岗位，划定分管范围落实责任，各岗、哨、位之间要责任分明，互相配合，保持联合，协调一致，不留空档。

（2）在观众席和其他群众活动集中的地方布置活动保安执勤人员，有条件的可设置监控设备，对有不法行为的人进行录音、录像取证或发出警告等。

（3）认真履行岗位职责，制止影响秩序的行为，及时调整和劝阻各类纠纷。现场抓获的违法犯罪人员应迅速带离现场交由公安机关处理。

（4）提前布岗晚撤岗，把住入场、散场关。防止因急于进场而发生拥挤、踩伤事件，不给蓄意闹事者留下可乘之机。

（5）组织好抢险救护人员、车辆和维护秩序的应急机动力量，一旦发生问题，临危不乱，从容处置，保证安全。

6. 妥善处理比赛中的群众性治安事件。

大型体育活动，尤其是足球比赛期间，会出现一些群众性的治安事件，要做好防范和处置工作。

第一，防范措施。

严密的防范措施是保障比赛顺利进行，防止群众性事件发生的前提。针对不同情况，防范行为可以分三步进行。

（1）赛前预防

即针对体育场内外的情况，制定工作预案和应急措施。

（2）赛中预防

赛中预防是关键，在整个比赛中，要严密注视比赛的变化，把握观众情绪的波动，发现异常征兆，及时采取措施，进行疏导、平息。对发生的区域性骚动，要适时利用广播进行劝阻，执勤警察及时制止起哄者；对个别寻衅滋事、企图捣乱者，要设法带离看台，进行教育和审查；对不同观点的"啦啦队"、球迷要予以特别关注，防止发生争执、斗殴；对比赛双方及与裁判员之间发生的矛盾，由比赛仲裁委员会处理，保安执勤人员不应介入；依据场上运动情绪及比分的变化，做好综合预测，适时部署防范工作。

（3）赛后预防

赛后预防包括场内和场外预防。

场内预防。比赛一结束，要通过广播宣传，马上组织引导。保护首长、外宾、运动员、裁判员等退场，同时尽快动员、引导观众退场。对下到场地要求运动员签名的观众，应维持好秩序，及时疏散围观者便于运动员撤离，防止人群聚集、拥挤，不给企图闹事者以可乘之机。

场所预防。场外保安执勤人员要尽快引导、疏散人员、车辆，保证道路畅通。并与公交部门配合，组织好观众迅速离开现场，防止大量观众停留在体育场附近，影响秩序和引发治安问题，对尾随、纠缠运动员、裁判员的人，要及时疏导，视情采取驱散措施，防止人群在场外聚集，以免发生不测。

第二，处置对策。

（1）事件初起对策

事件初起阶段，要坚持正面疏导，及时说服，稳定观众情绪，防止事态蔓延扩大。

（2）事件中对策

一旦事件蔓延、扩大，要以谈话或语言进行广播宣传，直陈利害，劝解疏导，力求使多数观众情绪得到抑制、稳定、缓解。同时，要不失时机，及时调集机动力量迅速插入闹事双方，使其脱离接触，隔离主要闹事者，保护被攻击者。在此期间，要果断决策，讲究策略，以避免引发群众对立情绪，加剧事态变化。

（3）事件后的处置

要将参与事件的人员逐一审查登记，交由公安部门处理。及时清理现场，核查场内设施的损坏情况，登记受伤人数、姓名及受伤情况，便于以后的经济赔偿工作。

第三节　大型商场的保安勤务

大型商场一般位于市中心或繁华地段，交通便利，客流量大，商品、物资高度集中，大多数在室内进行，所经营的商品门类齐全，档次各异。做好大型商场的保安工作，有利于经济活动的正常开展。

1. 大型商场的特点

（1）人员集中，流动人口数量大

在大型商场，集中了大量的顾客。他们是不同地域、不同职业、不同年龄、不同心理状态和不同需要结构的流动人员。

（2）商品集中，货物的进出量大

大型商场的商品中，有日用品和必需品，也有高档消费品和耐用品，进货渠道广，销售量大。

(3) 车辆集中，出入口交通拥挤

随着大型商场的繁荣，人财物流动量巨大，带动了运输市场的繁荣，客货运输车辆猛增，交通堵塞严重。

(4) 火灾危险性大，灾后影响大

大型商场经营的商品中，易燃品多，品种多，商家重经济效益而忽视安全防范，烟头和电器起火的情况时有发生，火灾的危险性大。一旦发生火灾，扑救难度大，造成的后果严重。

(5) 情况复杂，违法犯罪分子有机可乘

在大型商场，有人利用拥挤之机，扒窃顾客钱包，抢夺柜台内的营业款或柜台前顾客的购物款，有人用各种手段进行诈骗犯罪活动，有人事先潜伏在商场内或翻窗入室，或攀沿建筑设施而进入商场盗窃，也有人预先埋伏，伺机抢劫营业货款。

(6) 人多拥挤，治安灾害事故频频发生

因人多拥挤而造成踩伤、踩死事件和商场内设施、商品遭破坏事件，因抽烟或电线老化而引起的火灾事故，都是发生频率较高的。

2. 大型商场保安勤务的主要任务

大型商场的情况和特点表明，保安人员要有效地防止违法犯罪和各种治安灾害事故的发生，维护好商场内的正常秩序，就要努力完成以下几项任务：

(1) 加强安全防范设施建设，进行安全检查

安全防范设施建设应从两个方面入手：一方面，通过防范区域的门、窗、墙壁、屋顶、橱柜等措施，给不法分子的作案增加难度，延缓不法分子的作案时间，从而有效地减少其犯罪得逞的机会。另一方面，通过在防范区域安装报警技术装备，提高对入侵者的快速反应能力，从而实现对犯罪的早发现、早制止、早抓获的目的。作为执行保安勤务的人员，应当劝告并督促商场的经营者积极推进安全防范设施的建设，如安装防盗门、加固金属防护网、配备防盗写字台、采用闭路电视监控系统。安全检查主要是检查门前及周围环境是否符合安全要求，如店门能否正常开启、关闭，周围有无危险物、障碍物，顾客进出是否方便、安全，店内的金库、物品库以及主要柜台的安全报警装置有无故障，供电、供暖、供水设备是否正常、安全。

（2）做好安全宣传教育工作，防止案件、事故的发生。

做好安全宣传教育工作，是防止各种违法犯罪活动和灾害事故发生的必不可少的措施。保安人员应当经常地向顾客进行安全宣传教育，提醒顾客提高警惕，注意安全。同时，保安人员还应当向商家进行安全的宣传教育，使他们保持警觉，减少和避免不法侵害，防止火灾、爆炸事故的发生。保安人员的这种安全宣传教育，还可以对不法分子起到威慑作用，使他们放弃作案念头，从而减少案件和事故的发生。保安人员应当利用多种形式，经常性地作安全宣传教育工作，提醒经营者、顾客，防止钱物被盗被抢，防止无意中留下火灾、爆炸的事故隐患。要加强法制教育，增强广大群众遵纪守法的自觉性。要加强经商人员的安全培训，提高他们自我防卫的技能，特别是对多发性的盗窃、抢劫、诈骗等案件的防卫技能。

（3）加强巡视工作，保障重点部位的安全。

为了维护商场内的正常秩序，保障重点部位的安全，保安人员必须在防范区域内巡回走动，以便及时发现、制止违法犯罪活动，及时处理治安事件和事故。对商场内的楼梯口、升降梯口、"热门货"出售柜台、交款处等人多拥挤处和金库、物品库等要害部位，要派出专人看管，分片分工负责，采取多种方式，加强巡视、检查工作，以便及时发现和制止各种违法犯罪行为，及时发现和排除各种不安全因素。当商场关门时，保安人员应当提醒经营者把营业款及时送到银行储存，并将贵重物品以及票证、余款用专柜加锁保存。待顾客、经营者都离开商场后，保安人员要认真细致地对各货架、柜台、楼梯间、厕所以及其他角落进行巡视，防止不法分子藏匿在营业场所内夜间伺机作案。最后，保安人员要检查门窗是否关严，报警器是否接通电源处于有效的工作状态，一直到夜间值班，要注意对高档商品区、存有现款或其他贵重物品的橱柜，除专人值勤、守护外，还要进行经常性的巡视。

（4）做好消防工作，引起对火险隐患的重视。

江泽民总书记指出："隐患险于明火，防范胜于救灾，责任重于泰山。"大型商场内易燃物多，火灾危险性大。一旦发生火灾，造成的损失大、伤亡大、影响大。因此，要贯彻执行《消防法》，建立健全消防管理制度，实行营业岗位责任制，逐级签订防火责任状，引起对火险隐患的高度重视。保安人员必须提醒、督促商家、顾客，在易燃物品集中的柜台，一律禁止吸烟，特别要防止营业员、顾客将尚未熄灭的烟蒂、火柴梗塞进柜缝中或随手甩进商品堆中而引燃成灾；商品仓库要与居住区、作业区、用火区分隔开来，严禁将不同性质的易燃易爆化学物品混合储存；禁止在商店内部使用明火炒菜做饭；夜间巡逻时，要配合进行防火安全检查，把火灾事故消灭在萌芽状态，做到防患于未然。

3. 大型商场保安勤务的实施

在大型商场中实施保安勤务，就是保安人员在大型商场具体地开展安全服务活动。完成任务的过程，实质上就是实施保安勤务的过程。如上所述，保安人员提醒、督促商场重视安全防范设施的建设，开展安全防范检查的活动，保安人员向顾客、商家进行安全防范的宣传教育，保安人员对商场重点部位所进行的检查、巡视工作，保安人员重视火险隐患，所有这些，都是保安勤务在大型商场的实施。此外，配合有关部门整治商场秩序，预防和制止各种违法犯罪活动，控制销赃活动等等，也是实施保安勤务不可缺少的内容。

（1）配合有关职能部门共同整治商场秩序

在保障商场合法经营的前提下，保安人员要配合公安、工商、税务、物价、卫生等职能部门打击非法经营活动，参与"打黄打非"、"打假扫劣"、打击偷税漏税、整．治欺行霸市等专项治理工作。

（2）预防和制止各种违法犯罪活动

大型商场的盗窃、抢夺、抢劫和诈骗案件较多，保安人员要提醒经营者和顾客提高警惕，注意管好自己的财物。同时，要加强巡逻，密切观察可疑的人和事，及时打击各类现行的违法犯罪分子。

（3）严密措施，控制销赃活动

大型商场的场内场外，常常被不法分子利用作为销赃的场所。保安人员必须具备较强的观察能力，尤其要注意商场的各个角落，防止违法犯罪人员以合法形式掩盖销赃活动。

第四节 公共娱乐场所保安勤务

一、公共娱乐场所的含义及特点

公共娱乐场所，是指专门为人民群众提供消遣、娱乐，尧分享受丰富多彩的文化生活的特殊公共场所。近年来，随着人们物质文化生活的不断提高，生活方式也逐渐发生改变，人们对精神生活的需求更加广泛，因此，公共娱乐场所不断增多，内容不断扩展。目前，公共娱乐场所的种类主要可以分为两类：一是文化类，主要包括影剧院、俱乐部、文化宫（馆、站）、青（少）年宫、曲艺社、录像放映厅（点）等；二是娱乐类，主要包括游艺场、舞厅、夜总会、卡拉OK厅、酒吧间等。

公共娱乐场所具有以下特点：

（一）对不同年龄、职业的人均有极强的吸引力

公共娱乐场所以多种形式服务于社会，能满足人们多方面的精神需求，它可以使紧张工作的人们在这里得到放松、休息，使人们沉闷的心情得到舒散、排解，朋友、同事之间可以在此进行情感交流，企业、商家也可以在此举办各种业务活动和宣传活动。因此，不同阶层的社会成员都对此类场所情有独钟，怀有特殊的兴趣。

（二）人员聚集、情况复杂

全社会各种类型的人都会到公共娱乐场所活动，不同年龄、不同性别、不同职业、不同文化程度、不同兴趣爱好、不同身份背景、不同心理状态、不同目的和动机、不同地区的人聚集在公共娱乐场所，人员密度很大，人们在交往接触中难免发生碰撞、争执、矛盾、纠纷和误解，极易出现复杂局面。

（三）公共娱乐场所易于引发各类治安问题

游艺场、歌舞厅、夜总会、卡拉OK厅、酒吧间等场所，人员成分复杂，气氛轻浮，有些人的举止很不文明，甚至故意捣乱滋事。如有人过量饮酒，酒后失态，乘机发泄，甚至借酒撒疯，严重的醉酒后还打架斗殴，破坏店家物品和场所秩序。同时，这些灯红酒绿的场所，也给卖淫嫖娼活动提供了一定的机会。还有社会上一些不三不四的人和流氓分子也会到公共娱乐场所寻衅滋事或侮辱妇女。

（四）存在火灾隐患

公共娱乐场所用电量很大，有时还要用火（加点蜡烛），吸烟的人也很多，场馆里的装饰材料多是易燃物品，因而，火灾隐患很多，稍有不慎即可引起火灾。寻衅滋事、火险火灾，都会引起场内秩序大乱，如果疏散工作跟不上，必定会出现危险，发生挤伤、踩伤，甚至死人事故。

二、公共娱乐场所容易发生的治安问题及原因

（一）容易发生的治安问题

1. 扒窃和顺手牵羊盗窃。在影剧院、俱乐部、文化宫的售票处、入场口，特别是散场时，容易发生扒窃犯罪案件；在歌舞厅、卡拉OK厅、夜总会等场所，违法犯罪行为人常常趁人们下舞池、去洗手间、接电话等起身离座时，将手包（钱包）放置座位上的机会，顺手牵羊进行偷窃。

2. 寻衅滋事、殴斗伤人。在公共娱乐场所起哄、鼓倒掌、辱骂演员等现象时有发生；不购门票强行入场，打砸门窗玻璃，殴打管理人员的现象也难以杜绝。在一些迪厅舞场，常有不法分子携带刀具，进场寻衅滋事、殴斗伤人，给这些娱乐场所的正常秩序构成极大威胁，有时为争同一舞伴，大打出手，酿成混乱，严重破坏了场所秩序。

3. 赌博活动在有些场所大量存在。有的游艺场、台球厅，明里暗里进行着一定的赌博活动，而且屡禁不止，愈加严重。赌博是一种社会丑恶现象，除了传统的扑克、麻将为工具的赌博形式外，近年来电子游戏厅等设有各种娱乐活动的公共场所，利用"老虎机"等进行赌博的现象也很严重，对社会危害极大。

4. 流氓滋扰，侮辱妇女。在这些场所容易混进一些违法犯罪人员，扰乱公共秩序，流氓滋扰案件较为严重。在有些舞厅、酒吧，有的流氓逼女青年陪其喝酒、跳舞。甚至一些舞厅，片面追求经济效益，违章使用蜡烛照明，美其名曰"营造气氛"，并经常熄灯跳舞、醉酒跳舞，致使舞会格调低下，有伤社会风化，致使卖淫嫖娼分子乘机进行活动，在群众中造成很坏影响。

5. 面临治安灾害事故的威胁。有些公共娱乐场所管理不善、措施不力、安全设备不全，场内外安全环境不好，易发生挤、踩伤人事故，也有发生火灾事故的可能，使国家、人民的生命财产面临重大威胁。

（二）公共娱乐场所产生治安问题的原因

公共娱乐场所之所以会产生治安问题，主要有以下原因：

1. 经营者态度不端正。一些单位负责人经营思想不端正，片面追求经济效益，忽视社会效益，为了赚钱，甚至近乎不择手段。近些年一些娱乐场所为了吸引顾客，提高经营效益，提供某些特殊服务，比如，卖摇头丸，提供色情服务等。

2. 工作人员素质差。公共娱乐场所的工作人员更换频率快、新成分多，政治素质偏低，许多新上岗的工作人员服务意识和服务质量都难以适应形势发展的需要，也是存在治安问题的原因之一。

3. 管理者缺乏法律意识。有些公共娱乐场所的负责人法律意识淡薄，所雇佣的工作人员并非文化基础好、懂得管理的优秀人才，甚至专门雇佣社会上行为不端，甚至"两劳"释放人员来做管理人员或充当"保镖"，实行野蛮管理。

4. 职责划分不明确。"谁主管，谁负责"的原则在一些单位并未得到具体落实，岗位责任制在一定程度上还难以见到实际作用，有时甚至形同虚设。

5. 管理部门检查、监督不力。公安机关在依法检查、监督以及在安全管理方面的力度尚需加强。

三、公共娱乐场所保安勤务的概念及任务

公共娱乐场所保安勤务，是指保安服务公司依据保安服务合同，指派保安人员维护公共娱乐场所正常治安秩序，保障场所内人、财、物安全的保安服务活动。

根据公共娱乐场所的基本特点，公共娱乐场所保安勤务的主要任务是：

（一）维护场所的正常秩序，保障正常的演出、娱乐活动

维持场内秩序，使演出、娱乐活动得以顺利进行，这是影剧院、歌舞厅、游戏厅经营者对保安人员的起码要求，也是保安人员实施保安勤务的基本目的。

娱乐场所，人员高度集中，群体中的人易产生情绪感染和行为模仿。甚至一些别有用心的人故意挑起事端，制造混乱，扰乱秩序。场所内一旦有事发生，就会引起连锁反应，使场所内秩序大乱，干扰正常的演出娱乐活动。保安人员必须及时发现非正常事件的苗头，将其平息在萌芽状态内，确保场所内良好的秩序，使演出娱乐活动得以正常开展。

（二）保障演员安全

在影剧院、歌舞厅等场所内，演员是主要角色。如果发生问题，势必影响整个场所的秩序，并造成不良影响。对于后台、化装间等演员专用的场所，要防止无关人员进入。此外，为了防止"追星族"的过激行为，在演员进出场时，都要注意保护，并在演出过程中，防止某些观众向舞台上丢扔不合适的物品。

（三）保障场所内群众的人身、财物安全

影剧院、歌舞厅、游戏厅的经营管理者和保安人员在向人们提供娱乐消遣的同时，也有义务保障其人身、财物的安全。

（四）保障场所内设施、设备安全

影剧院、歌舞厅的音响设备、照明器材及游戏厅的大型游艺设备其价值都较昂贵，一旦损坏，就会给经营业主带来损失。人员集中的场所内，某些设施尤其是照明设施的损坏，会直接影响到场内的正常秩序。因此，保安人员要提高注意力，防止人为损坏场所内的设施、设备。

（五）协助公安机关预防和打击违法犯罪活动

在影剧院、歌舞厅、游戏厅内易发生各种治安问题，一些违法犯罪人员也会利用这些场所人员混杂的特点进行各种违法犯罪活动，其中尤以偷窃、打架斗殴、赌博、色情等现象较为突出。保安人员在为场所提供保安服务的同时，遇到违法犯罪行为人，应依据自己的职责和管辖范围，将其扭送公安机关和有关部门。有反抗的可依法正确实施正当防卫，以保护自己和场所内群众的安全。协助公安机关预防各种违法犯罪行为的发生，及时有力地打击各种违法犯罪活动。

四、公共娱乐场所保安勤务的主要方法

（一）要充分了解、掌握公共娱乐场所的各项安全管理规章制度

公共娱乐场所有关安全管理的规定、制度主要有以下基本内容：

1. 限制入场人数。按实际容量售票，禁止超员。

2. 按场所的实际容量设置太平门。按实际容纳人员数量的多少设置太平门，通常1000人以下的场所，设置两个出口、两个太平门；1000人以上的场所设置两个出口，4至6个太平门。太平门不能有门槛和台阶，门要向外开；演出时，门不能上锁，以便发生紧急情况时及时疏散人员。

3. 保持场所内通道畅通。场内要设有足够宽度的供观众疏散的纵横通道，

保持畅通,不得任意加椅添座。

4. 保证照明设备正常使用。场内照明设备须保持良好,并能及时排除障碍。

5. 配备消防器材,消除火灾隐患。放映室和场内禁止吸烟和使用明火,要有足够量的消防器材,各重点部位要有专人值班;演出单位在演出时所需的烟火剂等易燃物品,只限当场使用,并须有专人保管。演出结束后,要立即清理演出现场,消除隐患,防止发生火灾和爆炸事故。

6. 注意清场。放映、演出上下场之间的间隔时间,不得少于 20 分钟,观众未散完,不得放人入场。

保安人员必须详细了解上述规定制度,以便在执行具体任务时,根据规定的要求,认真进行检查、监督、管理,使各项规定真正落实到实处。

(二) 做好场内安全检查工作

安全检查必须做到:保安人员要在营业前提前进场,进行安全检查。检查时要认真、全面、细致,注意发现场馆内安全防范设施方面存在的问题,发现具体部位存在的隐患,并及时向客户单位提出整改意见和办法。

安全检查的具体内容包括:

1. 场馆的出入口是否畅通无阻;

2. 建筑设施的安全状况如何,是否能保证使用时没有危险;

3. 太平门是否处于开启状态,门四周有无障碍物;

4. 场馆内疏散观众的纵横通道是否畅通;

5. 场馆内照明设施是否良好,能否正常使用;

6. 消防器材的数量、灭火剂的质量以及灭火器放置的位置是否适当等;场馆内的配电室、电声室、舞台、锅炉房、放映室等要害部位是否能保持良好工作状态,值班人员是否到位;

7. 检查售票数量,严格控制超员;

8. 检查主席台、舞台等部位的桌椅、沙发、装饰品及主席台内部等处有无爆炸装置和物品;

9. 检查地下设施、场所周围、停车场等处有无爆炸物品或其他可疑物品。

(三) 做好场所内外治安秩序的管理

具体有下述工作:

1. 加强售票处和门前地带的管理工作。保安人员要引导来公共娱乐场所活动的群众排队购票、顺序进（出）场，防止发生拥挤、混乱现象；要注意观察门前、停车场周围的动向，监视各种形迹可疑的人员，防止盗窃、破坏等案件的发生。

2. 在活动进行当中，保安人员要加强场内巡视工作。在演出、放映、跳舞等项活动开始前，保安人员应配合场馆其他工作人员，向观众及参与活动者宣传各项安全制度和注意事项，引导群众自觉遵守；活动开始后，保安人员要坚守岗位，密切注意各种动向，进行巡视检查，注意发现场内可疑人员和物品，制止观众向舞台上、舞池中抛掷物品；活动结束后，保安人员要认真做好清场工作，从人到物（尤其注意未熄灭的烟头及其他可疑的"丢弃物"），进行彻底清理，不留任何隐患。

3. 在遇到紧急情况时，保安人员要镇定、稳妥地处理意外事件。场所内一旦发生火灾、爆炸或其他情况，保安人员必须保持头脑冷静，采取积极稳妥的办法进行处理：

（1）如果遇到火灾事故要及时报警，并迅速切断电源，有煤气的须关掉总开关；并要设法稳定群众情绪，迅速有效地组织群众撤离现场；同时尽快启用灭火器，扑灭初起之火；要特别注意在疏散、灭火时，做好对现场的必要保护，既要防止人为破坏，又要防止坏人趁火打劫；在事故发生后，要积极向公安消防部门介绍情况。

（2）万一在娱乐场馆内发现爆炸物品，有条件的可及时排除；遇技术难度较大一时难以排除或因时间紧迫来不及排除的，必须立即疏散群众或就近隐蔽群众；如果就地排除没有足够把握，且有时间将爆炸物品转移他处的，要迅速将爆炸物品转移到安全地带，再做妥善处理。

（3）如果场馆内发生流氓滋事、殴斗伤人事件时，保安人员首先要将围观群众与肇事者分开；要用喇叭向滋事者宣传治安管理的有关规定，动员其自动放弃打斗；同时及时向"110"报警，配合赶到的警察将不听制止的为首者和其他参与人员分别制服拘捕，收缴他们的凶器；并做好寻找、确认知情人、证人的工作。

4. 制止场馆内发生的色情活动。保安人员必须配合场馆负责人员，坚决禁止在公共娱乐场所进行卖淫嫖娼活动。如遇娱乐场所业主传播色情文化，容留色情活动的，保安人员应予以劝阻，必要时可报告公安机关处理。

五、公共娱乐场所火灾逃生方法

（一）逃生时必须冷静

由于进入歌舞厅等公共娱乐场所的顾客随意性大、密度大，大部分娱乐场所在晚上营业，加上灯光暗淡，失火时容易造成人员拥挤，在混乱中发生挤伤、踩伤事故。因此，只有保持清醒的头脑，明辨安全出口方向和采取一些紧急避难措施，才能掌握主动，减少人员伤亡。

（二）积极寻找多种途径逃生

在发生火灾时，首先应该想到通过安全出口迅速逃生。由于大多数娱乐场所一般在营业时只开放一个安全口，在逃生的过程中，一旦人们蜂拥而出，非常容易造成安全出口的堵塞，使人们无法顺利通过而滞留火场。这时就要克服盲目从众心理，果断放弃从安全出口逃生的想法，选择破窗而出的逃生措施。设在楼层顶层的娱乐场所发生火灾时，首先应选择疏散通道和疏散楼梯、屋顶和阳台逃生。一旦上述逃生之路被火焰浓烟封住，应该选择下水管道和窗户进行逃生。通过窗户逃生时，须用窗帘或地毯等制成安全绳索，用于滑绳自救，绝对不能急于跳楼，以免发生不必要的伤亡。

（三）互相救助逃生

在公共娱乐场所进行娱乐活动的年轻人比较多，身体素质好，可以相互救助逃离火场，或帮助年长者逃生。

（四）防止中毒

在逃生过程中要防止中毒。由于公共娱乐场所有大量的塑料、纤维等装饰物，一旦发生火灾，将会产生有毒气体，因此在逃生过程中，应尽量避免大声呼喊，防止烟雾进入口腔。可用湿毛巾或湿衣服捂住口腔和鼻孔，低姿行走或匍匐前进，减少烟气危害。

第五节　集贸市场的保安勤务

集贸市场的保安勤务，就是保安服务公司根据保安合同，派出保安人员为集贸市场提供的安全服务。

1. 集贸市场的基本特点

(1) 人数众多，流动量大

浙江省义乌市的中国小商品城，西安市康复路的商贸市场，从业人员分别为3万多人和1.1万多人，顾客的日流量分别是50多万人次和10万多人次。这两个比较典型的集贸市场，从一个侧面反映了集贸市场人数多和流动频繁的特点。

(2) 场内商品集中，易燃物品多

在集贸市场，商品的品种多、数量多，其中的易燃物多，存放也很杂乱。

(3) 场外交通拥挤，门口车辆多

集贸市场的繁荣，带动了货物运输。在市场门口，往往是客货车辆数量多，行走时互不相让，交通堵塞严重。

(4) 情况复杂，违法犯罪发生率高

在集贸市场，有的商贩见利忘义，采取短斤少量、以次充好、以假冒真等不法手段坑人骗钱；有的欺行霸市，以黑恶集团作"靠山"，扰乱市场秩序；有的在场外贩黄贩禁，也有的窝赃销赃，不法分子的犯罪以侵财型为主。这种发生在集贸市场的侵财型犯罪案件，在所有商店、市场发生的刑事案件中占到80%~90%。

2. 集贸市场保安勤务的主要任务

集贸市场是促进我国社会主义市场经济发展和城乡物资交流的重要场所。为了保证集贸市场的安全，保安组织根据保安合同，派出保安人员，为其提供安全服务，是发展经济的需要，是促进市场经济健康发展的需要。

被派到集贸市场的保安人员，主要任务有以下几项：

(1) 做好集贸市场开业前的安全检查

为了保持集贸市场秩序的长期安全和稳定，集贸市场开业前，保安人员应当对被保护的场所进行安全检查，清除一切不安全因素。检查内容主要有：有无危险物、障碍物；顾客进出是否方便、安全；柜台、金库的报警设备是否正常；商品存放是否安全，铁门铁窗是否坚固；一旦发案犯罪分子能否逃跑等。

(2) 做好群众性的安全防范教育工作

保安人员在保卫集贸市场安全的过程中，要做好经常性的安全防范的宣传教育工作，使人们牢固树立防范意识和安全意识，注意保管好自己的物品，防止案件、事故的发生。

（3）做好整顿和维护市场秩序的配合工作

在执行保安任务的过程中，保安人员应当积极配合有关部门，对市场内的各个摊位、摊点进行安全检查，防止乱设摊点，纠正物品乱堆乱放和阻碍交通的不良状况，坚决取缔无证经营和违法经营活动。

此外，加强巡逻，严格执行安全防范制度等，也是集贸市场保安勤务的主要任务。

3. 集贸市场保安勤务的实施

集贸市场保安工作是维护好市场内部治安秩序，采取有效措施预防违法犯罪和各种灾害事故的发生，保障市场经营者和顾客的人身与财产的安全，保证商店、市场的正常营业的重要工作。要搞好集贸市场的保安服务工作，保安人员应做好以下几项工作：

（1）做好安全宣传教育工作

这是防止各种违法犯罪活动和灾害事故发生的必不可少的措施。经常进行安全宣传教育工作，既可以提高市场经营者、顾客的安全防范意识，使他们保持警觉，减少和避免不法侵害，防止火灾、爆炸事故的发生，又可以对不法分子起到威慑作用，使他们放弃作案念头，从而减少案件和事故的发生。保安人员要利用多种形式，积极配合市场管理部门对经营者、顾客进行安全宣传，提醒他们提高警惕，防止钱物被盗被抢，防止无意中留下火灾爆炸事故隐患。要加强法制教育，增加广大群众遵纪守法的自觉性。要加强经商人员的安全培训，提高他们自我防卫的技能，特别是对多发性的盗窃、抢劫、诈骗等案件的防卫技能。

（2）加强安全防范设施建设

安全防范设施建设应从两个方面入手：一方面，通过加固防范区域的门、窗、墙壁、屋顶、橱柜等措施，给不法分子作案增加难度，延缓不法分子作案时间，从而有效地减少犯罪分子得逞的机会；另一方面，通过在防范区域安装报警技术装置，提高对入侵者的快速反应能力，从而实现对犯罪早发现、早制止、早抓获的目的。保安人员要劝导市场经营者"舍得花钱买平安"，积极推进安全防范设施的建设。要安装防盗门，窗户要加金属防护网，市场交易区、门市部要配置防盗写字台，积极推广防盗写字台式的摊位设施，促进摊位装备防盗化，减少柜台、摊位发生的侵财案件。要加强市场仓库的基础防护设施建设，减少仓库失控、案件高发的状况。在市场内部和交通要道口要积极采用闭路电视监控等现代化防控措施，以便及时发现治安隐患。

(3) 加强巡视工作

为了维护秩序，保安人员要着装整齐，精神饱满地在防范区域内巡回走动，及时发现和制止违法犯罪活动，及时发现和整改不安全因素。流动巡视既要兼顾全面，又要突出重点。对市场"热门货"出售柜台、贵重物品摊点、商店交款处、人多拥挤的地方、商店楼梯口、电梯口、商品储藏库等重点部位，要加强巡逻密度。对节假日购物高峰期，要加强巡逻力量。集贸市场关门停业时，要提醒营业员、摊主将营业款及时送到银行储存，并将贵重物品、余款用专柜加锁保存，待商店职工、市场商贩离开后，要认真细致地逐个巡视营业场所能够藏人的开放货架、柜台、楼梯间、厕所以及其他角落，防止不法分子藏匿在营业场所内夜间伺机作案。要检查门窗是否关严，报警器是否接通电源处于有效的工作状态。夜间值班要坚守岗位，对高档商品柜、存有现款或其他贵重物品的橱柜等重点部位要经常巡视。

(4) 做好消防工作

集贸市场内易燃物较多，火灾危险性大，发生火灾易造成损失大、伤亡大、影响大的严重后果，因此要建立健全消防管理制度，实行营业岗位责任制，逐级签订防火责任状，严格奖惩制度。在易燃物品集中的柜台、摊点，一律禁止吸烟，特别要防止营业员、顾客将尚未熄灭的烟蒂、火柴梗塞进柜缝中或随手甩进商品堆中而引燃成灾。要安装火灾报警器，配备充足的灭火器材，提高发现、控制、消灭火灾的能力。商品仓库要与居住区、作业区、用火区分隔开来，严禁将不同性质的易燃易爆化学物品混合储存。禁止在商店内部使用明火炒菜做饭。夜间巡逻时，要配合进行防火安全检查，把火灾事故消灭在萌芽状态，做到防患于未然。

(5) 配合有关职能部门共同整治市场秩序

在保障市场合法经营的前提下，保安人员要配合公安、工商、税务、物价、卫生等有关职能部门打击非法经营活动，参与"扫黄打非"、"打假扫劣"、打击偷漏税、整治欺行霸市等专项治理工作。一旦发现销售淫秽物品、黄色书刊和其他非法出版物或有制假售劣、偷税漏税的违法犯罪活动以及销售有毒、有害、污秽、腐烂变质食物或未经检疫的禽兽等行为或有欺行霸市、强买强卖、囤积居奇、哄抬物价的行为，应立即报告有关部门予以禁止和打击。

（6）协助公安机关加强人口管理

由于集贸市场从业人员多，流动人口数量庞大，而公安机关人口管理力量相对较少，因此保安人员要积极协助公安机关加强对市场实有人口的管理。集贸市场人口管理的重点是"三口"，即暂住人口、流动人口和违法犯罪嫌疑人口。要把"三口"管理落到实处，必须实现"三个转变"，即实现从"登记发证为主"向"调查控制为主"的转变；实现从"静态管理为主"向"动静结合，动态管理为主"的转变；实现从"全面调控"向"重点调控"的转变。保安人员要积极配合公安机关对市场外来暂住人口全面开展调查摸底，登记造册，建档设卡，以便从根本上扭转外来人员底数不清、情况不明的被动局面。同时，要坚持边调查、边清理，积极配合有关部门清理遣送"三无"人员，即无有效证件、无正当职业、无固定住所人员，从而减少违法犯罪因素。

（7）预防和制止各种违法犯罪活动

集贸市场人多拥挤，财物集中，购销多以现金交易，所以在商店、市场内发生较多的刑事案件是偷盗、扒窃案件。保安人员应当认真研究这些多发案件的特点和规律，采取针锋相对的措施，狠狠打击这些违法犯罪分子，保障经营者和顾客的人身财产安全。鉴于商场、市场刑事案件中占绝大多数的案件是侵财案件，对侵财案件的遏制是商店、市场犯罪预防的重点。为此保安人员要重点开展以下几项工作：

一是大力开展反扒斗争。扒窃俗称缙窃，是指扒手使用简单工具或不用工具，从他人身上窃得钱财的行为。扒手对他人口袋内的现金一般采用手指掏包术，对他人拎包、背包内的钱财往往采用刀片划包术或者拉开背包的拉链而后用手指掏包术。集贸市场财物集中，顾客携款选物，人多拥挤，是扒手喜欢活动的场所，在节假日期间扒窃案件比平时增多，因为节假日逛商场、购商品的人增多，而且往往比平常携带更多的钱财，所以扒手把节假日视为扒窃的好时机，因此节假日扒窃活动也较为突出。

在集贸市场，扒手侵害的对象基本上有三种人，一种是结伴而行的男女青年，他们有的是为情侣选购礼品，有的是为筹备婚事去商店选购结婚用品，有的是新婚蜜月到商店、商场游玩和购物，他们口袋中有钱，注意力往往集中在商品上或沉浸在甜言蜜语之中，思想比较麻痹；一种是外地人，他们人生地不熟，携款较多，注意力被琳琅满目的商品所吸引；最后一种是中、老年妇女，他们在挑选商品时目光专注，聚精会神，警惕性往往不高，反应不快，极易让扒手得逞。识别扒手的主要办法是"三看"：一是看眼神。"贼眉鼠眼"的扒手其共同特点是眼睛很活，经常走动眼神，搜寻作案目标，观察动静；寻找目标时，两眼乱转；观察动静时，侧面而视；正在作案时，眼睛发直；作案得手后，余光看人。二是看行动。扒手常常三五成群，嘻嘻闹闹，互相呼应。他们总是拼命地往人多的地方簇拥，常常在"挤"、"靠"顾客时下手。三是看携带物品。扒手作案时，一般手拎小公文包、报纸、书刊、围巾、手套之类的小物品作"盖物"（即掩护物），以遮挡人们的视线，分散人们的注意力，掩盖其犯罪活动。保安人员要善于从各个方面发现疑点，然后重点跟踪监视。所谓疑点，即与正常顾客有不同之处，具体说来，可以从下列几方面思考：正常顾客逛市场是为了购物，如果有人到市场内既不购物，也不看货架上的商品，而老是盯着他人的口袋或提包，则为可疑；正常顾客不喜欢拥挤，有时为了购热门货不得不忍受拥挤，而如果有人不购物却喜欢往人多拥挤的地方钻，则为可疑；正常人走路都会留意前方，而如果有人在不拥挤的地方却把人撞倒，则为可疑；正常女人是不会靠贴在不认识的男人身上，如果有个女人把身体紧紧地贴在男人身上，则为可疑；正常人不会拿着书刊、报纸、帽子、围巾等物品在市场内四处游荡，如果有这种人，则为可疑；如果一伙青年人在市场内闲荡，时分时合，常常交头接耳，神情诡秘，则要留心其是否为扒窃团伙。在反扒斗争中，保安人员一方面要身着保安服，在市场内巡回走动，以震慑不法分子，使其打消扒窃念头；另一方面，还要组织便衣力量，化装成顾客，密切监视可疑分子。发现扒手，不要慌乱，要等到时机成熟时突然行动，将扒手抓获，尽量做到人证、物证、旁证齐全。

二是保安人员要采取有效措施预防和制止其他侵财案件的发生。犯罪分子在市场内以钱财为目标作案的手法，主要是盗窃、抢夺、抢劫、诈骗四类，尤以盗窃居多，盗窃案件除扒窃外，较常见的还有"跑柜台"、拎包、调包等。所谓"跑柜台"，是指不法分子混在顾客行列中，到柜台内装着挑选商品以等待机会，利用营业时间顾客多、业务忙、营业员稍微疏忽的瞬间，躲开营业员的直接视线，悄悄地把柜台上供顾客选购的或者柜台内容易拿到手的一些贵重物品，迅速地藏在衣服内或者随身携带的空包里。所谓拎包，是指不法分子乘人不备，迅速将顾客放在柜台或者身边地上的提包、皮箱拎走。所谓调包，是指不法分子用事先准备好的内装废物的提包或密码箱，调换顾客放在身边的外型相同或相似的提包、密码箱，以窃取他人包（箱）内钱财。为了预防和减少这些案件的发生，保安人员一方面要提醒经营者和顾客提高警惕，注意保管好自己的财物，另一方面要加强巡逻，密切观察可疑的人和事，及时打击各类违法犯罪分子。

三是采取严密措施控制销赃活动。集贸市场常常被犯罪分子利用作为销赃的主要场所，有些案犯急于把非法所得的赃物转换成现金挥霍，便来到商店、市场寻找买方进行兜售，有的拿到商店、摊点寄售，有的直接找顾客销赃，特别是旧货市场、旧货寄售商店、拍卖行、当铺、废旧物品收购店等营业场所，更容易被犯罪分子利用作为销赃的渠道。销赃渠道不控制好，客观上会刺激盗窃之风的蔓延，因此保安人员要积极配合公安机关打击销赃活动。保安人员要深入到旧货收购、寄售、典当、拍卖单位进行巡查，督促他们遵守规定的经营范围，坚持凭证收购、寄售制度，接受贵重物品和重要物资要凭证明进行登记，发现违禁物品及其他可疑情况应及时报告。同时还要对市场各个角落进行巡视，防止一些违法犯罪人员利用集市贸易的合法形式掩盖销赃活动。对于寄卖、出售物品所索要的价格与物品实际价值相差悬殊的，寄卖、出售的物品与本人身份不相称的，所寄售物品与出售季节不协调的，所出售的物品与公安机关查寻的物品相似的以及旧货出卖者对其所卖旧物品的牌号、产地、性能、特征、原价、使用时间等情况缺乏必要了解的，上述情况应视为可疑，保安人员要重点进行盘问。通过打击销赃活动，控制和堵塞销赃渠道，既可以缴获赃物，挽回公私财产损失，又可以从调查赃物入手，顺藤摸瓜，协助公安机关破获案件，起到预防和打击侵财型犯罪的双重功效。

第六节　展销、展览场所的保安勤务

展销、展览场所交通便利、客流量大，做好保安服务工作，对于有效地预防违法犯罪和各种灾害事故的发生，对于促进城乡交通和经济活跃，都有积极意义。

1. 展销、展览场所的主要特点

（1）交通便利，人员流动性大

展销、展览场所一般位于市中心或繁华地段，交流便利。因此，不同地方、不同职业、不同年龄、不同心理状态和不同需要结构的人员，都会涉足，并往来频繁。

（2）商品集中，库存物资量多

展销、展览场所商品、物资高度集中，有的搬上柜台，有的库存物资、商品门类齐全，用途广泛。

（3）场所复杂，治安问题不少

在展销、展览场所，某些不法分子利用公共场所人多拥挤之机，扒窃顾客钱包，抢夺营业现款，有的不择手段进行诈骗犯罪。此外，因拥挤带来的伤人、死人、哄抢、火灾等治安事件、事故，都有可能发生。

2. 展销、展览场所的主要任务

（1）进行展销、展览前的安全检查。

为了保证展销、展览活动的顺利进行，开展前保安人员必须对展销、展览场所进行安全检查。

（2）做好安全防范的宣传教育工作

在展销、展览过程中，保安人员要做好安全防范的宣传教育工作，防止不法分子的破坏和捣乱，防止治安事件和事故的发生。

（3）加强巡逻，制止一切违法犯罪活动

保安人员要维护好展销、展览场所的正常秩序，就要对重点部位和重要目标加强守卫、巡视，并指定专人负责管理。对故意扰乱秩序等违法犯罪行为，要采取果断措施。

（4）严格执行安全防范制度

承担展销、展览保安任务的人员，要认真执行安全防范制度，采取一切措施堵塞漏洞。严格出入人员的登记制度和出入库制度，加强夜间值班制度，保证报警系统的正常运行。

3. 展销、展览保安勤务的实施

展销、展览场所保安勤务的实施，主要是做好以下三个方面的工作：

（1）开展前的安全检查

安全检查的主要内容有：门前及周围环境是否符合安全要求，大门能否正常开关，附近有无危险物、障碍物；店内、金库、物品库、主要柜台的安全报警是否失灵，各种设备设施是否正常、安全。安全检查的目的是：确保展销、展览场所畅通，顾客进出方便、安全，防止火灾等事故的发生。

（2）开展安全宣传教育工作

这一工作是做好公共复杂场所安全工作的基本手段，在展销、展览场所必不可少。

（3）展销、展览中加强巡视工作

在展销、展览中履行保安服务，要认真负责，加强巡逻，坚决贯彻执行国家有关的法律法规和主办单位的规章制度，发现、制止和打击一切违法犯罪活动，注意发现事故隐患，维护好展销、展览活动的正常秩序。

第十章　交通点、站、场的保安勤务

随着改革开放的不断深入和保安业的发展，保安服务业的服务范围也在不断扩大，其中为交通点、站、场等公共复杂场所提供保安服务已成为各地保安服务公司的主要业务之一。而随着科技的发展，安全防范工作的技术含量也越来越高，人们对安全的意识、观念，也不断发生变化，要求也越来越高。因此，公共复杂场所保安服务和保安技术、咨询服务成为越来越重要的保安业务，对每个保安人员来说，这些方面的业务要求也越来越高。

交通点、站、场等公共复杂场所，是从事政治、经济、文化、体育、文娱、商贸、旅游等活动而形成的群众集散场所。这些场所既是人们生产、生活、休息、娱乐等所必需的地方，又是各种不法分子进行犯罪活动集聚的场所，也是容易发生各种事故、事件的场所。因此，加强这些场所的治安保卫工作十分必要。为这些场所提供保安服务，是指保安服务公司根据客户雇请，向交通点、站、场等复杂公共场所派出保安人员，依照国家法律和有关规定，为维护这些场所的正常秩序、防止违法犯罪和各种治安灾害事故的发生，保证人、财、物安全而开展的一项综合性保安服务活动。不同的公共场所有不同的特点，但它们的共同点是：人员集散性强，财富相对集中，不安全因素多，管理难度大。

第一节　火车站、汽车站的保安勤务

火车站、汽车站的保安勤务，是指保安服务公司根据保安合同，派出保安人员为火车站、汽车站等公共复杂场所提供安全服务的活动。

1. 火车站、汽车站的基本特点

火车站、汽车站是现代交通的主要出入口之一，是流动人口和各类物资的重要集散地，既有候车歇息的旅客，又有送客、接客的人员。因此，车站人员集中，物资丰富，治安情况十分复杂，既是盗窃、流氓、诈骗等各类犯罪分子经常活动的地方，也是这些犯罪分子作案后流窜外地、逃匿栖身、转移赃物的重要关口。同时，在火车站、汽车站，旅客为了赶乘车，争分夺秒，拥挤十分严重，挤死人、踩伤人的情况也经常发生。节日前后的人口流动高峰期，车站的客流量剧增，治安秩序混乱，治安事件、事故时有发生。此外，"黄牛"倒票的问题，任意停车或摆摊设点阻碍交通的问题，商贩提筐携篮围车，大声叫卖并与旅客发生争执的问题，严重干扰了车站的正常秩序。车站是各种流动人口集散的重要场所，旅客来自四面八方，他们临时集合在一起，互不认识，难免出现因人多拥挤、话不投机、争抢座位等原因而发生争吵、打架斗殴等事件。有些旅客不顾政府禁令，随身携带易燃、易爆、剧毒、放射性物品乘坐车船，严重威胁着旅客生命财产和车船的安全。在车站、码头附近还散居着一些盲目流入城市拉家带口的人员，这些人无正当职业、无固定收入，有的打短工，有的以捡破烂为业，其中有些不法分子伺机在车站、码头盗窃公私财物。

随着市场经济的不断发展，流动人口进一步增加，交通运能和运量的矛盾进一步加大，旅客中转时间延长，车站、码头的滞留旅客数量进一步加大，加上旅馆、饭店、舞厅、影院、商业网点等第三产业在车站、码头地带大量涌现，这些场所客流量日益增加，治安情况也日益复杂。因此，许多车站、码头、机场开始向保安服务公司聘用保安人员，以维护这些复杂场所的正常秩序。

2. 火车站、汽车站保安勤务的主要任务

车站保安工作的主要任务是维护好治安秩序，预防和制止案件、事故的发生，保护旅客人身和财产安全，保障交通运输事业健康发展。

① 维护好重点部位的治安秩序

车站保安人员应当组织职工维护好公共秩序，重点要做好停车场、售票处、问讯处、行李房、小件寄存处、候车室、出入口等部位的秩序管理工作，避免混乱拥挤，让犯罪分子无机可乘。

② 严密进行安全检查

车站的保安执勤人员，必须把好入口处，检查旅客的行李，从中截获易燃、易爆、剧毒、放射性物品，杜绝危险品上车，以免发生爆炸、火灾、中毒等治安灾害事故，确保行李安全。

③ 加强对旅客的安全防范宣传教育工作

车站保安人员，要从讲秩序教育开始，教育旅客按先后顺序排队购票，排队上车，不得拥挤。要提醒旅客不要把包裹交给不认识的人看管，也不要替不相识的人代管物品，以防不测。要经常向旅客宣传携带危险品上车的后果。

3. 火车站、汽车站保安勤务的实施

① 加强对旅客的宣传教育工作

保安人员要利用多种形式向旅客进行遵守公共秩序、注意安全的宣传教育，使广大旅客真正懂得遵守安全规则对于安全旅行的重要意义，并把"旅客须知"变为自己的自觉行为。要教育广大旅客按先后顺序排队购票和进出站，不要拥挤。要经常提醒广大旅客提高警惕，尤其是在购票和人多拥挤时应留心自身携带的财物，防止扒窃分子作案。要提醒旅客不要把包裹交给不认识的人看管，也不要替不相识的人代管物品，以防不测。要经常向广大旅客介绍携带危险物品上车船的危险性，使旅客自觉交出所携带的危险品。要有针对性地做好有犯罪可能的人员的思想工作，使其放弃作案的念头。

② 建立健全安全管理制度

保安人员要协助车站管理部门根据客流量和实际情况，建立健全各项安全管理制度，落实安全岗位责任制，要经常检查安全管理制度的执行情况，发现违反规章制度的现象，要按照规定予以必要的处罚，使各项安全管理制度落到实处。

③ 加强车站暂住和流动人口的管理控制工作

目前在车站从事装卸和施工作业的人员中相当一部分是农民合同工、临时工。加上车站附近聚居着一批盲流人员，流动人口数量就更多。这些人流动性大，成分复杂，素质较差，难于管理，不少违法犯罪分子混杂其中，进行各种违法犯罪活动。因此保安人员要配合有关部门，根据国家对暂住人口管理的有关规定，把车站暂住人口纳入规范化管理的轨道。

④ 加强重点部位的治安管理

保安人员要组织职工维护好公共秩序，重点要做好停车场、售票处、问讯处、行李寄存处、行李房、休息室、出入口等重点部位的秩序管理，避免混乱拥挤，使犯罪分子无机可乘。

⑤ 严密进行安全检查

车站保安执勤人员要把好候车室入口处，检查旅客携带的行李，从中截获易燃、易爆、有毒、放射性物品，杜绝危险物品上车，以免发生爆炸、火灾、中毒等治安灾害事故，确保火车、汽车安全运行。在检查危险物品过程中，要注意发现作案工具、淫秽物品和走私物品，为打击现行违法犯罪提供线索。

⑥ 抓住突出的治安问题进行重点整顿

针对某一时期出现的危害车站治安的突出问题，集中力量、集中时间进行整顿，是强化车站治安秩序管理的有效方法。实践中，可能构成危害这些场所治安秩序的治安问题主要有：

（1）群众性随车、围车叫卖现象突出，有些内部职工家属、待业青年和车站附近的市民、农民，利用管理上的漏洞，在车站、码头内围车、随车叫卖，向旅客兜售图书、食物、饮料等，往往因质次价高而引起争吵，甚至打架斗殴，这类治安案件可能一度成为影响车站治安秩序的"老大难"问题，引起广大旅客的不满。这时，治安人员就必须协助有关部门，集中力量开展制止围车船叫卖的专项治理。

（2）春运期间正值客运高峰期，车票十分紧张，车站票贩子活动可能比较猖獗，引起广大旅客的强烈不满。这时，保安人员要协助公安机关狠狠打击票贩子的不法行为。

（3）有些车站聚居着成千上万的盲目流入城市、流浪乞讨人员，有的衣衫褴褛、蓬头垢面，混迹于车站各个角落，讨吃讨喝；有的到处露宿，横躺竖卧，男女混杂；有的赤身裸体，在大庭广众之下，出丑滋事；有的在车站到处游逛，趁旅客不备，进行偷盗等等，这些都极大地损害了车站的文明形象。保安人员应当集中力量，协助政府和公安机关劝返盲流人员，遣送游民乞讨者。

（4）有些车站交通管理十分混乱，有些人为了送客和接客方便把车辆开至检票口；有些宾馆、饭店、招待所为了拉客源，也把车辆开至出口处；有些出租车为了抢客，也争先恐后地占据出入要道；有些个体商贩也在出入要道抢占有利地段，乱设摊点。以上种种情况把本来就十分狭小的出入口交通要塞地方堵得严严实实，使旅客进站出站都十分困难，引起广大旅客不满。因此，保安人员要集中力量，加强对车辆的管制，清理交通要道上的摊点，保持出入口交通要道的畅通。

（5）春节期间和某些旅游城市的旅游旺季，旅客剧增，秩序往往不好，保安人员要特别注意疏散人群，加强统一指挥管理，维护好旅客进出站、上下车的秩序，防止拥挤造成死伤事故。

当然，需要说明的是，集中力量抓住突出问题整顿，并不等于要等某类治安问题堆集成灾，变成危害车站治安的突出问题后才下力气予以整顿。保安人员应当立足于预防，防微杜渐，一发现问题，就及时予以解决。然而在实践中由于种种原因，车站码头在某一阶段可能出现一些突出的治安问题，这时保安人员应当义不容辞地开展专项治理工作。

⑦ 积极识别和抓获违法犯罪分子

车站是各类刑事犯罪分子流窜的重要关卡，不法分子往往利用交通方便的条件流窜到外地作案或者作案后乘车逃匿，以逃避打击。应该看到，流窜犯和作案人员在车站滞留的时间比较短，有的仅仅是路过而已，因此保安人员必须时时刻刻保持高度警惕，遇事做到快速反应，其基本要求是"四快"，即识别可疑对象快，报告公安机关快，采取查控措施快，制止不法行为快。保安人员要熟练掌握各种识别不法分子的方法，注意从旅客的外形、衣着、神态、言行、携带物品等方面捕捉疑点。根据实践经验，有下列可疑的，应当进一步布置观察、查控：

（1）衣着可疑者。实践中可以发现下列情况，有些不法分子狼狈逃窜，生活无规律，往往衣冠不整，衣服肮脏；有些不法分子作案成功，大发洋财，便大肆挥霍，特别是一些年轻人，一旦获得巨额不义之财，便穿金戴银，全身名牌；有些不法分子因逃避追捕，匆忙携带行李即向上逃窜，因而其上下衣裤有时显得十分不相称；有些犯罪分子为了作案方便，穿着窃来的公安、工商、税务、海关等制服，但可能不太合身；有些不法分子穿着刚偷来的服装，可能衣大裤小，很不合体；有些犯罪团伙特别是少年团体，作案得逞后购置一模一样的服装，甚至连行李包也买同个品牌的；有的犯罪分子作贼心虚，戴上墨镜或把帽子戴得很低，企图不让他人识破其真面目。因此，保安人员若发现旅客中衣裤肮脏者，上下衣裤明显不配者，衣裤不合体者，服装奇异者和一批穿戴相同的旅客等，应当多加留心观察。

（2）外形可疑者。绝大多数人都不会纹身和剃光头，保安人员见到旅客中有纹身、剃光头的，要留心观察，因为刚越狱逃跑的劳改犯都是剃光头，而那些纹身的也大多是流氓习气严重者，可能是负案在逃犯。当然，如果发现旅客体貌特征与公安机关通缉协查对象相近者，更须留意。

（3）神态可疑者。除少数老奸巨滑的"二进宫"、"三进宫"犯罪分子善于伪装外，大多数流窜作案人员如履薄冰，心理压力很大，在大庭广众之下，总是左顾右盼，东张西望，交头接耳，坐立不安；有些犯罪分子刚作案回来，来不及休息，往往困乏不堪，有的支撑不住，干脆躺在候车船室睡觉；有的不法分子眼睛始终盯着旅客的衣袋、行李；有的不法分子出于恐惧心理，暗中观察公安民警和保安人员，可一旦与公安、保安人员目光相接，他们迅速转移视线，不敢对视。保安人员要善于观察旅客的神色，发现疑点。

（4）行动可疑者。正常旅客在前往车站、码头、机场乘车船和飞机前会整理好自己的行李，而有些犯罪分子可能为了迅速转移赃物、流窜到外地藏身而匆忙赶到车站码头，然后利用候车的短暂时间在车站、码头、机场的候车船机室里整理行装，因此在车站、码头整理行李者属于可疑人员。正常旅客是在车船到达前2小时内到达车站码头候车船，而有些犯罪分子作案得逞后急于潜逃外地，往往顾不得查询车船时刻表就匆匆赶到车站、码头，所以对那些在车站码头长时间滞留者或者是在深夜无车船开航时还赶到车站、码头的人，属于行动可疑者。有的犯罪分子内心恐慌、手忙脚乱，特别是看到公安民警、保安人员，他们总是情不自禁地回避，一旦遇有公安、保安检查行李，他们有时悄悄地慢速躲开。正常的一群朋友同行，一般是由一个人集中购票，如果发现一批同行者分头插到一个购票队伍中去，就要怀疑他们是否想混水摸鱼，实施拎包、扒窃作案。

（5）携带物品可疑者。保安人员在进站口进行危险物品检查中，要开动脑筋，捕捉疑点。如有的旅客携带匕首、弹簧刀、三棱刮刀、螺丝刀、老虎钳、铁锤、铁棍等物品，就要怀疑其是否带这些物品用以作案。倘若排除为亲人、同事代购、捎带异性衣物外，那么其余携带异性衣物者则为可疑。正常旅客衣着与携带物品是相称的，如果打扮考究，而携带一个破麻袋，则为可疑。旅客一般或多或少带一些物品,那些赤手空拳上车船远行者则为可疑。非国家工作人员却带有公安、武警、工商、税务、海关等制服、肩章、标识的,则为可疑。旅客行李装有隔季衣服,如果不是长期出差、学习或投靠亲友等情况,若带有不同季节衣服的,要怀疑其是否为流窜犯或作案后准备长期潜逃人员。

总之,车站是打击流窜犯的重要战场,保安人员要刻苦钻研业务,提高斗争本领,善于透过蛛丝马迹,迅速发现疑点,努力识别混迹在旅客中的流窜犯和现行作案人员,协助公安机关及时把他们捉拿归案,消除隐患。

第二节　渡口、码头的保安勤务

渡口、码头是人员流动、聚集的场所,是物资集散的地方,也是不法分子作案、销赃、栖身的地方。

1. 渡口、码头的基本特点

渡口、码头是广大旅客和物资的集散地,人员往来频繁,同样是违法犯罪分子经常活动的地方。不法分子主要是利用渡口、码头秩序混乱的特点,伺机下手。

2. 渡口、码头保安勤务的任务

执行渡口、码头保安任务,要有专人负责维护秩序,加强渡船的管理,按定额配给固定的船工,做好安全检查工作,严禁病残、醉酒的船工驾船和超载渡运。遇到狂风、大雾、洪水、冰冻或其他恶劣天气,要确保渡运的安全。

保安服务公司根据与客户签订的保安服务合同,为这些场所派出保安人员,其主要任务是维护这些场所的治安秩序,确保旅客旅行活动的顺利进行和旅客人身、财产的安全。

3. 渡口、码头保安勤务的实施

① 对旅客的宣传教育工作

保安人员要经常协助渡口、码头的工作人员向广大旅客进行遵守公共秩序、注意公共安全的宣传教育工作,使广大旅客真正懂得遵守安全规则对于安全旅行的重要意义,并把"旅客须知"变为旅客的自觉行为。

② 危险物品的安全检查工作

旅客私自携带危险物品乘船是十分危险的。近年来全国各地发生的多起火车、汽车、轮船爆炸、燃烧事故，大多是由于一些旅客私自携带危险物品上车、船所致。

保安人员在检查危险物品过程中要注意以下问题：

一是在实行开包检查时，应让旅客自己打开包裹，并逐件拿出所装物品，接受检查。保安人员不要亲自动手打开旅客包裹。

二是保安人员在检查中发现旅客携带的危险品及其他违禁品，应及时交有关部门处理；对那些拒不接受检查或故意刁难、阻止保安人员进行正常工作的旅客，以及私自携带危险物品或其他违禁品而又拒绝交出的旅客，要当面提出严厉批评或警告，若仍无效果，可交公安机关处理。

三是对应予以没收的危险物品，保安人员要逐一登记，交有关部门处理；对拾到的旅客丢失的物品，也要逐一登记，上交保安服务公司或客户单位处理，不能擅自处理。凡交客户单位处理的，保安人员要在事后报公司备案。

③ 保安责任区和重点部位的检查、护卫工作

码头、渡口历来是人、财、物高度集中的地方，治安情况十分复杂，加之目前流动人口大幅度增加，使本来就十分复杂的社会治安更加复杂了。为了有效地维护这些场所的秩序，保障往返旅客人、财、物的安全，担负执勤任务的保安人员，必须做好对责任区和重点部位的巡查、护卫工作。其具体要求是：

一要维护好售票处、候船室、小件寄存处及进出站口等场所的治安秩序，防止拥挤事件和扒窃、流氓滋事等违法犯罪活动的发生。

二要会同码头、渡口的治安联防队、治安积极分子、纠察队员，加强保安区域、地段的巡视检查工作，注意发现候船室、售票处、小件寄存处、行李房等处的可疑物品，及时清除场内"多余物品"，消除各种不安全因素和隐患。同时，保安人员还要注意搜寻可疑分子，抓获正在进行扒窃、诈骗、流氓滋扰、倒卖船票等违法犯罪嫌疑人，以维护这些场所、地段的秩序和旅客安全。

第三节　机场的保安勤务

在现代中国，航空事业飞速发展，保安服务公司根据保安合同派出保安人员

为机场提供安全服务,是形势发展的迫切需要,是保护旅客人身、财产安全的重要措施。

1. 机场的基本特点

机场也是人员流动聚集的地方,是违法犯罪分子为实施航空犯罪而准备武器弹药、创造作案条件的地方,是现代交通的主要出入口。随着市场经济的发展,流动人口进一步增加,旅客中转的时间延长,滞留人数进一步加大,治安情况十分复杂。

2. 机场保安勤务的主要任务

把好登机检查关,是预防航空犯罪的最关键的一道防线,也是打击航空犯罪的有力措施,更是机场保安人员的重要任务之一。登机前的安全检查,对于保安人员来说是十分重要的。同样,抓好售票时的验证检查也是十分重要的。与此同时,机场保安人员应当加强对出入口、停机坪、油库、导航台、跑道等重点要害部位的治安管理,避免混乱拥挤,防止违法犯罪。还要对旅客加强安全防范的宣传教育,确保旅客生命、财产的安全。

3. 机场保安勤务的实施

(1) 机场的保安服务,应当加强重点部位的治安管理

鉴于国际航空犯罪中发生炸机案件的严重后果,为了防止恐怖分子在飞机上预先安放炸弹,使飞机在飞行途中机毁人亡,机场的保安守护要采取以要害部位为主、全面控制为辅,多留机动力量巡逻的做法,将保安力量重点部署在出入口、停机坪、油库、导航台、跑道等要害部位,并派出机动力量,采取巡逻警戒方式,实行对机场的全面控制。特别要加强对停放在机场上的飞机的监护工作,无关人员一律不准接近飞机。工作需要必须接近的,一律凭民航统一制作的贴有本人照片的证件。因工作需要进出隔离区、停机坪、客机坪的人员,必须持有证件,并接受保安人员的检查,严防犯罪分子接近飞机安放爆炸物品。

(2) 机场的保安服务,要求保安人员模范遵守机场安全规定

不准私自上飞机,不准在飞机上和场道灯光设备上乱摸乱动。当机场开放时,严禁横穿跑道。经过安全检查的所有旅客,一律进入隔离区。因特殊情况暂时离开隔离区的,返回时必须重新履行安检手续。旅客登机时,需每次查验登机卡,发现人、物分离的情况时,应果断处罚,由安检专家开包检验,在排除可疑

物品后，方可起飞。

(3) 机场的保安服务，安全检查尤为重要

预防航空犯罪，必须对有关航空安全的每一个环节严格把关，不能有丝毫的麻痹大意。在这方面，售票时的验证检查和登机时的安全检查，是两个重要环节。在售票环节，要严格执行凭身份证和所规定的证件购买机票的制度，不准使用其他证件替代。验证时发现疑点，要认真查清，否则不准购票。售票验证这一关把好了，就能给劫机犯罪活动以很大的限制，即使发案也能迅速查明身份，有针对性地采取措施。在登机前的安全检查中，一方面要严格查验证件、机票和登记卡，登机卡必须持本人身份证和所规定的证件，机票上的姓名必须和所持证件上的相同，严防冒名顶替；另一方面要对所有的登机者进行检查，所有登机的人都必须经过"安全门"。对登机者所携带的提包、物品，必须逐件经过 X 光机检查。必要时，还可以对人身和提包、物品进行人工检查，以便准确地把不法分子藏带的武器、弹药和其他凶器检查出来，以便有效地防止旅客无意中夹带易燃、易爆、化学物品上飞机。在安全检查中，要配备警犬，用于检查提包和托运的物品。机场保安人员应当虚心向专业技术人员请教，熟练地掌握识别和揭露不法分子伪装的本领。

(4) 机场的保安服务，应加强动态巡逻

应实行 24 小时全天候备勤制。现代机场没有白天黑夜之分，全天皆紧张繁忙。保安部门要打破常规的服务机制，变静态管理为动态管理。首先要组建一支保安巡逻队。在机场区域内实行以步行为主、车辆为辅的巡逻。密切注视重点部位和场所，及时传递信息，果断处置各种突发事件。其次把住售票登机关。随着社会的不断发展，乘坐航空器不再受身份的限制。但购票必须凭一定的身份证件，并详细登记清楚，再附上近期照片。登机口的安检人员必须经公安机关严格审查和训练，政治上过硬，熟练现代仪器操作，具有一定的识别能力和现场处理能力。登机口要布置一定数量的保安执勤，及时发现和处置紧急情况。其三，对飞行区域实行全封闭的管理措施。只许特种车辆和地面服务人员在区域内活动，并佩以明显标志，各出入道口布置专职执勤人员，严格其他车辆、人员出入。

(5) 机场的保安服务，应有新的内容

① 保安顾问服务。如保安计划、保安系统的设计、安装及操作、设施的选

用、仪器的选择与来源认定等。

② 贵宾护送服务。主要的服务对象包括护卫贵宾、重要人物。承担贵宾护卫任务的人员必须是经过严格挑选的，不但要仪表端庄、体格强健，而且要具备良好的沟通技巧、高度的信誉和卓越的保卫能力。

③ 贵重物品护送服务。保安公司要以专业服务水准，对托运的贵重及珍贵货物在运送时给予最佳保护，给予顾客信心保证。其服务范围主要是：禁区押运护送、协助入出境手续、提供货运状况报告等。护卫人员要通过严格的选拔，具有丰富的航空、执法和反恐怖活动的经验。

第十一章 宾馆、饭店和物业的保安勤务

第一节 宾馆、饭店的保安勤务

宾馆、饭店都属旅馆。所谓旅馆，是指为过往旅客提供住宿条件及其他生活、生产服务的行业。其服务对象是外出暂住的人，具有社会服务性。其形成多种多样，名称也五花八门。根据1987年11月10日经国务院批准，由公安部发布的《旅馆业治安管理办法》第2条规定："凡是接待旅客住宿的旅馆、饭店、宾馆、招待所、客货栈、车马店、浴池等（以下统称旅馆），不论是国营、集体经营，还是合伙经营、个体经营、中外合资、中外合作经营，不论是专营还是兼营，不论是常年经营，还是季节性经营，都必须遵守本办法。"即只要是经营性接待旅馆住宿的，都是旅店。宾馆、饭店是其中的两种，按一般意义上的理解，宾馆、饭店是指旅馆中规模较大、服务设施完备、档次较高的。

旅馆业是直接为人民服务的行业。随着改革开放政策的实施和经济的发展，流动人员大量增加，促进了旅馆业的迅速发展。尤其是个体经营的旅馆如雨后春笋，其数量比国营、集体之和还要多出若干倍。旅馆的规模、设施也从过去低档、单一、简陋发展变化到高档、功能多样化、门类齐全。大中城市、风景游览区，一些县城也都建起了中高档宾馆，并有配套服务。旅馆业的不断发展，也使治安管理出现了许多新问题、新情况。近几年来各种宾馆、饭店由于发展过快，形成供过于求的局面，特别是中高档宾馆、饭店生意清淡。为了招揽生意，提高

经济效益,有些宾馆、饭店公然不顾国家的政策、法令、规定,不择手段地进行非法经营,为犯罪分子落脚藏身和进行盗窃、诈骗、赌博、卖淫、走私、贩毒等犯罪活动开了方便之门,使各类治安案件、刑事案件大幅度上升,严重危害了旅客的人身财产安全。

一、宾馆、饭店的基本特点

1. 宾馆、饭店的分类

旅馆业的分类,习惯上是从以下几个方面划分:一是从规模上划分,分为大、中、小三种;二是从旅馆的财产所有制上划分,分为全民所有制、集体所有制、个体所有制和外资、中外合资经营五种;三是从旅馆的经营范围和方式上划分,分为专营、兼营、综合性经营三种;四是从旅馆经营的连续性上划分,分为常年旅馆和季节性旅馆。

2. 宾馆、饭店的基本特点

宾馆、饭店属于服务行业之一,服务的对象是投宿的旅客。从广义上讲,它们又是公共场所,凡是按规定办理有关手续的人,均可入内投宿。但是,宾馆、饭店不同于一般的服务行业和公共场所,它具有自身的特点。这些特点,决定了旅馆容易被违法犯罪分子利用落脚藏身和进行各种违法犯罪活动。

① 宾馆、饭店是一个具有既开放又封闭双重性的特定空间。其开放性表现在,接待的旅客不分种族和民族,不分地域,不分职业,来自四面八方,来自五湖四海,来自海内外社会各个阶层。各种各样的人员办理登记手续后,便可以在宾馆、饭店住宿和进出,其成分极为复杂,什么人都有,而且活动各异,流动频繁。宾馆、饭店的封闭性表现在:客人通过登记后,就被安排限制在一个具体房间住宿,每个客房相对来说是一个封闭体,客人在那个一定程度上具有私人空间里的活动情况我们很难全面掌握。客人与客人之间,服务人员与客人之间又大都相互不了解,这就为违法犯罪分子利用宾馆、饭店进行各种不法活动提供了有利条件。

② 旅客流动性大,携带的财物多,易成为犯罪分子直接侵害的对象。随着改革开放的深入和社会主义市场经济的迅速发展,出现了人、财、物的大流动。住在宾馆、饭店的旅客中,有的身带大量资金外出经商购物,有的携带贵重物品探亲访友或旅游观光,还有的带着机密文件因公出差等。他们人生地不熟,防范

能力低，若遇上混迹于其间的流窜犯罪分子，就可能成为他们袭击的目标，这样的案例不胜枚举。

③ 宾馆、饭店从业人员接触的旅客成分极其复杂，三教九流，无奇不有。他们的一些不法行为，使宾馆、饭店的从业人员长期耳闻目睹，极少数意志薄弱者良莠不辨，邪恶不分，受其负面影响和毒害，往往步入歧途。他们利用工作之便，进行卖淫、嫖娼、吸毒，甚至监守自盗，大肆进行作案。

④ 许多宾馆、饭店除住宿外，大多兼营餐厅游乐、歌舞厅、美容美发、工艺品销售等，功能多样，设施齐全，陈设豪华，由于服务项目多种多样，给管理上增加了难度，容易出现死角，存在漏洞、隐患。

⑤ 宾馆、饭店自身的违章、违法经营给违法犯罪分子提供了可乘之机。少数经营者经济效益至上，无视旅馆业治安管理的法律、法规和规章，他们有法不依，有章不循，我行我素，各行其是，很少过问安全防范工作，以至保安不落实，安全设备不到位，规章制度不健全，形同虚设。甚至有的宾馆、饭店接待旅客不履行登记验证手续或简化手续，对旅客携带的贵重物品不实行财物集中寄存保管，导致犯罪分子轻而易举地实施杀人、抢劫、盗窃作案，给旅客生命财产安全构成了严重危胁。

二、宾馆、饭店保安勤务的主要任务

作为宾馆、饭店的保安人员，其主要任务是：

1. 宣传教育旅客提高警惕，对其进行防火、防盗等知识的宣传。

在我国，很多人缺乏在火灾等紧急情况下的逃生知识，在东北某饭店曾发生一起火灾，在着火层住宿的日本客人由于平时受到这方面的教育及训练较多，全都逃出火场，只有几人受了轻伤，而住同一楼层的中国客人则只逃出几人。还有一些旅客从新地方初来乍到，防范意识差。因此，保安人员要对他们加强这方面的教育，使其提高警惕。

2. 维护宾馆、饭店内的治安秩序，以预防和减少刑事案件和治安案件的发生。

宾馆、饭店要给旅客提供一个舒适、安静的休息环境，使旅客有"宾至如归"的感觉，这就要求保安人员要维护好宾馆、饭店内部的治安秩序，尽可能地减少乃至杜绝治安案件和刑事案件的发生。除了大堂、客房部以外，由于很多饭店、宾馆向综合化方向发展，还兼营餐厅、歌舞厅、美容美发等，而且还对非住店旅客开放，保安人员也要做好这些场所的秩序维护工作，而且在这些地方，外来人员与旅客混杂在一起，人员更为复杂，流动性更大，因此，保安人员要给予特别的关注。

3. 保障旅客的人身和财产安全。

旅客入住宾馆、饭店，一般都是外地人来本地旅游观光、探亲访友，出公差或进行商务活动，对本地情况不熟悉，又大都携带大额现金和相机、录像机等贵重物品，容易成为犯罪分子的目标。而旅客在选择住宿地点时，也通常都要把服务、安全作为首先考虑的条件，因此，饭店、宾馆就要提供旅客安全的休息场所，使其人身、财产不受违法犯罪分子的侵害，这项工作的绝大部分是要由保安人员承担的。保安人员一定要保障旅客的人身和财产安全。

4. 防范治安灾害事故的发生。

要防止旅客将易燃、易爆物品带入宾馆、饭店内。同时要限制旅客在客房使用明火，尽可能做好防范措施，防止发生治安灾害事故。现在，很多宾馆、饭店都系高层建筑，而且旅客对其内部建筑、设施情况不熟悉，发生意外情况难以按常规方法逃生。对一些涉外饭店而言，如果火灾等治安灾害事故烧死烧伤外宾，则在国内外造成恶劣影响，对此，保安人员要有足够的认识，加强防范工作。

5. 配合公安机关同各类不法行为作斗争，协查一般治安案件和刑事案件。

在发生可疑情况，发现可疑人物时，要及时通知公安机关。发生刑事案件时，要协助公安机关保护现场，禁止闲杂人员进入。同时，还要完成公安机关交给的其他任务。

6. 保障宾馆、饭店其他各项工作的顺利开展。

三、宾馆、饭店保安勤务的实施

宾馆、饭店保安勤务的实施，要在深入了解和认识宾馆、饭店内违法犯罪活动特点的基础上进行。做到心中有数，有针对性，有重点。

1. 宾馆、饭店中违法犯罪人员一般规律和特点

宾馆、饭店中的违法犯罪分子尽管多种多样，但是，从他们的年龄结构、文化程度、言谈举止、使用证件等方面来看，有一定的共同的规律和特点。保安人员对此进行了解和掌握后，就容易识别出违法犯罪分子。

（1）从年龄结构上看，旅馆中的违法犯罪分子以 18 周岁至 45 周岁的男性青、壮年为绝大多数。近年来，女性在宾馆饭店中违法犯罪的现象明显增多，基本上也都是青壮年妇女。女性在宾馆、饭店中的不法行为有局限性，如卖淫，也有的与男性相勾结从事走私、贩毒、拐卖人口等。

（2）从文化程度看，多数违法犯罪人员的文化程度不高。他们由于读书学习不多，文化知识比较缺乏，文化修养差，写东西错别字多。但他们往往冒充国家干部、高干子女、厂矿企业的业务员、推销员，个别的还乔装打扮成港、澳、台同胞和外籍华人等混迹旅馆，而其饮食、起居、言谈举止等，又常常与其公开身份形成鲜明对比，暴露出种种破绽。

（3）从使用的证件看，违法犯罪分子多使用涂改、伪造和窃得的他人证件登记住宿。无论是公安机关通缉在逃的案犯还是隐蔽较深未列入公安机关视线内的违法犯罪分子，他们为了逃避法律的惩处，在投宿宾馆、饭店时都不敢使用自己的有效合法证件，其目的在于隐瞒真实身份，对付公安机关的检查，蒙混过关。

（4）从经济状况看，违法犯罪人员摆阔气、用钱大方的较多。这与他们的钱是非法所得、来得方便密切相关，也是其人生哲学所决定的。另外，还有的违法犯罪分子住高档客房，吃精美食物，拎着密码箱，为的是麻痹他人思想，使他人解除警戒，便于自己作案。

（5）从携带的物品看，为数不少的违法犯罪分子身带刀、棍、凿、老虎钳等作案工具和金银首饰、大宗现金等赃款赃物、毒品、淫秽书刊等违禁物品。他们携带这些物品的方法都比较隐蔽，有的藏在身上，有的置于包内，还有的晚上将凶器放在床头、被褥下面，以便于作案或拒捕。

（6）从言谈举止看，违法犯罪分子违反常规的居多，这是因为他们心怀鬼胎，伺机作案，害怕暴露，故作镇静，掩盖真相，所以言行举止不同于正常旅客。一般情况下，负案在逃的违法犯罪分子大都不愿与无关人员接触交往，行为诡秘，疑神疑鬼。图谋诈骗作案的人则喜欢拉拉拢拢，自吹自擂，施以小恩小惠拉关系、套近乎，骗取他人信任，以便诱人上当受骗。企图行窃偷盗的人往往鬼鬼祟祟，目不正视，东张西望，探头探脑等。总之，违法犯罪分子的言谈举止有别于正常旅客，只要仔细观察，是可以分辨的。

2. 旅馆业中常见的违法犯罪活动及其规律的特点

在宾馆、饭店中较为多见的违法犯罪活动是：盗窃、诈骗、抢劫、杀人、卖淫嫖娼、赌博等，鉴于宾馆饭店这一空间特点，违法犯罪分子在实施这些不法活动时，又具有一定规律和特点。

（1）盗窃。无论是过去还是现在，宾馆饭店内发案最多的都是盗窃案。盗窃的目标绝大多数为旅客携带的财物，他们盗窃作案的手段大致有以下几种：

一是窃取同房旅客财物。即犯罪分子趁同房旅客暂时离开房间时行窃，或者趁同房旅客熟睡，进入卫生间洗澡之机进行盗窃。

二是溜门入室作案。有些旅客思想麻痹大意，疏于防范，外出时不随手锁客房的门，于是，犯罪分子趁机入内进行盗窃。如果房内还有其他客人，犯罪分子便以找人走错房间为幌子，溜之大吉。

三是破门入室作案。一些盗窃罪犯胆大妄为，利用宾馆、饭店从业人员工作马虎、不负责任之机，采用撬门、扭锁、扒窃等手法实施盗窃作案，屡屡得手，危害很大。

四是临窗"钓鱼"行窃。即犯罪分子利用竹竿等物从打开的窗口伸入空房内，将客人的衣服、拎包等物挑到窗外窃取。

五是复制门钥匙作案。一些违法犯罪分子投宿宾馆、饭店后，利用宾馆、饭店违反规定发给旅客的客房钥匙，重新配制，藏在身上，然后寻找借口调换客房，或者过一段时间重新住回来，乘机用复制钥匙开门入室盗窃。

六是盗窃旅客寄存的财物。这种犯罪分子作案的手法多种多样，.有的利用捡到的或偷到的其他旅客的寄物牌、寄物单去冒领他人寄存的财物，有的是利用保管员离开寄存间之机入室行窃，还有的先骗取保管员的信任，利用出入寄存间方便的条件"顺手牵羊"。

（2）诈骗。宾馆、饭店中发生诈骗案件，犯罪分子采取的作案手法主要有两种：

一是巧立名目，在宾馆、饭店内设立"XX办事处"、"XX公司"、"XX中心"等机构，以此为据点，对外大肆进行诈骗活动。

二是犯罪分子四处流窜，在宾馆、饭店中物色对象进行诈骗活动。不管用哪种手段进行诈骗活动，犯罪分子都有一个共同特点，就是吹嘘、夸耀自己，爱说大话，投人所好，以名利作为诱饵，冒充特殊身份，显示神通广大，能搞到短缺物资，或者能满足你对仕途、美名的追求，从而达到诱人上钩，攫取不义之财等不法目的。

（3）抢劫、杀人。少数穷凶极恶的犯罪分子为了获得旅客携带的财物，往往原形毕露，不择手段地实施暴力抢劫，有的甚至杀人劫货，图财害命。

（4）卖淫嫖娼。一段时期以来，宾馆、饭店成为卖淫嫖娼活动的重要场所，妇女在宾馆、饭店中卖淫的情况比较复杂。

一是卖淫妇女在公共场所物色对象后，来到宾馆、饭店中投宿，进行卖淫嫖娼活动。

二是卖淫妇女以各种借口混进宾馆、饭店，物色对象进行卖淫活动。

三是宾馆、饭店女性服务员利用工作之便，从事卖淫活动。

四是卖淫妇女包租客房，以此为"据点"，在客房内进行卖淫活动。

（5）赌博。在宾馆、饭店内结伙赌博的屡见不鲜。他们有的是来自一地一个单位的同行人员；有的是臭味相投的素不相识的旅客；还有的是为了赌博而结伙住进宾馆、饭店来的惯赌。这些赌博活动，既有发生在旅客临时投宿的客房内的，更有发生在旅客长包房的。相对而言，前者输赢和台面小些，后者较大，成千上万不足为奇。还有人利用宾馆、饭店内的娱乐场所和娱乐设施大肆进行赌博活动。

三、宾馆、饭店保安服务的实施

在了解和掌握宾馆、饭店中违法犯罪活动的规律和特点后，就要从以下方面着手实施保安服务：

1. 调查了解整个饭店建筑设施的基本情况

这是宾馆、饭店保安勤务的基础性工作。只有在全面了解情况的基础上，才能够制定出切实可行和有效的安全防范对策。如楼层、通道、出入口、电梯、门卫制度、夜昼开闭时间等。了解这些情况后，根据防范制度和措施中存在的问题，主动向雇请方或公安机关反映情况，并提出合理的整改建议，积极配合雇请方消除隐患，堵塞漏洞。

2. 具体完善和落实安全防范管理制度

这些制度包括：

① 住宿登记制度。包括登记手续，登记所需的证件、证明、时间、期限等。

② 会客验证制度。包括会客时间、地点、所需的证件、会客方式等均有较具体的规定。

③ 客房钥匙保管制度。包括客房钥匙的管理、存放、提取、交接手续。

④ 财物管理制度。包括客人财物的寄存手续、取用手续和方式及住处财物的个人管理说明等。

⑤ 查班、查房制度。包括检查人员、人数、出归时间等。

3. 加强技术预防，提高控制能力

在无法全面控制或抑制犯罪活动的情况下，实施条件预防和技术预防，也不失为一种安全防范的良策。目前，不少宾馆、饭店已根据自己的具体情况，安装了安全门锁保险柜、报警器等一系列技术防范设施，有些还在宾馆、饭店的前厅、电梯口、餐厅等处安放了报警闭路电视监控系统，大大提高了这些地方同违法犯罪分子做斗争的能力。技术预防的内容十分广泛，作为保安人员主要是协助宾馆、饭店设计和安装系列性的防盗设备，以提高控制犯罪的能力和效果。

4. 加强对宾馆、饭店内部的保安巡视

宾馆、饭店保安勤务大体可分为这样两部分：一部分是固定点、固定岗、固定哨的保安勤务，即根据建筑的风格和特点及重点部位，设置保安勤务岗点和人员；另一部分根据需要，设置游动岗或组织保安人员，加强对整个宾馆、饭店，特别是一些死角的巡视、察看，以防止或杜绝违法犯罪事件的发生。

5. 做好进出人员的验证工作

保安人员应根据内部的保安制度规定，对进出人员和住宿人员进行必要的验证检查，这是宾馆、饭店不可缺少的一项重要安全防护措施。通过此举，不仅防止闲杂人员和不法分子的混入，减少和控制违法犯罪事件的产生；而且也便于对房内合法住宿人员的住宿秩序进行严格管理，防止其他案件或事件的发生。对那些无身份证的旅客应婉言谢绝其投宿；对那些不接受检查验证者要劝其离开，对那些同自己登记的房号不符的人员，尤其是夜间要劝其回自己的房间休息。

6. 注意保安执勤中的风纪问题

保安执勤，尤其是在宾馆、饭店执勤，要特别注意保安人员的形象和风纪。一是要着装整齐，威严庄重，文明执勤，礼貌待客。对外国人要不卑不亢，既要注意维护祖国的尊严和荣誉，又要尊重不同国家和民族的风俗习惯。二是对他人赠送的礼物，要婉言谢绝，实在拒绝不了的，要收下礼物，登记造册，交保安服务公司处理，三是在执勤中发现黄色书刊等，要做到不看、不抄，严禁私存，及时上交有关部门。

第二节　物业保安勤务

一、物业管理的含义、内容

（一）物业管理的含义

物业，是指有明确的建设目的，经过精心设计，已建成并投入使用的各类房屋及与之相配套的设备、设施及相关场地。

物业管理，是指以物业和人为对象，集经营、管理、服务为一体，运用现代管理科学，为物业所有人和使用人提供全方位服务的活动。物业管理，一方面是对房屋和与之相配套的设备、设施及相关场地实施管理；另一方面是接受业主和使用人的委托，提供各种服务。因此，管理和服务是物业管理的本质。

物业管理的性质：物业管理是一种与房地产综合开发的现代化生产方式相配套的综合性管理；是随着住房制度的改革而出现的与产权多元化格局相衔接的统一管理；是与建立社会主义市场经济体制相适应的社会化、专业化、经营化的管理。物业管理属于第三产业，是一种寓管理于服务之中的，为物业所有人和使用人提供全面服务的服务性行业。

物业管理的主要对象是住宅小区、高层住宅楼宇、综合楼、写字楼、商业大厦、旅游宾馆、标准工业厂房、仓库等。管理范围相当广泛，服务项目多种多样，除房屋出租、使用管理，房屋及附属设备、设施的维修、养护外，还有物业管理区域的卫生保洁、治安保卫、交通及车辆管理、环境绿化，以及业主或使用人生活、工作、生产方面的服务，还要代表业主、使用人就有关事宜与政府各部门或公共事业单位交涉。

（二）物业管理的内容

1. 基本业务：房屋维护、修缮、管理；物业附属设备、设施的维护、保养、管理；相关场地的维护、管理；消防设备的维护、保养管理。

2. 专项业务：治安保卫、、庭院绿化、卫生保洁、车辆管理。

3. 特色物业：代办各种公用事业费，代购车、船、飞机票、代订送报纸、杂志、代聘请家教、保姆、家庭护理、代室内清洁、代办业主、使用人委托的其他服务。

4. 经营业务：室内装潢、电器维修、商务中心、咨询、中介、代理出租、房屋交换以及其他业务。

二、物业保安的含义、特点、作用

（一）物业保安的含义

物业保安，是指负责物业管理的保安部门，通过采取各种措施、手段，保证业主和使用人人身财产安全，维持正常的生活和工作秩序的一种管理活动。

物业保安作为一项职业性的服务工作，是介于公安机关职责和社会自我防范之间的一种专业保安工作，它主要是指在物业管理部门指定的管理区域内进行的保安工作。保安的内容主要是治安管理、消防安全管理和车辆停放管理等，保安的手段、方法主要是通过值班、守护、巡逻，防止各种危及、影响用户生命财产安全的情况发生，维护正常的工作、生活秩序。

（二）物业保安的特点

1. 受制性。保安从事某些活动不能用公安机关的方法、手段；保安部门在履行其服务职责的时候，受到有关法律、法令的制约，不准有越权行为发生。

2. 综合性。保安服务集治安、消防、交通等相关内容管理于一体。

3. 履约性。保安服务的方式及具体服务行为，都要受合同、协议的制约。

4. 能动性。保安工作必须随时收集新的信息，了解业主、使用人的各种要求，并根据违法犯罪的活动情况，采取有效的保安措施。

5. 服务性。物业保安是通过服务性劳动，确保业主和使用人生命、财产安全的。

（三）物业保安与物业管理基本业务方面的区别

物业保安与物业管理的基本业务有以下区别：

1. 管理对象不同。物业保安是通过管人及其行为，来实现安全目的的；而物业管理的基本业务是以物业本身为管理对象，目的是使物业取得更高的效益。

2. 管理目的不同。物业保安的目的是向使用者提供安全、舒适的生活和工作环境；而物业管理的基本业务是为了物业的保值、增值。

3. 管理方法不同。物业保安用类似治安管理的方法，公开管理，以动态管理为主；而物业管理基本属于规定性的管理内容，更多的是静态管理。

4. 对企业影响不同。物业保安是整个物业管理的一部分，物业保安工作做得好，直接影响物业管理的质量，也会给社会治安以好的影响，增加物业管理的信誉度；而物业管理的基本业务搞得好，整个物业管理部门就可在市场竞争中取胜，其生存、发展就有广阔的空间，事业会不断扩大，反之则会萎缩。

（四）物业保安的作用

1. 维护物业安全。

2. 减少国家财政支出，减轻公安机关过重的治安压力。

3. 提高社会整体防范水平。可以统一购置、安装先进的安全防范设备，可以确定专人进行不同方面的工作，可以消除许多不安全因素，使安全系数增大。

三、物业保安员的具体职责

（一）门卫保安员的职责

疏导大门进出车辆，保持大门的畅通，维持良好的出入秩序；尽快熟悉物业管理区人员、车辆情况；发现进出车辆、人员的可疑之处；进行必要的证件检查，装载、携带物品检查，进行必要的登记；坚持礼貌服务，文明迎送客人；发生案件、事故时，应服从领导的指挥调遣，积极投入工作；坚持大宗贵重货物凭证出入制度。

（二）巡逻保安员的职责

按照任务要求，确定巡逻的线路、方法、人数和时间；对存在不安全因素的部位要多加强巡逻，如发现危险情况，须尽快解决；巡逻以保证安全为主，兼顾其他，发现一般问题要向有关方面反映，以减少重复劳动；对巡逻中发现的各种情况、问题，都要做好记录，记录情况应详细、准确。

（三）守护保安员的职责

细心观察可视范围内的各种异常现象，及时作出不同反应；注意对保安设备、设施的监护，对电视监控的每个细微情节都要留心观察，不放过任何可疑的人和事；对技术设施的报警，要做到及时反应，立即按规定程序处理；不准擅离岗位，发现可疑情况不准不报告、不记录、不做相应处置；做好监视设备的清洁、养护工作，保证设备始终处于良好的运转状态。

四、物业管理中楼宇消防安全管理

(一) 楼宇消防安全管理的主要方法

1. 建立高层建筑消防管理档案。

2. 建立健全消防管理制度,落实防火责任。

3. 加强消防设施管理,发现问题及时检修。

4. 加强消防安全检查。定期巡视、检查消防器材和设备,使之处于完好状态。检查消防水源有无埋压,防火间距、消防通道有无占用、堵塞;检查电气设备、开关、线路、照明灯具,发现不符合安全要求的,监督有关方面及时维修或更换;节假日、重大活动日,保安员应在消防安全检查方面作出特别部署,对发现的消防隐患,及时整改。

5. 建议物业管理部门将所有青壮年员工都确定为义务消防员。

6. 认真贯彻"预防为主"的消防工作方针;

7. 一旦发生火警,迅速采取措施,立即向消防部门报警。

(二) 消防设备检查及保养

1. 灭火器的保养

(1) 灭火器应放置在通风、干燥、阴凉以及使用方便的地方,环境温度在 $-5°C \sim 45°C$ 为宜。

(2) 灭火器应避免置于高温、潮湿和有严重腐蚀的场合,以防止干粉灭火剂结块、分解。

(3) 半年检查一次干粉是否结块,储气瓶内二氧化碳气体是否泄露。检查二氧化碳储气瓶,应将储气瓶拆下检测重量,观察称出的重量与储气瓶上钢印所标的数值是否相同,如小于所标值 7 克以上,应送维修部门修理;对储压式灭火器,则查其内部内压显示器的指针是否指在绿色区域,如指针在红色区域,则说明内部压力已泄露,无法使用,应赶快送维修部门检修。

2. 消火栓的检查及保养

(1) 栓外检查。检查栓门是否关闭良好;锁、玻璃有无损坏,指示灯、报警按钮、警铃是否安全,栓门封条是否完好。

(2) 栓内检查。检查消防栓内元件是否齐全(用手电光透过玻璃检查),固定是否良好、有无脱落,栓内水龙头有无渗漏。

（3）测试。随机抽取消火栓总数的5%，按消火栓报警按钮，消防控制中心应有正确的报警显示，栓上指示灯亮，测试结果应100%合格。如发现一个不合格，则应加抽总数的15%重新测试（要求100%合格）。

（4）每年逐个打开消防栓检查一次（与管道放水冲洗同步）。检查消防通道有无占用、堵塞；检查电气设备、开关、线路、照明灯具，发现不符合安全要求的，监督有关方面及时维修或更换；节假日、重大活动日，保安员应在消防安全检查方面作出特别部署，对发现的消防隐患及时整改。

（5）消防水带应无破损、不发霉。

（6）将水带交换摺边并翻动一次。

（7）检查水枪头、水带接头是否方便牢固，有无破损。如有破损，及时进行更换、维修或补充。

（8）检查栓门、电线接头、按钮触点、指示灯座（头）是否良好；并应除锈上油。

（9）将栓内清扫干净，并进行补漆；部件存放好后，关上栓门并贴上新封条。

（10）逐个测试报警按钮、指示灯显示的正确性。

3. 喷淋头的检查与保养

检查有无漏水情况，外观是否正常，观察监控主机喷淋系统是否正常。

4. 感烟器、感温器检查

检查与底座是否接触良好，外观是否洁净，安装倾斜度不得大于45°，感烟器、感温器无遮挡，处于良好的巡检状态，抽检10%，完好率达100%。

5. 疏散出口指示灯检查

检查指示灯安装是否牢固，指示灯玻璃面板有无划伤或破裂现象，电源指示灯亮否，断开交流电，如果显示荧光，说明该灯是好的。

6. 防火门的检查与保养

检查开关是否良好，周围有无物品堵塞，防火门状态是否良好。

7. 消防通道的检查与清理

检查消防通道是否畅通无阻，要求无任何物品及杂物占用消防通道。如有占用情况，按规定进行及时清理。

(三)义务消防人员岗位责任

保安队全体保安员都是义务消防员,必须履行消防员职责。

1. 认真学习有关消防知识,能正确使用各种消防器材和设备。

2. 积极做好防火宣传教育工作,制止任何违反消防安全的行为。

3. 管理好护卫范围内的消防器材和设备。

4. 发生火灾须沉着冷静,按照火警应急措施执行。

五、物业管理区停车场管理

停车场,是指由专门人员管理的专用场地,是供车辆停放,实行有(无)偿服务的场所。

(一)停车场管理的重要性

车辆停放不当,会大大影响交通秩序、物业环境、人身财产安全。停车场的管理具体体现在以下几个方面:

1. 有利于维护交通秩序,保障人身财产安全。搞好停车场管理,可以避免车辆乱停乱放,保证良好的交通秩序和停车安全,保证消防通道畅通、保障行人安全,有效防止车辆被盗、被毁造成的经济财产损失。

2. 是物业管理的重要环节。良好的停车场管理可以促进整个物业的经营管理,提高物业管理的综合效益。

3. 方便业主、顾客。

4. 是市场竞争的重要手段。

(二)停车场安全管理措施

1. 选配一支高素质的保安队伍。

2. 健全各种安全保卫制度。停车场应根据本车场实际情况制定《停车场管理规定》、《停车场保安工作职责》等制度。

3. 健全技术防范措施。建立具有存储、记录、查询和自动检索功能的计算机安全管理系统,重要部位场所的闭路电视监控系统、可视对讲系统、机械防盗系统,等等。

(三)停车场保安员岗位职责

1. 车辆入口保安员岗位职责

(1)指挥车辆进出,引导其在指定位置停放。

（2）认真检查车型、车牌号，避免出现差错。

（3）认真执行停车场管理规定，维护车辆良好的停放及行车秩序。

（4）掌握月租、时租等不同车主的车型、车牌号和车主基本情况，提高服务水平。

（5）发现停放车辆漏油、漏水，尽快设法通知车主。

（6）及时制止、纠正违章车辆。

（7）发现可疑人员立即报告保安负责人，并对其进行监视。

2. 车辆出口（收费岗）保安员岗位职责（未实行智能化管理停车场的相关岗位）

（1）认真执行车辆停放管理制度，坚持原则，不徇私舞弊。

（2）做到钱、票相符，日清日结。

（3）维持车辆秩序，保证车辆通行安全。

（4）维护岗位（周围）的治安秩序。

（5）搞好财物保管，防止财物丢失、被盗。

（6）认真做好交接班工作。

（四）车辆被盗的处置

1. 车辆在停车场被盗，由上级主管确认后，立即通知车主，会同车主向当地公安机关报案。

2. 投保人（车主、停车场）应立即通知保险公司，保管单位协助车主向保险公司索赔。

3. 保安员、停车场、车主应配合公安机关、保险公司做好必要的调查处理工作。

六、物业管理区车辆秩序安全管理

（一）物业管理区车辆秩序管理

1. 车辆的停泊

保安员应根据车辆停放时间的长短，有效指挥、合理安排停放位置，禁止在行车通道、消防通道及非停车位置停车；停车场不够用时，应将车辆安排到"消防空间"，保证将车辆进出造成的干扰降到最低；车辆停放或开走都要有人指挥，依次进行，防止发生塞车、碰撞；长期停放的车辆，请车主申请、办理准停证；居住小区的车辆，有车库的应指挥车辆入库停放归位，在室外停车场也要按划定的位置停泊，不许乱停乱放，即使停留时间很短的车，也要到指定停车场所停放；居住区的摩托车、自行车，一般白天要求按划定的临时停放点停放，夜间一律归棚，避免停放过夜；在物业管理区托管的摩托车、助动车和自行车，车主应办理领取车号牌，对外来车辆进入保管范围的，也应指定其按位置停放。

2. 车辆进出

所有外来车辆，未经许可，不得进入物业管理区；驶入管理区的车辆减速时，不得鸣笛；发现可疑车辆出入，应及时报告，并做好相应的处置工作。

(二) 物业管理区车辆安全管理

1. 防盗管理。有条件的停车库应配备电子监控防盗设备，对进出车辆发放出入证；注意离开物业管理区的车辆及驾驶人有无反常表现。

2. 禁止危险物品进入物业管理区。

3. 禁止在物业管理区内试车或学习驾驶机动车。

4. 在物业管理区内行驶的车辆必须减速。

5. 发现泊车区域内有形迹可疑之人，须注意观察动向，并随时作出必要反应。

第十二章 电子保安勤务

在现代保安业务中,电子保安(即电视监控系统)已发展成为保安工程技术中不可缺少的一种技术手段。从事保安工作的人员和有关的管理人员如何更好地发挥这种具有一定技术分量的系统在整个保安工作中的效能,就需要对电视监控系统的作用、它的基本工作原理和工作方式,以及一些主要的常用设备器材的特点和使用方法有一定程度的了解和掌握,而一些专职人员更要精于这种技术的知识与技能。

第一节 电子保安的作用及基本构成

电视监控技术是将闭路电视技术应用于保安服务业的一种现代化安全技术防范手段,它与各种报警系统和出入口管理系统共同构成现代安全防范综合系统。现在之所以称之为电视监控系统,就说明它不再是早期的摄像机与监视器的简单连接。作为现代化电视监控系除有各种类型的电视摄像机和监视器之外,还包括有摄像机云台,编码、解码器,图像画面分割器,矩阵视频切换器,遥控器,长时间实时专业录像机和控制主机以及一些相关附属设备组成。

俗话说"百闻不如一见"。在人类的感觉信息获取量中,约有85%属于视觉信息,这包括所见景物的形状、色彩和亮度等。正因为如此,随着社会的发展需求和科学技术的进步,人们对安全防范技术系统提出了更高的要求。除了在本书中前几部分所介绍的技术防范手段之外,在有些情况下同时还需要使用电视监控系统，使有关人员的观察视野得以扩展和延伸，可以迅速、形象、直观地看到并记录被监视区域内发生的情况，以便及时处理，记录的资料还可为日后的工作提供可靠的依据。

一、电子保安的作用

电子保安能够实现远距离、形象、直观地监视目标，获取大量丰富的动态图像信息，极大地提高了管理效率和自动化水平。因此，它在工业生产、交通运输、科学研究、金融贸易、军事和安全保卫等各领域中都得到了广泛的应用。作为现代化管理、监控的有效手段之一，其作用是多方面的。

在一些重要的政府机关和企事业单位的门卫管理工作中，电视监控系统可以与其他安全设施（如电动门或电动护栏）配合使用，对出入口实行有序管理和出入人员的识别，防止强行冲闯和违章出入，有利于保安人员按章行事。

有些单位和部门的指挥机构可借助电视监控系统直接实行远距离、多方位的观察和现场调度决策，增强管理系统的应变处置能力。如交通管理中的机动车流量疏导，机场车站的旅客流量疏导，集会和大型商厦中的人群疏导等。

在一些危及人身安全的区域内安装电视监控系统，可以最大限度地避免对有关人员的一些伤害与风险，改善劳动条件。这种无人临场值守的自动化监视还可节省人力，避免各种人为不利因素的干扰。

电视监控系统还可以对相关的报警系统进行核查，判别报警系统的工作是否正常，避免误报警。对有关报警系统发生告警信号的被监视区域的情况，便于有关人员及时处置。

在有些场合，既不便于有关人员出现于被监视区域，又不便于公开使用电视监控手段时，还可以采取隐蔽电视监控技术方法完成监视任务。这种隐蔽监视的好处不仅可以使电视监控系统避免恶意破坏，还不影响建筑物的整体美观效果。更为有利的是，它可以降低一些暴力案件的高风险状态，避免一些对峙和伤亡，有利于提高捕获犯罪嫌疑人的成功率。

总之，电子保安为现代化管理和指挥调度提供了极为有利的条件，它具有广泛的应用价值和社会效益，促进了社会安全防范技术的发展。

二、电子保安的基本组成

现代电子保安一般是集电视监控、报警通信、监听与记录为一体的多功能综合监控系统，这样的系统可以发挥各自的功能优势，提高技术防范的整体效能。在电视监控系统中，按照系统中各主要设备的功能大致可分为三个子系统，即前端摄像系统、图像传输控制系统和图像显示处理系统。

前端摄像系统包括摄像机、云台、支架或吊架、镜头、指令解码器和摄像机防护罩等设备，户外使用的摄像系统还应有雨刷、风扇和化霜器等器件。这部分系统的功能是接受中央控制主机发送来的指令，按指令摄取图像信号，将信号传送到相关设备。

图像传输控制系统包括控制主机、画面分割器、视频矩阵切换控制器、遥控器、编码器和字符迭加器等设备。为了能与其他报警系统和通讯设备连接使用，它还有与其他系统相连接的界面接口设备。这部分设备的功能是向前端摄像系统发送指令，接受其发送的图像信号，将各图像信号分配给相关设备予以处理，使值班人员与有关部门保持联系。

图像显示与处理系统的功能是将各路图像信号记录或予以还原，在监视器显示图像，供有关人员观察。

三、电子保安的基本工作方式

当前端摄像系统接收到由值机人员在中央控制主机发送来的指令时，就按预置的指令启动摄像机开始工作，调整机位的角度和光圈、焦距，摄取被监视区域内的景物，将图像信息转换成相应的视频信号，将视频信号通过传输电缆传送到下一级连接的图像信号控制设备，如画面分割器、矩阵视频切换控制器等。由于前端摄像系统大都是由许多部摄像机构成的多机位定点监视，这就需要将各路摄像机所摄取的图像信号进行集中处理，由值班守机人员在控制主机上操作，观察各摄像系统所监视区域内的情况。与此同时，各路摄像机所摄取的图像已被字符迭加器分别标上机号、日期等数据。此时，值班守机人员或其他有关人员就能够从各自的监视器上看到监视区内的场景，录像机也可以将图像记录下来。这里需要说明的是，在电视监控系统中传输的图像信号和各种控制信号一般都采取电缆有线传输方式，除非在某些特殊情况下，也可以采取微波无线传输方式。

四、几种常用的电子保安配置

根据目前我国社会安全防范行业的发展现状和电视技术设备的水平，电视监控系统的配置与使用都较为灵活多样，基本上能够按照不同的使用单位和不同的需求合理配置系统的规模与功能。按照电子保安的规模与功能，大致可分为小、中、大三种规模系统。

(一) 小型电子保安

小型电子保安的设备少而简单，监视范围小，系统功能单一。其优点是系统建设费用低，系统安装、操作与维护简便，便于一些基层单位在小范围内推广、应用。如在储蓄所的营业室和一些单位的人行通道和车辆、船舶通道的出入口等场合。这种系统一般由4~8部摄像机、1台视频切换器、1台实时专业录像机和几台监视器组成，从前端摄像系统到监控室的传输距离不太远，监视要求也不太高。

(二) 中型电子保安

中型电子保安不仅在设备的数量上有所增多，设备的性能也比较好，监视的范围也较大，系统的适应能力较强、、而且还增加了较多的功能，使整个系统具有监视、监听和报警通讯功能。为了保证有较多的监视区域和较好的监视效果，这种系统的前端摄像机大都在24部以上，摄像机的功能也较强。在不同的监视区域内选用不同的摄像机，摄像镜头采用电动变焦距和自动光圈，以适应不同距离的拍摄要求并使摄像机和镜头能适应不同的光照变化。由于使用摄像机的数量较多，同时也要保证录像资料的完整和连续性，在图像的画面分割、切换、监视、记录的设备以及值班守机员集中控制的要求等方面都增加了设备。为简化监控操作程序，减少监视器和录像机等硬件设备，采用多重录像处理技术，实行复杂、循环切换的多画面，使一台监视器做到切换多个摄像机画面，还可以观看单独画面，一台录像机也可以同时记录多个摄像机画面。

(三) 大型电子保安

大型电子保安是在中型电子保安的工作方式基础上增设数量更多、监视距离更远的前端摄像系统，使中央控制系统更为复杂。这种系统为了适应管理工作的要求，在一些重要分支管理部门增设若干分控制中心辅助主控中心共同实施监控，构成复合式的指挥调度监控系统。由于设备的增多和复杂，在这些监控中心由单一控制器扩充为多个控制面板，在控制主机中，原来的单片机微处理器也被多媒体计算机取代，使监控管理更为自动化和智能化，避免了随设备增多而耗费更多的人力和增加操作失误。

第二节　电子保安中的主要设备

电子保安是集光学、电子、机械各种技术为一体的现代化安全防范技术产品，设备的高科技特征非常明显。然而，无论系统的规模与功能如何变化，其中一些主要的设备基本相似，大同小异。

一、摄像机与摄像机光学镜头

摄像机在电视监控系统中是首先摄取被监视区域内的景物或监视目标，将其影像转换成视频电信号。作为摄制图像信号的第一道工序，摄像机性能的好坏直接影响着图像质量。简单地说，摄像机是由成像器件、视频处理电路、同步电路和电源组成，其中最主要的部位是成像器件。早期的摄像机产品采用的是电真空摄像管，现在的摄像机成像器件基本上被CCD固体成像器件所取代，故而多称为CCD摄像机。CCD摄像机具有图像采集灵敏度高、惰性小、抗冲击、使用寿命长、抗强光照射能力强、画面几何失真小、精度高、体积小而轻，更适合用在一些狭小区域或特殊位置的目标监视，克服了电真空摄像管的一些技术问题，因此在电视监控系统中得到了广泛的应用。另外，CCD成像器件对波长2001000nm的外光仍敏感，配以红色发光管还可以作为红外摄像机使用。

电视摄像镜头是摄像机获取景物或目标影像所必不可少的器材，其性能和成像质量对提高摄像画面质量有重要作用。它与照相机的镜头相似，有许多不同的种类来配合摄像机的使用。一般按照镜头的功能和操作方式分成两大类：

(一) 固定焦距镜头

其中有自动聚焦和手动聚焦两种；光圈调整方式也有自动光圈调整和手动光圈调整两种方式。

(二) 变焦距镜头

这种镜头除光圈调整和聚焦方式与前者相同之外，在调整焦距的使用方式上有电动变焦与手动变焦两种方式。

目前用于电视监控的摄像光学镜头大部分都是自动光圈和自动聚焦方式。另外，根据电视监控系统任务的某些需要，还有一些特殊用途的镜头。如针孔镜头，镜头端部仅有几毫米，以适应非公开场合的使用；镜头视场角超过180°的鱼眼镜头，适用于周界报警之用。

二、云台和防护罩

云台是用以支撑摄像机的设备，可以调整控制摄像机的方位和角度。根据不同的使用环境和要求，云台有不同的种类。除固定云台的构造和安装、使用比较简单外，能作水平回转或全方位回转的电动云台较为复杂。这种云台可由控制主机遥控操作，使摄像机作水平或垂直自由旋转，能实现自由灵活的跟踪监视摄像，也可以扩大摄像机的取景范围。

电动云台的结构一般由电动机、齿轮、带自锁的涡轮与涡杆组成，传动方式以涡轮、涡杆传动为多见。还有一种新型的谐波齿轮传动云台，其中心部件是用特殊材料制作的有极大弹性的柔轮，在传动中使其产生可控制弹性波来传递运动和转矩。它的特点是传动比大，承载能力强，在相同的功率下，可将云台的外形体积做得更小。

为使摄像机工作能够适应各种环境，在摄像机的外部一般都配有不同功能的防护罩。一般防护罩分室内型和室外型两种。室内型主要是防尘。现在 CCD 摄像机的体积变得很小，使用者对防护罩也有更新的要求而一改以往摄像机长方形防护罩的单一形状。还有的使用者出于其隐蔽性和美观装饰性的要求，防护罩的样式有半球灯具型、球形装饰型、嵌装顶内型和坡度顶装型等多种。室外型摄像机对防护罩除有防尘要求之外，还有防晒、防雨、防冻、防凝霜等多种功能，以保证摄像机能在室外各种自然环境中正常工作。有些设计完美的室外防护罩具有进、出风口，各有自动控制挡风装置。气温高时，由风扇对流给摄像机降温散热；气温低时，闭合挡风装置，有加热器给摄像机加温，保证其正常工作。

三、监视器与录像机

监视器是电视监控系统中使用数量较多的终端显示设备，作为专业监视器有黑白、彩色两种类型和 N/P 两种制式兼容特点，其屏幕尺寸和一些基本功能与普通电视机大致相同。监视器的一项主要技术指标就是它的清晰度应大于 350 线以上，同时，有些监视器的供电方式还有交流与直流两种方式来满足不同场合的使用。在实际使用中，要根据摄像机的成像清晰度和监控要求，选配与之相适应的监视器。

为了记录、保存前端摄像机发送的电视图像，在电视监控系统中要配置相应的录像设备。这种录像机不同于一般的家用录像机，它能够长时间地录像，可以根据系统不同的录像要求，选用长时间实时录像或长时间延时录像。这类录像机的主要特点是采用高超密度录像技术，可使用大 1/2、E-180 录像带录制长达 27h 的实时图像（为 20 帧/s）。现在，还有一种 VT—R1040 延时录像机可用相同的录像带作长达 960h 的延时录像。这种录像机除具有多种录像时间模式的选择、自动定时、镜头使用、时间记录不可消除、安全保险装置之外，还有一些特殊功能，如防止无关人员操作、处理断电以及便于操作的程式等，使其更适合监控的要求。同时，它还能够组成几种不同的录像工作方式，使系统配置灵活多样。

四、画面分割器与控制主机

在电视监控系统中，由于采用多部摄像机在多区域内监控，直接显示并记录各监视区域的所有电视图像是必需的。这势必要增加监视器和录像机等设备，导致了值班守机工作的复杂化。为确保显示和记录所有监视图像，同时又要减少监视器和录像机设备的数量，通常采用将多个电视画面集中在一个屏幕上并以一台录像机予以记录的技术措施。使用的这种设备就称为"多画面分割器"或称"多画面混合器"。它可以在一个监视器屏幕上分割显示四、九、十六等多幅不同的电视图像。根据需要，可以单独显示一幅，也可以同时显示多幅。电视画面信号的输出有两种方式：实时录像方式，即无论监视器显示几个画面，显示什么、记录什么，与实时录像机工作完全一样；"编码方式"输出，可以在同时录下的多画面录像带上任选其中一路监视图像作单独回放，使之等同于有多部录像机分别记录各摄像机所摄取的画面。既简化了设备，使用也方便。另外，这种设备的模块化设计还可以适应更大系统的扩充使用。

控制主机是实施电视监控系统的集中有序管理的操作设备。现在使用较多的是带有微处理器的专用电视监控器。它采用一系列高科技技术，减少画面的切换和有关操作设备的数量和体积，提高了系统的工作可靠性。它具有较多的功能接口，可以完成控制、报警、录像、录音以及同系统间的联网等各种操作。

微机控制器具有很强的编程能力，可任意设置各前端摄像系统中摄像机、镜头、云台以及防护罩除尘等一系列动作程序，切换各监视器所显示的图像并操作录像机记录等工作方式。微机控制器使用计算机串行通讯技术，使原有一对一的十几根控制动作信号线缆减少为一对线，以高速率传输和交换数据，还可实现一对线串接几路摄像机控制信号的一线多点的传输效果。

利用微机内存，可在系统终端设备显示，并记录摄像机编号、调整日期、时间、监视器编号以及中文和有关符号等数据，增加了有限屏幕提供的信息量，更方便了监控、分析、处理、存档和查询工作。

微机矩阵输入方式和主机的模块化任意组合，使系统的扩充极为容易。由于系统是以电脑集成化作为基础，所以操作十分方便，通过一个操作键盘可实现许多程序化的操作过程，操作人员经过简单培训就可上机操作。

五、传输电缆

在电视监控系统中用以连接各种设备、传输各种信号的传输电缆是不可缺少的器材。系统中需要传输的信号主要有电视图像信号和各种控制信号两种，其传输方式以有线为常用，所使用的传输电缆主要有同轴电缆、电话线和绞合线三种。

一般在短距离（小于 3km）传输电视图像信号采用的是成本低、设备简单的同轴电缆基带传输。对于控制信号的传输，可以利用同轴电缆同时传输，这就是"共线传输技术"。

利用双绞线也可以运用共线传输技术来完成电视图像信号和控制指令信号的同时传输。

光缆传输是目前较先进的传输手段，它是通过玻璃纤维实现光传导。这种传输不存在任何接地环路，可与设备保持完全的电隔离，不受电磁波及雷电之类的噪声干扰，也不向外界发射电噪声。另外，它的损耗小，设备使用寿命也较长（一般在 40 年以上），在较远距离的传输和技术要求较高的电视监控系统中应用较多，代表了今后传输技术的一种发展趋势。

以上几方面构成了电子保安的一些基本组成方式和基本特性。随着电子技术的不断发展，在电视监控系统中还会有更新的技术设备问世。

第三节　电子保安在保安工作中的应用

电视技术与其他新技术一样，一经问世，就很快进入实用领域。20 世纪 30 年代初，美国将电视应用于军事方面的同时，保安业也引用了电视技术。时至今日，电视监控系统已成为一种日臻完善的现代保安工程技术，其功效也是其他一些技防措施无法取代的。

一、金融、证券行业的电子保安

金融、证券行业的交易场所是社会中货币流通极为活跃的主要环节区域，也是保安服务的一个重要方面。为了解决时而发生的货币交易纠纷和对付日趋增多的犯罪嫌疑人盗抢金库、储蓄所和冒骗支取现金的案件，大都在这些行业的一些重点区域安装电视监控系统用以提高防范能力，如在营业厅的柜台区，自动柜员机，金库的出入口、通道以及门、锁的部位等处采用公开或隐蔽的电视监控方式，使其具有多种用途。其可以对保安人员予以相对集中的调度管理。由于管理人员和保安人员都在各自的区域上岗，不易掌握部门的整个安全状况。有了电视监控系统，保安人员可以通过系统直接观察各处的情况，能够及时赶到出事现场，处置突发事件，提高保安人员的机动性和工作效率。

保安人员可引用电视监控系统来核查另一些报警系统所发出的警情和有关人员报警的情况，以便排除误报警所造成的工作失误，避免保安人员的盲目出动。

保安人员可以利用录像机所记录的实时录像资料核查一些出现争执的交易活动或其他现场事件，验证有关人员的情况如人数、年龄、性别、体貌特征和所携带的物品以及事件的过程等，为解决争端、处理有关人员提供真实情况和依据，协助司法机关为调查有关犯罪活动提供线索和法庭证据，电视监控系统所记录的图像资料往往是第一手材料，人机协作的优势最为突出。

保安人员将电视监控系统的终端显示器安装在一些公开场合的显著位置，还可以使一些违法犯罪嫌疑人看到这种情况，不敢轻举妄动，增加一定的威慑力。

二、重要文化场所的电子保安

博物馆、纪念馆、美术馆和档案馆等作为文化系统的重要单位，保安工作在这些单位的工作中是一个重要方面。由于这些单位的工作区域广、建筑结构特殊，向社会开放流动人群多、防范目标多而工作人员相对较少，因此也需要借助电视监控系统加强安全防范工作。电视监控系统除具有记录、核查一些事件经过等用途之外，它还具有以下几个特点：

（一）可同时对各个监视区域集中监视

如室外的停车场或设施、出入口和通道以及一些分布于各处的重点防范目标等，使用电视监控系统可以减少保安人员的上岗数量，有些区域还可以实现无人值守的监视方式。

(二) 避免一些不利的人为因素对保安工作的影响

在夜间长时间值班的人员对单调的上岗工作方式会产生疲倦和麻痹，以致工作疏忽。电视摄像机可以"不知疲倦地忘我工作"，只要设备不出故障，是不会停止工作的。这样，就能对值班人员的工作状态进行调整，避免失误，同时也改善了保安人员的工作条件。

三、大型商贸系统的电子保安

在一些商业大厦、购物中心和超级市场具有多种经营方式和经营设施，有较大的流动顾客群，还是货币与商品流通的主要场所。保安服务所面临的是面大、人杂、点多、事多等多种具体情况，电视监控系统的使用已经成为一种必须。它的使用与前两种行业的使用有相同之处，如对一些贵重商品柜台、易损、易坏商品柜台、仓库出入口、收银台以及财务部门等一些重点监视区域使用电视监控系统，能够记录、核查一些事情经过和工作过程，举证一些事故线索和查案线索，提供有关法庭调查案件的证据等。保安人员在临场处置一些紧急情况时（如疏散人群、控制一些恶意破坏物品和设施现象的发生），电视监控方式有重要的作用。

四、交通运输行业的电子保安

机场、码头、火车站、长途汽车站、地铁等交通枢纽地区的客流量大，运输货物集中，各种交通工具多，交通运输繁忙等许多客观因素给保安工作增加了相应的难度。保安人员在协助有关管理部门组织好旅客，维护正常的运输秩序，同样要借助电视监控系统对一些主要场所实施可视动态监控。如售票处、候车室、检票口、站台和人行通道等区域的人员工作和旅客运输动态，以便及时发现并处理一些意外事件，确保安全运输。电视监控技术的其他作用，同样也可以在这些场合得以发挥，其功效也是不言而喻的。

五、宾馆、酒店行业的电子保安

宾馆、酒店行业为了保证自身的安全、住宿人员与物品的安全，也将电视监控系统作为配合保安服务工作的一种技术措施。通过对酒店内部的一些主要活动区、各楼层、电梯、服务台、收款台、财务室和一些重要设备的机房与外部停车场和门卫等重点部位进行较全面的、不间断的实时监视，为保安服务的有效实施提供更为有利的条件。保安人员可以凭借这种系统的种种优势，完成酒店内部与周边环境的巡查和监视。

六、一些重点要害单位的电子保安

电视台、电台、报社、供电部门、电信部门和一些政府部门的工作性质也决定了保安服务的艰巨性和重要性，任何意外事件都会给社会带来重大影响。因此，这些重点单位使用了更多的技防手段，电视监控系统也在其中。如在一些机房、仓库、业务调度室、通讯中心，有一定保密性的办公区和资料室等处均可安装电视监控系统，使安全防范更为严密，辅助保安人员能够尽快处置一些意外事件和紧急突发情况。

除上述行业系统的保安业务外，在体育馆、场，游乐场，风景游览区，医院和大专院校等单位和场所的保安部门也在使用电视监控系统与其他技术防范手段构成的监控报警设施，其用途也与前文所述的具体作用大同小异。随着社会的需求和电视技术的不断发展，电视监控系统还会进入更多的保安服务领域，增加更多的功能。

第十三章 大型活动保安勤务

第一节 大型活动的含义及特点

一、大型活动的含义

大型活动,是指出于纪念、庆祝或举行重大活动的目的,在临时确定的公共场所,由有关方面组织,有众多群众参与的大规模的活动。我国各地举行的大型活动,根据地区、民俗、传统习惯以及商业活动的需要等筹办,内容丰富、形式多样。主要包括:文艺、体育、娱乐性大型活动,有国际、国内文艺活动,如国际电影节、电视周、中国艺术节、全国曲艺汇演等;国际、国内体育活动,如奥运会、亚运会、全国足球甲级联赛、全国运动会等;国际、国内娱乐活动,如春节、国庆节等重大节日举行的游园会、焰火晚会庆祝活动;大型民俗传统活动,如龙舟赛会、风筝会、庙会等。

二、大型活动的特点

大型活动具有以下特点:

(一) 参加人员不受限制

在许多公共场所,人们的活动要受一定限制,如到旅馆住宿要有身份证件;到游览场所、娱乐场所参观、活动,要购票;而参与大型活动,人们可以不受任何限制,非但没有一些附加条件,相反,还受到极大的欢迎,人们只要愿意,可以从四面八方涌向活动场所、地点,甚至可以直接参与到活动中去。

(二) 举办活动的时间、内容既有确定性又有不确定性

一些传统性质的活动，多有一定的周期和规律，每年的某月某日，人们会不约而同地向一个地方聚集，如泼水节、那达慕大会等。但是也有很多活动，是基于不同的目的、不同需要，随时决定的，举办的时间、地点、内容等要通过一定方式向社会告之。还有一些活动，开始前要精心策划，做一些必要的筹备工作。

(三) 活动规模通常较大

除极少数活动在大厅进行，多数活动都在露天举办，有的活动区域性较大，有的活动拉开较大距离，有的活动本身就具有运动性、延伸性，活动主体和参与活动的人数量也较多。如世界博览会、艺术节、大型庆典、大型露天表演、大型运动会的火炬接力，等等。

(四) 引发事故的因素较多

由于活动涉及内容多，参与人员数量大，活动形式多样，人们在娱乐、体育活动过程中产生兴奋、激动、冲动等情绪都是正常的，但有些人借助亢奋的情绪故意滋事，聚众斗殴等突发性事件的发生不可避免，而且违法犯罪行为人乘机进行违法犯罪活动也在所难免，大型娱乐、体育活动的保安勤务难度是比较大的。

(五) 安全防范工作容易忽视

大型文体、庆祝活动的经营者极易忽视安全防范工作，容易导致治安灾害事故的发生。营利是举办娱乐、体育活动的主要目的之一，但有的娱乐、体育活动只顾营利，追求经济效益，忽视安全防范工作，致使存在大量隐患，容易导致治安灾害事故的发生，保障活动的安全顺利进行难度较大。

第二节　大型活动保安勤务方法

一、大型活动存在的问题

担任大型活动的保安人员，可能面临以下情况：

(一) 预谋破坏

大型活动，特别是政治、文化类的节庆活动，通常有各级党政机关的首长、社会各界知名人士参加。此时，一些怀有不同目的的人，往往会借机进行一些活动，或干扰领导行动，或造成一些政治影响。其主要表现有：拦截首长车辆；煽

动群众起哄闹事；制造纵火、爆炸事件。

（二）安全事故

大型活动通常要有较多照明设备和大功率的音响设备，而配电和输电设备又多是临时安装配置的；场地内有些设施（舞台、展台）也是临时搭建，在安全可靠程度上要比正式舞台、展台差；另外，参加人员数量大，成分复杂，相互之间可能会因为一些琐碎小事产生摩擦。因此，会引起一些事故和冲突。如电路、电器安装、使用不当引起触电和火灾；建筑物，特别是临时搭建的简易建筑物，在超负荷或受较大外力突然冲击下发生颠覆；由于人多拥挤导致场面混乱，造成挤伤、踩伤甚至死亡事故。

（三）流氓滋事

大型活动，人多拥挤，空隙小，接触多，不法分子可乘机浑水摸鱼，进行违法犯罪活动。如故意损坏展品；进行扒窃、偷摸盗窃活动；调戏女工作人员、女演员或女性群众；乘拥挤之机侮辱妇女；起哄、喝倒彩；打架斗殴，等等。

二、大型活动保安勤务方法

面对大型活动存在的安全隐患，保安人员须开展一些有效工作。

（一）制定较为完善、可行的保安方案

根据活动地点、范围、环境设施、参加人员以及数量、活动内容、活动时间（包括延续时间）等情况，请具有指挥、组织经验的人起草工作方案。

方案应包括以下内容：

1. 确定活动开展的组织、指挥系统；
2. 确定保安力量的配置，所需人数，明确主要负责区和主要部位的保安任务；
3. 确定意外情况发生时进行紧急处置的基本方法和原则；
4. 确定机动备勤力量的人数，确定待命地点；
5. 安排好首长、贵宾进场的路线和休息地点；
6. 确定停车场、行车路线、车辆临时指挥；
7. 检查通讯联络系统（具体设备、人员配置）；
8. 给工作人员配备临时工作证件；
9. 确定后勤保障系统（饮食供应、交通工具）；

10. 设计意外事件处置预案（人员疏散、贵宾、展品保护）。

（二）进行严格的安全检查

安全检查工作要从设备、建筑物活动场地、主席台等处全面不留死角地依次检查。具体内容包括：

1. 对主席台、贵宾席、演出台的支撑物、电器、烟火等设施进行检查；

2. 对一些悬挂物的安全高度、牢固度进行检查；

3. 检查临时搭建物是否稳固；

4. 夜间活动是否有照明；

5. 如遇一些特殊内容的活动，要对场地和周围环境进行特别的检查。

（三）加强活动的组织管理工作

大型活动参加人员多、成分复杂，人们对活动范围、内容通常也不易全面了解，为使整个活动从举办方到参与方都比较满意，应注意做好以下工作：

1. 活动区域较大，涉及内容较多的活动，可以在入口处制作活动线路、内容平面示意图，也可以在配发的宣传材料上加进活动线路、内容平面示意图，还可以在行走路线的关键位置以路标的形式给予必要的指示；还可以通过广播，向人们宣传活动须知。

2. 在容易吸引行人停留的地段，设置一定数量的保安人员，进行必要的疏导工作。

3. 在活动内容的布局上，设计时应做周密考虑，注意冷热项目的合理布局，以实现人流的自然调节，防止聚堆、拥挤现象发生。

第十四章　危险物品保安

第一节　危险物品概述

一、危险物品的含义

危险物品是指具有燃烧、爆炸、腐蚀、剧毒、放射等性质，在生产、储存、运输、销售、使用过程中，易引起人身伤亡或财物损毁的物品。

公安机关所说的危险物品，既能引起生命机体重大损伤或死亡，造成物质财富毁灭，导致人们心理恐惧，危害社会安宁，带有很大破坏性，又是人们在生产生活过程中不可缺少的物品。例如，炸药、雷管有很强的破坏力和杀伤力，但在采矿、修路筑桥等方面又有很广泛的用途，剧毒物品在化工生产和配制农药方面是不可缺少的原料，放射性物品在医疗、科研、地质勘探等方面都有很重要的用途。因此，对这些物品必须严格按照国家有关危险物品的管理规定严格管理。

二、危险物品的种类

危险物品的种类繁多，性能各异，使用范围很广，没有统一的危险物品名单，公安机关不可能把全部危险物品纳入治安管理之中，根据国家有关法规规定，在危险物品中，由公安机关进行监督管理的，主要有非军事系统的各种枪支弹药，列入管制的刀具，民用爆炸物品、易燃化学物品、剧毒物品和放射性物品等。对这些危险物品管理不善，就可能发生人身伤亡，财产毁损等事故；如果流散、丢失、被盗而被违法犯罪分子利用，就会对社会治安造成极大的危害，影响社会主义现代化建设事业的顺利进行。

三、危险物品的特征

危险物品在外界条件作用下，容易发生燃烧、爆炸、中毒等，具有很强的杀伤力和破坏力。它的主要特征是：

（1）具有体积小、能量大，破坏性、毒害性、腐蚀性强的特点：

危险物品常常以微小的剂量和体积达到严重的破坏效果，是其他物品所不能及的。一粒子弹很小，重量也很轻，但在几百米之外发射就可以杀伤人命；一克氰化物能够夺去人的生命；一个雷管看起来不是显眼，身上随处可藏，但爆炸威力却不小，可以毁坏汽车、火车、建筑物，在人群密集的地方会引起很大人身伤亡，正是因为危险物品体积小、重量轻、便于携带、使用方便，容易被违法犯罪分子利用作为作案工具。

（2）在生产、储存、运输、使用过程中有较大的危险性。

危险物品，尤其是化学危险性物品比较敏感，性能不稳定，在生产、使用的各个环节中如果不小心，或者违反操作规程，不遵循安全管理制度等，就很可能发生治安安全事故，造成财物损失、人员伤亡。在储存中超过设计容量储存或者将性质相抵触的爆炸物品同库存放，在运输中使用不符合规定的运载工具或人货混装，超量装法等，均有可能因挤压、撞击而发生爆炸。例如，在使用炸药进行爆破作业时，如果不按规定要求装药、点炮，处理哑炮不当或用药量过大，就有可能危及人畜生命安全，毁坏周围的建筑物、工程设施和农田庄稼。

第二节 危险物品的处置

一、危险物品的处置原则

由于危险物品具有爆炸性、燃烧性、腐蚀性、放射性、毒害性等性能，而且其性能多不稳定，易受外界环境影响极不稳定，一旦发生作用，会造成大破坏和严重杀伤。因此，对危险物品的处置一定要谨慎小心，不能莽撞冲动，否则就会给国家和人民群众的生命财产带来损失。在发现危险物品后要遵循以下几点原则：

1. 维护现场秩序

发现危险物品时，由于人们的好奇心理，易在现场周围形成围观人群。如果危险物品系爆炸物品、有毒气体、放射性物品等,就很容易因拥挤发生治安灾害事故,造成人员伤亡。如果是在繁华地带和交通要道,还可能造成交通堵塞。而且人多复杂,易造成对现场的破坏,不利于以后调查工作的进行,因此,保安人员要维护好现场秩序。

2. 保护发现地点的原始状态

在维护现场秩序的同时,保安人员还要正确划定现场保护范围,坚决禁止无关人员进入保护区范围内,尽可能使危险物品发现地点、场所保持原始状态,从而为公安部门的勘查人员提供原始现场状态。有条件的还可以拍照录像,以便供给现场执勤勘查人员使用或备查。

3. 积极排除险情,抢救伤员、物资

无论是爆炸发生前、毒物泄漏前、放射性污染产生之前还是之后,都应积极排除险情。事故发生前,要采取一切措施,将危险物品与人群隔离开来,预防险情的发生;事故发生后,仍要注意避免二次险情的发生,比如连锁爆炸的发生。另外,在事故发生后,要抓紧时机抢救伤员和物资,将损失减少到最小程度。

4. 保护现场勘查人员的安全

由于负责勘查的技术人员来到现场后,精力高度集中于危险物品本身及现场的工作上,对于现场的潜在危险难以顾及,这就要求保安人员要高度警惕,严密监视现场危险物品的动向、变化,切实保护勘查人员的安全。

5. 及时客观地汇报有关情况

保安人员一旦发现危险物品,在采取必要措施的同时,还要迅速、准确地向有关部门汇报情况,要将发现危险物品的地点、种类、数量、性质及现场情况一一汇报清楚,以便有关部门采取正确的对策。

二、危险物品的处置方法

保安人员在发现危险物品后,首先要向有关部门汇报情况,同时在危险物品的周围布置警戒,防止造成和扩大危害;其次要注意现场动态,收集群众反映,看是否有可疑人员进出现场,协助公安机关进行处置;第三要做好宣传教育,组织群众维护秩序。

针对发现的危险物品的不同,采取不同的处置方法。

1. 枪支弹药的处置方法

（1）布置现场警戒，严禁无关人员进入警戒区范围内。

（2）如果已发生枪弹伤人事故，要积极抢救伤员，如果造成死亡，要就近取材，将尸体遮盖。

（3）扣留携带者及枪支弹药。发现枪支弹药后，要立即将携带者及所持枪弹扣留。对携带者要尽快查明身份，如允许可配持枪人员，要让其出示持枪证、猎枪证、汽枪证、射击运动枪证、持枪通行证、工作证、身份证等应必须携带的证件。在收缴及送验枪弹时，要严密包装，将枪支的各个部件坚固地连结为一体。闭锁枝要关上，击锤要放下，弹压上牢，枪管要用棉花或布片等封堵，以免遭受气候变化、粉尘、潮湿的影响。

2. 剧毒物品的处置方法

（1）布置现场警戒。保安人员发现剧毒物品，要迅速向有关部门汇报，同时根据周围情形，迅速划出警戒保护圈。如果是重大毒气、毒液泄漏事故，要迅速采取各种方法尽快消除毒源，积极抢救中毒人员，而现场的警戒区要尽可能大一些，严禁一切非抢险车辆和人员进入。这样既为保护现场不被破坏，又防止造成无谓的人员伤亡。注意一定不要让任何人触摸有毒或怀疑有毒的物品。

（2）如果是在押运途中丢失剧毒物品，保安人员一旦发现，要迅速汇报雇请方及公安、环保等部门。并立即沿运输路线寻找，如剧毒物品落入水中，应马上组织打捞并通知卫生、环保部门采取有关措施，如测定毒物对水质的污染程度，划出禁止饮用的水域，告诫居民不要食水中的鱼、虾等，防止发生中毒事故。总之，必须将丢失的剧毒物品全部寻回，以免留下后患。

（3）如果已发生中毒事故，在进行现场保护和抢救的同时，要抓住一切时机向在场人员、中毒者了解事故发生前后的气味、感觉、病理状态等情况，根据剧毒物品常识和中毒症状，初步判断毒物性质，一时难以判断的，要协助公安机关人员搜集一切可疑物，送化验鉴定。

（4）科学判断，筹措防毒器具。保安人员发现剧毒物品后，要做出科学的判断，采取防毒措施，或报请有关部门调运器具，切不可贸然进入毒源中心，以免造成无谓的伤亡。

（5）发现正在投毒或有投毒嫌疑的，应立即扭送当地公安机关处理。

3. 爆炸物品的处置

保安人员在执勤过程中，如果发现爆炸物品，应根据不同情况，予以紧急处置。

（1）对可能立即爆炸的，如炸弹或炸药包，应设法切断引爆装置，或报告公安机关处理，并动员和组织群众离开爆炸现场，将附近易燃、易爆物品迅速转移至安全地带。

（2）对没有发生爆炸危险性的爆炸物，应立即报当地公安机关派人处理。在爆炸物品现场，要注意爆炸物品如移动，撞击或现场有人吸烟，受到外力作用的影响，可能引起爆炸；同时保安人员如果不具备较丰富的爆炸物品知识，不可贸然移动爆炸物品，禁止任何人用手或其他物体触摸，现场禁止吸烟。

（3）对群众指证的投放爆炸物的可疑人员，应扭送到公安机关审查；同时，动员指证人一起到公安机关作证。

4. 管制刀具的处置

公安机关对部分刀具实行管制，是为了防止违法犯罪分子利用刀具作凶器，进行违法犯罪活动。根据《对部分刀具实行管制规定》，人民解放军可将匕首作为武器装备，由部队制定管理办法；人民警察已明确不把匕首纳入装备；专业狩猎、地质勘探等野外作业人员必须使用匕首者，经上级主管部门出具证明，县以上公安机关批准，发给《匕首佩带证》可以佩带。机械加工使用的三棱刮刀，只限于工作人员在工作场所使用，不得随意带出工作场所。

保安人员在执勤中，要经常注意非法携带管制刀具的情况，凡发现无证持匕首者，或者随身携带弹簧刀、三棱刀、牛角刀等进入车站、码头、机场、公园、影剧院、商场等公共场所及其他执勤场所的，应没收其刀具，抗拒不交的，可强行收缴。收缴后，保安人员应将其妥善保管，交当地机关统一处理。

5. 放射物品的处置

放射性物品是指能自发地、不间断地放出射线的各种物质。放射物的辐射穿透能力很强，能杀伤细胞，破坏人体组织。按放射的射域可分为：α射线、β射线、γ射线三种。

（1）保安人员一旦发现放射物品，要迅速向卫生、公安部门报告。报告时要及时说清发现的地点、时间、放射物品的种类、危害程度及范围等。

（2）采取应急措施，处置放射性污染。保安人员在初步判明是放射何种射线的放射品后，要立即采措施防止事故继续发生和蔓延。如遇到强防射源失去屏蔽或大的泄露事故，要立即动员一切运载工具撤离现场工作人员和群众，将他们运送到安全地带。然后再根据现场情形采取应急处置措施；并要保证现场附近的水源、农作物及一切食物或其他饮品少受或不受污染。如遇到盛放射性清液的器皿破裂，放射性溶液正在外流，须尽快将溶液转移到完整坚固的容器内。如来不及迅速疏散群众，可宣传并告之群众就地取材，加强自身防护，等待专业救护人员增援排险，切不可在现场混乱穿行，以免遭受放射性物品大剂量的辐射，尽力减少事故损害。

（3）保护好事发现场。保安人员采取应急措施时，要迅速划出现场保护范围，布置安全警戒线，严格禁止一切无关车辆和行人进入现场保护圈。在尚未查明是何种射线的放射源时，保安人员也不可贸然闯入事故现场，以免遭受无谓的辐射伤害。其目的是：防止无关人员遭受辐射；防止污染范围扩大，防止破坏现场，正确判断事故性质。必要时，可以明显的警告标志划出禁区，设立警戒岗哨。

（4）协助专门人员做好处置放射性事故的准备工作。

保安人员可以协助专门人员做好准备工作，制定出具体的方案和步骤，其目的是防止事故扩大，尽量缩短现场救护人员的现场工作时间，减少不必要的照射总剂量。

协助专业人员准备好所需要的一切物资、设备。如个人防护用品，监测仪器，防护屏蔽材料，操作机械，化学防治药品等。在现场处理事故时，必须配带个人剂量报警器。

（5）在安全防护人员指导下进行处置工作。

处置放射性物品，必须听从有一定专业知识的安全防护人员的指导。有的处置措施技术性比较强，如果处置不当，就会发生事故。对在现场处置中发现的受辐射人员，要协助专门防护人员做出科学的处置。对一次受理有效剂量当量超过 0.05SV 的人员，应给予医学检查；对一次受照剂量当量超过 0.1SV 者，应及时给予医学检查和必要的处理；对一次受照剂量当量超过 1.0SV 者，应由放射临床部门处理。

第三节　危险物品运输的保安勤务方法

一、运输易燃易爆物品

（1）要选派熟悉易燃易爆危险物品性能的保安人员负责运输，以期出现情况、发现问题时，能迅速采取有效措施进行必要的处置。

（2）运输包装要结实、牢固、严密，同一车厢内不得留存与装运性质相互抵触的危险物品。

（3）装运危险物品的车辆必须符合安全要求，应有明显的标志；使用汽车、马车运送危险物品时，须按公安机关指定的时间和路线运行，车辆之间要保持一定的距离，遇到人烟稠密的地段要绕道而行；车内须有必要的消防设备；受阳光照射容易发生燃烧、爆炸的物品，要采取隔热措施，遇水可燃烧的物品，要有防雨、防水设备。

（4）危险物品装卸要进行严格检查，对装卸人员要事先进行安全教育；装卸易燃易爆危险物品，一定要轻拿轻放，防止撞击、重压、倾倒和摩擦；保安员要在装卸现场设置警戒；夜间装卸要有照明设备。

（5）驾驶人员必须有良好的驾驶技术，有较强的责任心，并对易燃易爆危险物品的性质、特点有一定了解；行车途中不准任意超车；汽车时速最高不准超过30公里，在不平的道路上应酌情减速行驶；刹车时要注意防止物品震动；易燃易爆危险物品上面严禁坐人。

二、装卸爆炸物品

（1）装卸时，运输车辆应停在离库房门或露天货堆10米以外；火车专用线站台应距仓库或货堆100米以上，距车站干线50米以上；等候装卸的车辆与装卸地点的距离不得少于100米。

（2）搬运时谨慎小心，轻搬轻放，严禁冲击、碰撞、翻滚和抛掷，不准肩扛或脚蹬；搬运量，男性一次不超过40公斤，女性一次不超过20公斤。

（3）合格品与不合格品不得混装，不得同车运不同类型的爆炸物品。雷管和炸药不得在同一地点装卸。

（4）装车后须加盖帆布，用绳子缚牢。

（5）装卸时司机不得离开驾驶室，禁止对正在装卸爆炸物品的汽车进行修理或添加汽油。

（6）在装卸现场及运输车上，禁止使用烟火及携带引火物；夜间装卸时，应有足够的防爆照明设备，禁用明火灯具照明；禁止在夜间装卸雷管，禁止在雷电天气进行装卸作业。

（7）运输距离超过100公里时，汽车运输的装载量不得超过限量的80‰。

（8）在火车船只上进行装卸时，开关车门、开关舱盖严禁使用铁杆等金属工具撬压，装卸用的机械工具须有防火设备；实际运载量应按火车船只标定量减少25%；车厢和船舱内的防爆工具应绝缘良好；装载高度不得超过1.8米。

三、运输爆炸物品

（1）运输爆炸物品的车、船，必须符合国家有关运输规则的安全要求；汽车排气管应引至前面散热器下端，孔口向下或斜向下；车厢表面不应露出金属物体（包括铁钉）；车上禁止携带多余的燃料和其他易燃易爆物品。

（2）运输工具应悬挂明显的标志，配备必要的消防器材，运输危险物品的车辆不得载运乘客。

（3）运输普通硝化甘油类炸药时，如室外气温低于8摄氏度，且运送时间在1小时以上时，应采取防冻措施；如气温低于零下1摄氏度，则运送难冻品硝化甘油类炸药也应采取防冻措施；禁止运输已冻结或半冻结的该类炸药。

（4）运输爆炸物品时，每个包装件外均应贴有国家统一规定的爆炸物品标志。

（5）在铁路运输爆炸物品不能用敞车，而应用棚车或专用车。

（6）押运人员不准坐卧于爆炸物品之上，严禁吸烟。

（7）装载爆炸物品的车辆、驮运的牲畜，在公路上要限速行驶，汽车要避免突然起动和紧急刹车，前后车辆之间要保持足够的安全距离。

（8）运输途中休息时，须将车停靠在空旷、安全地带，派人警戒看守；运输途中必须维修运输工具时，须将所装爆炸物品卸下，并运到距离道路100米以外的地方。

四、运输剧毒物品

（1）严禁将剧毒物品与爆炸、易燃物品或食品混装。运输剧毒物品必须加固包装，放置车上绑扎牢固，防止运输途中互相碰撞损坏包装，造成剧毒物品泄露或丢失。

（2）装卸剧毒物品的人员，必须戴防护用具，事后要清洗消毒，严禁在无自然光、无照明的情况下装卸；装卸现场禁止无关人员进入。

（3）在装卸或运输中，如发现包装破损，应当妥善修补或重新包装，以免毒物散落、渗漏和挥发；对被污染的包装材料、运输工具和地面，要妥善处理。

（4）使用汽车、畜力、人力车运输毒品，须有专人押运；运输线路要尽量避开繁华市区和人口稠密地区；运输途中休息时，要认真进行看护。

（5）运输剧毒物品的车辆，事后要清洗消毒；包装剧毒物品的容器，须经过彻底消毒后方能做其他使用。

（6）运输中如发生剧毒物品丢失，运输单位须迅速报告公安机关，立即采取有效措施追回。

五、运输放射性物质

（1）运输放射性物质，应按照运输部门的有关规定妥善包装，在自待测定达到允许标准，经过运输或卫生部门检查合格，并发给《剂量检查证明书》后，运输单位方能承运。在放射性物质外包装的明显处，要贴上放射性物品运输等级标志符号。

（2）运输放射性物质溶液时，应有两层包装，在两层包装之间，应有可吸收放射性溶液的足够量的填料，并要注意轻拿轻放，防止容器破碎，污染运输工具及运输人员。

（3）运输放射性物质，应用专门的运输工具，不能与非放射性物品或食品同车运输；运输工具必须安全可靠，要有专人押运，防止在运输途中发生丢失、被盗。

（4）运输放射性物质的车辆，不应在大城市繁华场所或人员较多的街道停车。如果必须停车时，必须严格看护，不得出现事故。

（5）运输放射性物质，途经大城市中转，需要存放的，承运单位应设专库贮存，并报公安机关登记备案。